Jesus trat auf sie zu und sagte: Mir ist alle Macht gegeben im Himmel und auf der Erde. Darum geht zu allen Völkern, und macht alle Menschen zu meinen Jüngern; tauft sie auf den Namen des Vaters und des Sohnes und des Heiligen Geistes, und lehrt sie alles zu befolgen, was ich euch geboten habe.

Seid gewiss: Ich bin bei euch,
alle Tage bis zum Ende der Welt. (Mt28,16-20)

Meinen Schülerinnen und
Schülern gewidmet

Bibliografische Information der Deutschen Nationalbibliothek:

Die Deutsche Nationalbibliothek verzeichnet diese Publikation in der Deutschen Nationalbibliografie; detaillierte bibliografische Daten sind im Internet über http://dnb.dnb.de abrufbar.

Wien © 2022 Dr. Irene Kohlberger

Covergestaltung: Carmina Presinszky – Gerda Salomon

Herstellung und Verlag: BoD – Books on Demand, Norderstedt

ISBN 9783756204571

Irene Kohlberger

Ich war gern bei euch ...

INHALTSVERZEICHNIS

Ein holpriger Prozess

Eigentlich war ich als Religionslehrerin eine Quereinsteigerin, wie man das heute nennt. Theologie zu studieren, das war in meiner Jugendzeit keine Option für Mädchen. Damals studierten nur Burschen Theologie, und vor allem jene, die Priester werden wollten.

Daher war mein Theologiestudium eine Folge meiner beruflichen Laufbahn und keine ursprüngliche Entscheidung.

Wie es dazu kam?

Meine Schullaufbahn begann mit der Volksschule in meinem Heimatort Eggendorf in Niederösterreich. Anschließend besuchte ich die Hauptschule im Nachbarort Ebenfurth. Obwohl ich immer „lauter Einser" im Zeugnis hatte, dachte niemand daran, mich ins städtische Gymnasium zu schicken. Ein kluges Mädchen brauchte damals eine vernünftige Berufsausbildung und keine Matura, mit der man „nichts" hat. „Du wirst Lehrerin! Und wenn du nicht lernst, dann gehst in die Spinnerei!" Damit war eigentlich alles klar.

Die Spinnerei in meinem Heimatort war damals der Arbeitgeber für viele Männer und Frauen des Ortes. Neben den gelernten Arbeitern, wie z. B. meinem Vater, der als Schlosser die verschiedenen Spinnmaschinen wartete, gab es viele ungelernte Arbeiter. Frauen waren es in erster Linie, die für geringen Lohn Hilfsarbeiterdienste leisteten, wie z. B. das Einschichten von fertigen Garnspulen in Kisten, das damals noch händisch erledigt wurde.

Die Drohung mit der Arbeit in der Spinnerei machte keinen großen Eindruck auf mich, weil ich mich in der Schule sehr wohl fühlte, weil ich gerne lernte, stundenlang lesen konnte und alle Voraussetzungen mitbrachte, um in der Schule erfolgreich zu sein. Damit waren die

Weichen gestellt, um an der Lehrerinnen-Bildungs-anstalt in Wiener Neustadt meine Berufsausbildung zu beginnen. Noch heute erscheint mir dieser Schultyp als eine glückliche Kombination von humanistischer Bildung und pädagogischem Einführungsunterricht. Wir hatten fünf Jahre Lateinunterricht, Musikunterricht, der wie ein Hauptgegenstand bewertet wurde, daneben Instrumentalunterricht und das übliche Programm der realistischen Fächer, mit Ausnahme von Chemie. Dieser Gegenstand fand einfach keinen Platz mehr in der mehr arbeitsaufwendigen Ausbildung. Sport hatte ebenfalls einen hohen Rang im Fächerkanon, wodurch man auch dem antiken Bildungsideal – *mens sana in corpore sano* – zu entsprechen versuchte. Die pädagogische Aus-bildung erfolgte parallel zu den übrigen Fächern während der beiden letzten Jahrgänge, ebenso die Ein-führung ins Unterrichten an der schuleigenen Volks-schule.

Vakante Lehrerstellen in der Nähe meines Heimatortes zu finden, war zur Zeit meines Abschlusses ein Ding der Unmöglichkeit. Daher war ich gezwungen, meine Unterrichtsarbeit in einer zweiklassigen Volksschule in Matzleinsdorf bei Melk, etwa 150 km von meinem Heimatort entfernt, zu beginnen. Obwohl mir die Arbeit mit den Kindern viel Freude machte, überlegte ich bald, was ich mit meiner Freizeit anfangen könnte. Stunden-langes Radfahren, war damals noch nicht in Mode. Auch wollte ich gerne geistig arbeiten. Daher durchsuchte ich das Vorlesungsverzeichnis der Universität Wien nach einem Studium, das man am Nachmittag absolvieren konnte. Ich fand auch eines, Psychologie. Mehrmals die Woche fuhr ich mit dem Zug nach Wien, besuchte Vor-lesungen und kam spätabends zurück. Ich suchte mir eine Bleibe in Melk und fuhr jeden Tag etwa fünf Kilo-meter mit dem Rad nach Matzleinsdorf. An den Wochen-enden lernte ich für die Prüfungen und bestand sie auch, sodass ich die beiden ersten Semester, erfolgreich abschließen konnte. Im zweiten Studienjahr gelang es mir, in einer Privatschule in Enzersdorf bei Baden, bei den Schwestern vom armen Kinde Jesu, als Lehrerin für die erste Klasse unterzukommen. Da ich auch im Kloster wohnte und um 21 Uhr abends die Pforte geschlossen wurde, war es auch im zweiten Studienjahr mit einem lockeren Studentenleben nicht sehr weit her.

Etwas angenehmer gestaltete sich mein Studentenleben ab dem dritten Studienjahr, als ich in Wien an der Allgemeinen Sonderschule im 11. Bezirk eine Anstellung erhielt. Das Unterrichten in den Sonderschulklassen war eine Herausforderung für Nerven und Selbstdisziplin. Jedes der Kinder war lieb und – was man so im langläufigen Sinn – als „arm" bezeichnet. Die einen waren minderbegabt, die anderen aus einem sozialen Umfeld, das ihren schulischen Erfolg nicht nur störte, sondern dem teilweise sogar entgegenarbeitete. Diesen unterschiedlichen Schwächen zu begegnen und das in einer Klassengröße von fünfzehn und mehr Schülern, wenn die Klassen zusammengelegt waren, dieses Unterrichten war mehr psychologische Feldarbeit, als Wissensvermittlung …

Geduld und Humor waren damals die Mittel der Wahl, um mit manchmal sehr bizarr anmutenden Situationen fertig zu werden. Doch erinnere ich mich mit Dankbarkeit an diese Zeit, die mir erlaubte, auf die Befindlichkeiten der Kinder einzugehen und die Wissensvermittlung an die zweite Stelle zu reihen.

Das fünfte Studienjahr verlebte ich großteils im Keller des Psychologischen Institutes, wo ich als wissenschaftliche Demonstratorin beschäftig war. Ich exzerpierte Texte, half bei der Erstellung von Versuchs-Aufbauten und deren praktischer Umsetzung, führte Testreihen durch etc. Gleichzeitig arbeitete ich an meiner Dissertation, die Teil einer groß angelegten

3

Untersuchung war, die sich mit gehirnspezifischen Antworten auf unterschiedliche Sinnesreize beschäftigte.

Nach Abschluss des Studiums stellte ich mir die Frage: „Was jetzt?"

Um Geld zu verdienen war ich gegen Ende des Studiums als Interviewerin im Bereich Marktforschung unterwegs. Da ich den Betrieb schon kannte und Geld verdienen wollte, widmete ich mich nun „hauptamtlich" der Marktforschung, und zwar ungefähr sechs Jahre lang. Im zweiten Jahr meiner beruflichen Arbeit begann ich, mit Zustimmung der psychoanalytischen Gesellschaft, meine Lehranalyse in Wien. Nach vier Jahren intensiver analytischer Arbeit, viermal die Woche, starb mein Analytiker. Damit wurden meine Pläne in Hinblick auf das neue Berufsziel massiv durchkreuzt. Lustlos und müde arbeitete ich in der Marktforschung weiter. Doch ohne Begeisterung und Hingabe kommt man kaum zu guten Ergebnissen. Man macht Fehler und strahlt schließlich mangelnde Kompetenz aus, was den Vorgesetzten nicht verborgen bleibt. Schließlich wurde ich gekündigt, was im Nachhinein betrachtet, ein Glück für mich war.

Ich begann über mein Leben nachzudenken und überlegte, was ich wirklich tun wollte. Ich erinnerte mich an meine Tätigkeit als Lehrerin an der Volksschule und später an der Allgemeinen Sonderschule und spürte, dass die Arbeit mit Kindern und Jugendlichen etwas Besonderes war. Daher wollte ich zurück an die Schule. Aber was tun konkret? In die Volksschule zurück? Dazu hätte ich kein akademisches Studium gebraucht. Eine Anstellung im Bereich Allgemeinbildende Höhere Schule war mir mit meinem Psychologiedoktorat auch verschlossen, das ahnte ich. Um mich einfach genauer zu informieren, besuchte ich den Leiter der Personalabteilung im Stadtschulrat. Als ich ihm meine Situation geschildert hatte, sagte er: „Sind's katholisch? Gehen Sie auf den Stephansplatz, dort braucht man Leute wie Sie!"

Als ich dem Fachinspektor am Stephansplatz alles noch einmal vorgetragen hatte, fasste er zusammen: „Ausbildung an der LBA, Organistin in der heimatlichen Pfarre, Studium der Psychologie und Lehranalyse nach Siegmund Freud, also, wann wollen Sie anfangen?" Dann ließ er mich entscheiden zwischen einem Einsatz im 9. Bezirk oder im 22. Bezirk. Ich entschied mich für die Kinder und Jugendlichen im 22. Bezirk, die ich mir offener und natürlicher vorstellte, als jene in den inneren Bezirken. Und es war eine gute Entscheidung!

Ein Empfehlungsschreiben vom Pfarrer meiner Heimatgemeinde ergänzte meine „Qualifikationen", und ich erhielt die „Missio" der Erzdiözese Wien. Das bedeutete, dass ich an der Allgemeinbildenden Höheren Schule in Wien Religionsunterricht erteilen durfte. Gleichzeitig verpflichtete ich mich zum Studium der Theologie, das ich gern und manchmal unter großem Zeitdruck schließlich mit einem Lehramtszeugnis für Kombinierte Religionspädagogik (Katholische Religion / Philosophischer Einführungsunterricht) abschließen konnte. Am 9. November 1978 begann ich mit meinem Religionsunterricht am Gymnasium Wien 22, Bernoullistraße 3. Das zu meiner Laufbahn.

Und nun war Schluss

Achtundzwanzig Jahre später beendete ich meine Lehrtätigkeit als Religionslehrerin an der Allgemeinbildenden Höheren Schule in Wien-Donaustadt und verließ den „Jahrhundertbau" des Architekten Roland Rainer als pensionierte Beamtin des österreichischen Staates. Während vieler Jahre hatte ich versucht, jungen Menschen zu helfen, sich zu selbstständigen jungen Erwachsenen zu entwickeln.

Der Gedanke an den Abschied von meinem geliebten Beruf stimmte mich traurig, und ich begann – wie das oft in klugen Lebensbüchern geraten wird – einige meiner Erfahrungen zu notieren. Es waren im Grunde sehr typische Situationen, die ich aus den letzten Jahren meiner Unterrichtsarbeit auswählte und niederschrieb. Diese Notizen fühlten sich anfangs nicht sehr lesenswert an, weil sich das Erlebte lebendiger und vielschichtiger anfühlt als Worte wiedergeben können. Daher blieben die Texte liegen. Inzwischen habe ich mich als Schriftstellerin versucht und eine Reihe von Büchern publiziert, die sich mit dem Leben von Heiligen befassen. Damit wollte ich meinen ehemaligen Schülern ein Geschenk machen. Ich wollte ihnen von den großen Frauen und Männern erzählen, die Gott mit offenem Herzen suchten und schließlich belohnt wurden. Es sind Liebesgeschichten zwischen Menschen und Gott, der sich von jedem finden lässt, wenn er sich ehrlich auf die Suche nach der Wahrheit macht. Faszinierend und unterhaltsam – überraschend und manchmal befremdlich fühlen sich diese Lebensgeschichten an, doch ist ihnen eines gemeinsam, eine spürbare Ahnung von einem geglückten Leben.

Im Zuge meiner literarischen Arbeit kam mir auch das Manuskript meines Lehrertagebuches wieder in die Hände, und ich beschloss, den Text zu redigieren und zu einem Buch zu ergänzen.

Das Ergebnis ist der folgende Text, der mit den letzten Ferientagen beginnt und eigentlich nie aufhört, solange es Schule und gemeinschaftlichen Unterricht gibt.

LEHRERALLTAG

Es ist Sommer im Jahr 2004 knapp vor Schulbeginn. Noch gibt es einige freie Tage. Noch sind die Tage angefüllt mit Dingen, die ich die ganze Zeit vor mir hergeschoben habe. Noch ist der Lack an der Stiege nicht ausgebessert, und das Scharnier am Küchenkastl klemmt immer noch. Im Keller wäre noch manches zu tun und zu ordnen. Aber es freut mich nicht. Doch schließlich reiße ich mich zusammen und erledige diese Dinge, mühselig und mit Selbstüberwindung. Doch sie geschehen gleichsam so nebenbei, während meine Gedanken immer wieder um einen Betonbau aus den siebziger Jahren kreisen, der jetzt noch leer und unbelebt wie eine verlassene Ausstellungshalle daliegt. Ich sehe den Schulwart durch die Gänge gehen, die unvermeidliche Zigarette zwischen den Lippen. Ich sehe ihn im Gespräch mit seinen Kollegen ihr hartes Los beklagen, weil die schönen Tage von Aranjuez[1] nun bald dahin sein werden und die lästige Gegenwart der Schüler sie wieder mit Arbeit und „Frust" eindecken wird.

---

[1] *Aranjuez* ist eine königliche Sommerresidenz in Spanien. Durch die Umleitung eines Armes des Tajos, der direkt am Palast vorbeifließt, entstand eine Insel mit einem wunderschönen Schlosspark. Darauf spielt der berühmte Beginn des Dramas *Don Carlos* von Schiller an: „*Die schönen Tage in Aranjuez sind nun zu Ende.*" Das Gebiet war ausschließlich dem Hof und seinen Bediensteten vorbehalten.

Bernoulligymnasium von außen

Doch vor meinem geistigen Auge entstehen noch andere Bilder. Horst, wie er mit dumpfem Schädel vor den Mathematikheften des vergangenen Jahres sitzt, darin blättert und nichts mehr begreift. Er weiß, dass es jetzt darauf ankäme „reinzubeißen"– wie es im Jargon heißt – alles noch einmal zu wiederholen, um für die Nachprüfung einigermaßen vorbereitet zu sein. Doch die Angst vorm Versagen macht seinen Kopf nebelig und trüb. Er beginnt zu träumen: Ferienbilder blättern sich auf. Er sieht seine Freunde, die jetzt irgendwo mit den Rädern unterwegs sind und ihm zuwinken. Doch er muss hierbleiben, vor dem Mathematikheft und weiterkämpfen.

Wozu? Wofür?

Ich wünsche dir eine verständnisvolle Hand, mein Kleiner, die dir über den Scheitel streicht und dich für einige Zeit aus dem selbsterrichteten Gefängnis entlässt. Eine Stimme, die dir sagt: „Nimm dein Fahrrad und drehe ein paar Runden! Wenn du willst, kannst du auch eine Zeitlang mit dem Blechkameraden spielen! Aber mach etwas, was dir Freude macht! Weißt du, das Geheimnis ist „machen"! – „Na, ich weiß nicht…" (Weiß nicht mit langem „eiiiii „)

„Glaubst du, dass du nur vor den Aufgaben dasitzen und die Zeit totschlagen brauchst? Die Zeit die vergeht von alleine … Glaub mir!"

„Und darf ich auch Computerspielen?" fragst du mich. „Na, was glaubst du? Glaubst du, dass es dir wirklich helfen könnte? Ja? Ehrlich?"

„Na, Jaaaa!" – „Könnte es nicht sein, dass dich das Computerspiel noch weiter in das: ‚Ich kann nicht! Und ich will überhaupt nicht!' hineinziehen könnte? Ehrlich?"

Also, was tun?

Vielleicht einmal eine Rechnung vornehmen, die du ganz sicher kannst. Und dann, wenn sie gelungen ist, eine schwierigere vornehmen und … Ja, wenn der tote Punkt kommt, und du wirklich nicht weiterkannst, irgendetwas anderes machen. – Den Schreibtisch ein bisschen ordnen! Den Geschirrspüler ausräumen! Den Mist hinuntertragen.

„Ich bin ja nicht blöd!" höre ich dich flüstern.

Ja, aber der Lohn, der dir winkt? Ein Aufleuchten in deiner Mutter Augen. Das „coole" Gefühl, etwas Sinnvolles gemacht zu haben. Glaub mir, das ist ein gutes Mittel, um den Nebel in deinem Gehirn zumindest ein wenig zu lichten. Und wenn du etwas zustande gebracht hast, dann belohne dich mit ... Doch das wirst du am besten wissen. Nur den Computer lass dunkel. Es sei denn, du hast wirklich gearbeitet und kennst Spiele, die dich ablenken, aber nicht völlig in ihren Bann ziehen ...

Und du Theresa? Wie geht es dir? Du lernst schon seit Mitte Juli und hast das Gefühl, du kannst überhaupt nichts? Schau dich hin und wieder in den Spiegel und sag dir, welch ein liebenswürdiges Mädchen du bist!

Du lachst mich jetzt aus, das weiß ich, aber probiere es einmal! Und vielleicht ein anderes Mal wieder. Das Gefühl, dass wir selbst etwas wert sind, dass wir etwas können, das scheint mir so notwendig, wie das Wasser für die Pflanzen und Blumen. Draußen, in Gottes freier Natur bekommen die Pflanzen meist genug Wasser zum Überleben. Nur wenn wir die Pflanzen ins Zimmer stellen, müssen wir sie mit diesem lebenswichtigen Element versorgen. Und wie eine trockene Pflanze aussieht, ist selbst den Kindern unserer Zeit ein Begriff.

Also was folgt daraus? Menschenkinder brauchen Lob und Anerkennung zum Wachsen. Wir suchen Zeit unseres Lebens nach Anerkennung und nach Selbstbestätigung; jeder von uns, auch die Erwachsenen. Oder ist dir das ganz unbegreiflich?

Es ist uns vielleicht nicht immer so klar, so oben im Kopf. Wenn uns aber die Anerkennung versagt wird und wir hören müssen, dass wir an allem selbst schuld sind – egal, was es ist – dann ist ein Fünfer in Französisch ein gewaltiger Vorwurf. Dann bedeutet es eine harte Herausforderung für unser Selbstwertgefühl. Vielleicht sind es im Augenblick gar nicht so sehr deine mangelnden Französischkenntnisse, die dich bedrücken, als das Gefühl, versagt zu haben. Und die Angst, wieder zu versagen! Also, mein Mädchen, du bist liebenswert, du hast viele Freunde, die jetzt an dich denken. Auch wenn sie es dir nicht sagen. Die meisten finden es blöd, darüber zu reden, wenn man einen anderen gernhat. Um aber über die Schwächen der Anderen herzuziehen, da können wir plötzlich sehr viele Worte finden. Warum das so ist? Darüber ein anderes Mal ...

Sei jetzt ganz tapfer! Das Ganze wird gelingen! Glaub mir! Die Lehrer wollen, dass ihr durchkommt, und in dieser Atmosphäre wirst du dein Selbstvertrauen mir nichts dir nichts wiederfinden, obwohl es sich vorher ganz anders angefühlt hat.

Und du, großer Gerhard! Hast wieder übersehen, dass Menschen nach Zeit und Kalender leben und in vier Tagen Nachprüfungstermin ist? Ich weiß, wenn man so jung ist wie du, hat man das Gefühl, dass die Zeit ohnehin nur im Schneckentempo vergeht. Was sie nur immer haben, die Alten. So ein Ferientag ohne „action" zieht sich wie ein Strudelteig, man könnte aus der Haut fahren vor Langeweile? Ja, ich weiß ...und das Fernsehen hängt einem schon bei den Augen und Ohren heraus... Und überhaupt spielt es lauter Blödsinn ...

Könnte es sein, mein großer Freund, dass Selbstüberwindung ein Wort ist, dessen Bedeutung du erst im Wörterbuch nachschauen müsstest? Ja, Selbstüberwindung im Schnellverfahren, die ist dir bekannt. So fünf Minuten vor Zwölf, so im letzten Augenblick, mit deiner hohen Intelligenz etwas zu erfassen, zu begreifen und redegewandt wiederzugeben. Das ist deine Art; praktisch gewiss. Aber bist du mit dir dabei zufrieden?

Einigermaßen schon – aber manchmal könntest dich selber „abwatschen", weil du nicht ein bisschen früher daran gedacht hast, Biologie oder Physik und ähnliche Fächer ernst zu nehmen. Jetzt ist dir leider eines dieser Fächer übriggeblieben. Doch um dich braucht sich niemand Sorgen zu machen. Du schaffst es wahrscheinlich noch während der letzten drei Tage vor

Schulbeginn den Stoff in deinen Kopf einzuspeichern. Und alle werden stolz sein auf dich, weil du so ein intelligenter Bursch bis! Dennoch …

Die Tage vor euren Nachprüfungen kann ich nur sehr schlecht schlafen. Zwar weiß ich, dass euch damit nicht geholfen ist, aber ich kann es nicht ändern. Vielleicht nimmt euch ein ANDERER ein bisschen von eurer Angst und ersetzt sie durch Mut und Zuversicht. Auf jeden Fall werde ich im Schulhaus sein und mir irgendwelche nötigen oder besser unnötigen Arbeiten suchen, weil konzentrieren und eine sinnvolle Arbeit anzufangen traue ich mir nicht zu, wenn ich weiß, dass ihr euch plagt und aufgeregt nach Lösungen und Antworten sucht, die ihr gestern noch alle ganz genau gewusst habt. Vielleicht erwische ich den einen oder anderen von euch DANACH und darf mich freuen an euren strahlenden Augen, die das Schönste sind, was uns Lehrer dieser Beruf zu schenken hat.

Dann werden wir …

Nein, wir werden gar nichts Besonderes tun oder reden. Wir werden uns aber bald wiedersehen, in wenigen Tagen, wenn der alltägliche Schulbetrieb wieder beginnt.

Die ersten Tage im neuen Schuljahr erlebe ich wie schwimmend in einem von sanften und großen Bewegungen getragenen Chaos. Noch ist nichts fest, umgrenzt oder klar. Noch fließt alles. Noch weiß man nicht, wo man hingehört. Kennt nicht die Lage der alten und der neuen Klassen. Der Stundenplan ist offen und voller Löcher. Die Resopal-Flächen der Tische im Lehrerzimmer schimmern noch glatt und weiß in ihrer unbedeckten Weitläufigkeit. Erst langsam werden sie zuwachsen, verschwinden unter Heften und Karton-türmen, worin wir mühselig die Unterrichtshilfen unterzubringen suchen, die in den Ferienzeiten ganze Arbeitszimmer belegen.

Doch noch ist es nicht soweit. Noch leben wir zwischen Tag und Traum. Nicht mehr in den Ferien, aber noch nicht völlig im Dienst. Dieser Zustand ist typisch für unser Lehrerleben wie die Schulglocke, die unsere Lebenszeit in Stunden hackt.

Schulanfang

Erste vorsichtige Kontakte mit der Schulatmosphäre. Am schuleigenen Parkplatz ist kein Feld mehr frei. Ich bin wie immer ganz knapp vor Stundenbeginn, d.h. heute, vor Konferenzbeginn gekommen. Wann werde ich endlich lernen früher aufzustehen, um mich auf das Kommende einzustimmen wie einige meiner Kollegen, die noch gemütlich ihren Kaffee trinken, bevor sie in den Unterricht eilen. Das schaffe ich nie. Doch bin ich nicht allein mit meinem mangelnden Zeitbegriff. Viele meiner Oberstufenschüler leiden unter derselben Krankheit. Auch ihr Zeitbegriff entbehrt jeder praktischen Rückkoppelung. Psychologen nennen es das Gefühl „Zeitdehnung", worüber Jugendliche verfügen, und das geht uns Älteren ab. Ob sich bei mir eine zu enge Bindung an meine Schüler abzeichnet? Ich sollte mich vielleicht für einen entsprechenden Selbstfindungskurs anmelden.

Als äußeres Zeichen meiner mangelnden Selbstorganisation trinke ich meinen Kaffee fast immer im Stehen, eine Minute vorm Läuten und stelle das Häferl wieder hin. In der nächsten Pause ist er wieder kalt. Aber er schmeckt nach Kaffee, und das genügt. Während ich trinke, rede ich, organisiere etwas oder bespreche Alltags- oder sonstige Probleme.

Es läutet.

Ich atme noch einmal durch und raffe meine Unterlagen zusammen. Manchmal vergesse ich etwas und muss noch einmal zurücklaufen. Völlig in meine Gedanken an die nächste Unterrichtsstunde eingesponnen, haste ich den langen Gang entlang, steige über Stiegen hinunter und wieder hinauf. Oft werde ich noch einmal aufgehalten. Ein Schüler, ein Kollege will noch dies und das. Und danach eile ich weiter.

Doch heute, am ersten Unterrichtstag, ist es noch alles anders. Ich lege meine Unterlagen auf der sauberen Arbeitsfläche meines sechzig Zentimeter breiten Schreibtisches ab. Maturafotos, die ich für Kollegen mitgebracht habe, liegen herum: Eine leere Mappe, mit dem Pickerl vom Libro drauf, Zeichenkartons, die ein Locher in brauchbare Ringbucheinlagen verwandeln soll.

Langsam füllt sich das Konferenzzimmer. Ich schüttle Hände, umarme Freunde und freue mich, dass ich wieder hier sein darf – im Murmeln dieses menschlichen Gewässers, das mich so vertraut, so sicher umgibt.

Die Lehrerkonferenz beginnt. Der Direktor ergreift das Wort, und ich versinke im Zuhören, im Nachträumen der bekannten Informationen: Die Klassenvorstände werden gebeten, die Listen für die Schulbücher am … abzugeben, die Klassenbücher werden heuer anders geführt, die Zeugnisse der …

Am Schluss werden wir nochmals herzlich willkommen geheißen, und das Arbeitsjahr beginnt. Ich begrüße noch den einen oder anderen Kollegen und beginne meine erste Aufgabe: die Vorbereitung der Schulmesse. Ich suche konzentriert nach den Liedtexten, die mir junge Freunde am Schulende übergeben haben und … finde sie auch. Später sitzen wir zusammen, mein Kollege und ich und besprechen die Einzelheiten.

Ich bin nicht ganz bei der Sache. Meine kleinen und großen Freunde sitzen jetzt bei den schriftlichen Nachprüfungen, und ich kann ihnen nicht helfen, kann nur an sie denken …

Zweiter Schultag

Die Nachprüfungen sind vorbei. Und sie haben es alle geschafft, meine Schützlinge. Auch Theresa, die mit zwei Nachprüfungen zu kämpfen hatte. Alles scheint wieder ins Lot zu kommen ...

Dritter Schultag

Chorprobe für die Schulmesse. Bevor ich zur Schule komme, habe ich schon den Verstärker und die beiden großen Lautsprecher, die sich die Burschen aus der achten Klasse für ihre Privatband ausgeliehen haben, organisiert. Das bedeutet, den Zettel zu suchen, wo die Adresse der Burschen aufgeschrieben ist. Dort anrufen, ob überhaupt jemand zu Hause ist. Dann suche ich auf meinem alten zerknüllten Wien-Plan nach der Adresse und mache mich auf den Weg. Natürlich fahre ich zunächst auf der entgegengesetzten Einbahn die ganze Straße ab, bevor ich die Adresse ausfindig mache. Und wie das meistens ist, liegt das Haus gerade am Beginn eines weitläufigen Platzes, den ich vergeblich umrunde. Endlich stehe ich vor dem Haus, und zu meinem Glück ist der Jüngling des Hauses gerade heimgekommen und zeigt sich bereit, den schweren Verstärkerkasten in meinem Kofferraum zu verstauen. Es ist heiß, und ich schleppe mich mit den riesigen Musikboxen ab, die ebenfalls mitkommen sollen. Bepackt mit dem überdimensionierten Gepäck fahre ich zur Schule. Dort wartet etwas ratlos eine Gruppe von Mädchen, die versuchen, die Lieder zu probieren, wozu es von mir vorbereitete Texte gibt. Andere Texte, die von den Schülern versprochen wurden, fehlen. Doch ich atme nur tief durch und denke, bis Samstag sind noch zwei Tage Zeit ...

Vierter Schultag

Die ersten zwei Unterrichtsstunden. Ich bin das erste Mal in einer siebenten Klasse, die ich neu übernehmen muss. Ein gütiger und verdienter Kollege hat sie mir übergeben. Alle sitzen erwartungsvoll da, wie wird sie anfangen?

Ich beginne die Stunde mit einem „Vater unser". Keiner betet mit. Auch gut. Halte ich aus. Als Lehrerin bin ich es gewohnt, Einzelkämpferin zu spielen. Spielen ist vielleicht nicht das richtige Wort. Wir sind eigentlich immer Einzelkämpfer, wenn es um Ideale geht, womit sich unsere SchülerInnen nicht anfreunden können. Doch sie spüren unser angestrengtes Bemühen, und weil wir ihnen leidtun, ziehen sie oft mit. Und so kann es geschehen, dass sie sich überzeugen lassen, zu Mitkämpfern werden, sodass wir zu einem Team zusammenwachsen, das sich zumindest hier und jetzt zu gemeinsamen Zielen aufmacht. Zu Zielen, die oft weit entfernt sind, von jenen, die draußen in einer Konsum – und leistungsbestimmten Welt gefragt sind.

Doch im Moment muss ich allein kämpfen und springen ohne Netz. Ich nehme einen Anlauf und rede von der Unmöglichkeit, Religion zu unterrichten. Religion ist eine Sache der Seele und kann nicht gelehrt werden. Lernen und üben können wir nur das, was wir mit unseren Sinnen und unserem Verstand erfassen können. Und diese Art zu denken führt uns zu uns selbst und kann eine Brücke zu den Wahrheiten entstehen lassen, die in unserem Inneren immer schon da sind.

Ich erzähle von meinem Werdegang, wie ich zu dem schwierigen, herausfordernden und schönsten aller Berufe gekommen bin, über die Erfahrung mit der Erwachsenenwelt, die viel Geld und Macht anbietet, die Früchte unserer Arbeit aber nicht selten zu Eintagsfliegen macht ...

Ich rede und rede, mache kaum Pausen. Alleinunterhalterin bleiben! Von den guten Dingen reden! Von Lob und von Anerkennung, die uns Menschen so selten geschenkt wird. Die Mechanismen ankratzen, die unsere alltägliche Lebenswelt bestimmen.

Den Einfluss der allgegenwärtigen Medien genauer anschauen, die uns eine eigene Kategorie des Erlebens vorspielen, die nicht viel mit unserem wirklichen Leben zu tun hat, weil alle Informationen gerafft und auf Dramatik und Unterhaltung ausgerichtet werden müssen ....

Und es kommt der erste Zwischenruf: „Aber wir brauchen die Unterhaltung zur Entspannung!" Gewiss, aber wir schweben in der Gefahr, dass zu viele Dinge zur Unterhaltung werden, unter anderem auch die täglichen Nachrichtensendungen, wo meist nur dramatische, schwierige oder auch schreckliche Situationen berichtet werden, die aber oft so fern, so weitab von unserem täglichen und wirklichen Leben liegen, dass sie uns kaum berühren.

Schließlich landen wir bei der Dieselwerbung. Die SchülerInnen beschreiben den Ablauf des Werbespots. Sie erzählen von jungen Darstellern, die auf der Straße tanzen und Gefühle von Unbeschwertheit, Freiheit und Freude entstehen lassen. Die Analyse dieser Bilder gelingt leicht und gleichsam nebenbei. Gemeinsam gelangen wir zur Einsicht, dass unsere mitteleuropäische Gesellschaft Arbeit, Geldverdienen und Leistung auf ihre Fahnen schreibt, und das „dolce far niente", das Tanzen auf der Straße als Ausbruch von Verrücktheit deklassiert. Obwohl wir alle uns nach dieser Art von Verrücktheit sehnen.

Dienstag in der ersten Schulwoche

Fünfte Klasse

Ich betrete die Klasse – fünf Schüler sind anwesend. Alle anderen haben es nicht einmal der Mühe wert gefunden, während der ersten Stunde anwesend zu sein. Schon in der ersten Klassenvorstandsstunde hatten sie die Abmeldungen vom Religionsunterricht in der Hand. Obwohl es unheimlich weh tut, und ich tagelang an dieser Niederlage leide, weil es so furchtbar schmerzt, das, was ich so mit dem Herzen rüberbringen will, einfach abgelehnt zu sehen. Dagegen hilft auch keine gut gemeinte Beschwichtigung von Seiten der Kollegen, die meinen, dass es sicher viel schwerer wäre, auch nur einige Begeisterte für Mathematik oder Geschichte, etc. zu finden ...

Es ist meine Niederlage, die ich Jahr für Jahr von neuem erlebe und ich wünsche keinem Lehrer das Gefühl, das mich jedes Jahr am Schulanfang schüttelt. Da hilft kein vernünftiges Argumentieren. Ich muss es ertragen, das Gefühl des Versagens. Ich kann noch so viele Worte des Trostes bekommen! Es hilft nichts! Man lernt es nur eines Tages zu akzeptieren, dass es für die Schüler einfacher ist, zwei Freistunden zu gewinnen, anstatt sich mit Fragen herumzuschlagen, die sie vielleicht in ihrer angenehmen Selbstzufriedenheit stören könnten.

Dass diese Fragen in jedes Menschen Herz eines Tages entstehen und nach Antwort verlangen – das erkennen meine jungen Leute noch nicht. Ich verstehe ihre Motive, aber mir, mir persönlich tut es furchtbar weh, wenn ich ihnen nicht von dem erzählen kann, womit sie ihr Leben ein bisschen innerlicher und tiefer machen könnten.

Dienstag erste Pause

Wieder eine Botschaft, die mir hart zusetzt. Die neue siebente Klasse hat sich bis auf neun Schüler abgemeldet. Die Administratorin, so der Titel unserer Kollegin, die den Stundenplan ausarbeitet und am Schulanfang immer gekräuselte Nerven bekommt, weil in unserer Riesenschule jede Stundenplanänderung ein Netzwerk von Zusatzverschiebungen zur Folge hat, bittet mich, in der Klasse um einen Schüler zu werben, damit ich weiter zwei Stunden pro Woche bei ihnen unterrichten kann. Also hinüberlaufen zu den unbekannten Gesichtern und sie bitten: „Nehmt doch bitte an meinem Unterricht teil! Wenigstens einer!" --- und tatsächlich nimmt Brigitte ihre Abmeldung zurück. Ich freue mich und tanze aus der Klasse. Brigitte lächelt über mich – über die verrückte Lehrerin – aber ich werde ihr das nie vergessen.

Schulmesse

Doch der Tag ist noch nicht zu Ende. Noch steht die Schulmesse als unerledigte Aufgabe vor mir. Doch wie es oft geht, wenn ich mich um eine Aufgabe besonders sorge und mir viele, man kann sagen, unnötige Gedanken mache, lösen sich die Schwierigkeiten von selbst. Im gegenwärtigen Fall greifen einige meiner jungen Freunde aus der achten Klasse ein und übernehmen völlig selbstständig die Zusammenstellung und die Organisation der musikalischen Begleitung. Sie suchen die Kabel zusammen, die Mikrophone etc. Ich brauche die Sachen nur zu transportieren, weil Lukas mittlerweile auch den Schlüssel für den Lift organisiert hat und die nächstbesten Burschen, die vorbeikommen, zum Mittragen auffordert.

19

Chor und Musiker bei der Schulmesse

In der Kirche üben die Mädchen selbstständig mit dem kompletten Notenmaterial, das wie durch ein Wunder, auch in zehn Exemplaren vorliegt, und langsam beginnt sich meine innere Spannung ein wenig zu lockern. Christian hat die Niederschrift des Gesamtablaufes der Schulmesse übernommen, und so kann eigentlich nicht mehr viel schiefgehen. Ich versuche noch da und dort mitzuhelfen, die zweite Stimme zu stärken und hoffe, dass bei der Messe alles gut gehen wird. Und es geht gut. Ein bisschen zu viel Text und ein bisschen zu viele Lieder werden es sein. Doch am Schulanfang sind alle noch geduldig, und wir können zufrieden sein.

Dass so wenige SchülerInnen von den Oberstufen in der Messe waren, die doch ihre ureigenste Messe ist, macht mich traurig. Doch offenbar ist die Stunde Schlaf am Morgen wichtiger, als die Bitte an den Herrgott, dass er uns während des Schuljahres begleitet, und wenn es nötig ist, tröstet und unterstützt.

Die neue Achte Klasse A

Ich stehe vor der Klasse und versuche mich mit altbewährten Methoden durchzusetzen. Eine neue Klasse fühlt sich manchmal an wie ein bewegter See, wo Wirbelwinde die Wellen in verschiedenen Richtungen treiben. Diesen aufgeregten See gilt es zu beruhigen, bevor überhaupt an Unterricht zu denken ist. Und es gibt verschiedene Methoden der Beruhigung: aufgeregtes Hineinschreien bis zur Androhung von Prüfungen und Strafen, geduldiges Herumstehen und Warten oder ironisierendes oder gütiges Zureden. Wie lang dann die Sammlung und Aufmerksamkeit der Schüler anhält, das steht allerdings auf einem anderen Blatt.

In der Klasse begrüßt mich die in den Oberstufen übliche ungeordnete Ordnung. Auf den Tischen die gesammelten Werke der ersten Unterrichtsstunden, dazwischen Schreibunterlagen aus Papier, verziert mit den Ergebnissen mühsam verhehlter Langeweile. Zwei Mädchen arbeiten noch an einer Hausübung, einige stehen plaudernd nebeneinander. Einer wischt noch katzenartig bei der halboffenen Tür herein; einige sitzen einfach da und lauschen den Ausführungen eines Mitschülers.

Ich betrete die Klasse zum ersten Mal als offizielle Lehrerin. Viele kenne ich vom Schulhof, wo sie rauchend oder nur plaudernd ihre Pausen zubringen. Den einen oder anderen hatte ich in der Unterstufe als Schüler. Insgesamt sind wir uns halbvertraut. Ich lege meine Unterlagen ab, gehe durch die Bankreihen, um meine Lehrerautorität in kleinen Portionen zu verteilen ...

Und dieses Vorhaben, das langsame Herbeiholen der einzelnen Schüler gelingt. Sie merken, dass ich „Da bin", und darum geht es im Augenblick. Als ich gleichsam alle Wellen einzeln ein bisschen geglättet habe, bekomme ich Raum zum Sprechen und Ansprechen der ganzen Gruppe. Die gelernten Mechanismen setzen ein, und die jungen Leute beginnen sich auf mich zu konzentrieren. Ich versuche die Fäden ihrer Konzentration zu umschlingen und stelle mich an ihre Seite und bitte sie aufzustehen. Ich mache das Kreuzzeichen und beginne ein Vaterunser zu beten. Noch bete ich allein, doch vielleicht werden sie eines Tages mitbeten. Das Klima ist entspannt, und wir können beginnen.

Wir beginnen, d.h. ich beginne mit der Frage, welche Möglichkeiten uns zur Verfügung stehen, um unsere Welt zu begreifen. Wir einigen uns auf die beiden Möglichkeiten der Fragen: vom einzelnen zum Ganzen fortzuschreiten und ausgehend von gesicherten experimentellen Ergebnissen zur wissenschaftlichen Theorie zu führen. Dann beginnen wir das Wissenspferd auch umgekehrt aufzuzäumen. Ich stelle die Frage nach der ganzen Wirklichkeit und welche Fachrichtungen in unserem Schulalltag sich mit dieser Frage abgeben, und wir erarbeiten das hermeneutische Wissenschaftsmodell, das davon ausgeht, die richtigen Fragen zu stellen. Wie nicht anders zu erwarten landen wir bei der Klage, dass wir in der Schule zu viele unterschiedliche Wissensfelder bebauen müssen, während uns persönlich ganz andere Dinge interessieren.

Spätestens in diesem Augenblick wandelt sich die Diskussion in den allzu bekannten Klagegesang, wie viel und vielerlei man in der Schule lernen müsse, obwohl einen nur ganz wenig interessiere, und wir sind wieder beim Thema Numero eins:

„Wie stelle ich es an, dass ich möglichst angenehm leben kann und gleichzeitig spüre, dass ich geliebt werde und Anerkennung finde".

Vielleicht ist diese Überschrift zu grob und nur durch die mühseligen Auseinandersetzungen, die ich seit Jahren immer wieder entstehen lasse, so einfach geworden. Auch kann ich meinen Einfluss nicht abzuschätzen, bzw. nicht erkennen, inwieweit ich diese Themen immer wieder provoziere. Mir ist nur klar, dass in der Klasse ein interaktiver Prozess stattfindet, der vom Lehrer oder von den Schülern ausgehen kann, aber sehr von der Bereitschaft des Lehrers abhängt, die Gespräche und die Auseinandersetzungen, die von Seiten der Schüler kommen, im Keim zu ersticken oder auf sie einzugehen. Gewiss geht es nicht immer an, die Klagemauer für die Leiden der Jugendlichen während der Unterrichtsstunden zu errichten. Doch wenn es notwendig ist, dann gebe ich jede Zeit dafür her, egal, ob Pause oder Freizeit, weil sie nichts so dringend brauchen wie Menschen, die ihnen zuhören.

Und das Zuhören ist gerade für uns Lehrer eine äußerst schwierige Angelegenheit, denn eigentlich möchten wir unser Wissen ausbreiten, in der Erwartung, dass unsere SchülerInnen bereit sind, dieses Wissen auch in ihren Köpfen zu speichern. Doch vielleicht wäre es besser, manchmal zu warten, bis sie wirklich dazu bereit sind und nicht um jeden Preis Dinge vorzutragen, die sie aus verschiedenen persönlichen Gründen nicht annehmen können.

Die ersten Stunden im neuen Schuljahr sind in fast jeder Klasse aufregend. Man betritt z. B. eine altbekannte Klasse, und da sitzen zwei oder auch mehr neue Schüler drin. Plötzlich ist das Spannungsfeld der Klasse verändert. Zwei unbekannte Größen mitten im Netz von charakteristischen Reaktionen. Das heißt, dass jedes Kind ein Umfeld von Lebensäußerungen um sich aufbaut, das uns LehrerInnen nach langem Zusammensein mit ihnen vertraut ist und worauf wir fast automatisch reagieren.

Die neuen Schüler wirken dagegen wie ein leerer Raum, wie Stoff, aus dem Figuren ausgeschnitten wurden. Ihr menschliches Umfeld ist noch unbekannt und muss erst erspürt werden, und das bedeutet vermehrte Konzentration. Doch es ist gut so, weil ich dadurch gezwungen bin, die alten Automatismen zu überdenken und so vermeide, zu allgemein und unpersönlich meine gewohnten Methoden zur Gruppenführung anzuwenden. In den ersten Stunden des neuen Schuljahres geht es meist um formale Dinge: z.b. um Hefte und Bücher, die sie brauchen werden. Manchmal lasse ich sie ein Diagramm machen, wo sie einzeichnen, wie sie sich während der Ferien gefühlt haben: ein Stimmungsdiagramm sozusagen. Die Auswertung gestaltet sich dann sehr privatim, indem ich alle ein bisschen erzählen lasse, was sie in den Ferien erlebt haben und jedem einzeln zuhöre. Damit kann ich verhindern, dass wirklich wichtige Ereignisse, die das Leben unserer SchülerInnen belasten, im Dunklen bleiben und man in Krisensituationen, die während des Schuljahres immer wieder auftreten, kein schülergemäßes Verhalten verlangt, wenn das geistige und seelische System schon längst „overload" anzeigt. Noch haben unsere Kinder – leider oder Gott sei Dank – keine Warnleuchten eingebaut, die anzeigen könnten, wann sie einfach nicht mehr belastet werden dürfen, ohne Schaden zu nehmen.

Das Weltbild der Bibel

Vierte Klasse A

Lehrplanthema: Das Weltbild der Bibel im Vergleich zu den Erkenntnissen der modernen Naturwissenschaft.

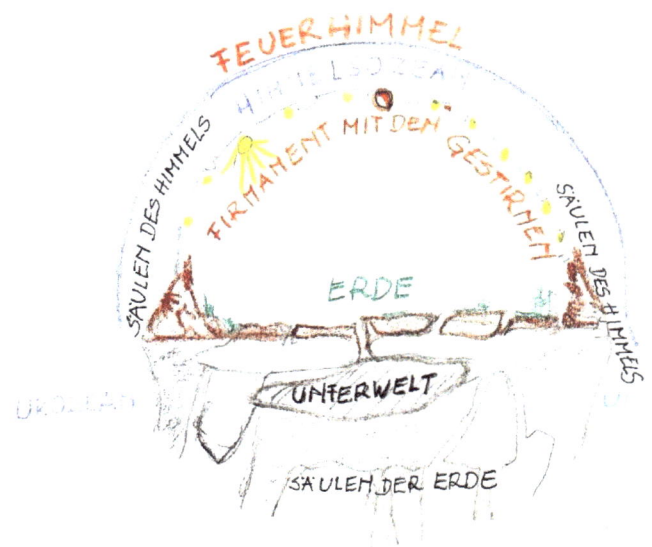

Weltbild der Bibel

Ein bekannterweise mühsames Unterfangen. Wir lesen den Text. Eine Gelegenheit für ein Drittel der Klasse einfach zu dösen. Die erste Lesung erreicht vom Inhalt her ungefähr ein Fünftel der Klasse. Also versuche ich mit einer anderen Methode, ein weiteres Viertel zu erreichen! Wir nehmen Farbstifte und Heft zur Hand und zeichnen das Weltbild, d.h. ich zeichne und erkläre, während alle brav „mitgriffeln". Anschließend die Probe: Wer hat verstanden, wie sich zur Zeit der Entstehung bzw. der Niederschrift des Schöpfungsliedes die Menschen die Welt vorgestellt haben? Einige verstehen sofort und denken zu meiner Freude auch noch selbstständig weiter, indem sie meinen, auch heute sähen wir die Sonne auf- und untergehen.

Und das ist die Minute des Jubels und der wirklichen Freude für einen Lehrer, wenn der eine oder die andere die eigenen Denkwerkzeuge zu gebrauchen lernt. Wenn sie von sich aus auf innere Zusammenhänge kommen, dann möchte ich sie sehr gerne belohnen. Mit Eis oder Schokolade? Ich weiß, dass diese Art von Belohnung sehr fragwürdig wäre. Kämpfe ich doch selber jeden Tag um die Erfüllung der alten christlichen Tugenden, wie Selbstdisziplin, Askese und Geduld. Doch kenne ich meine Kleinen sehr gut; und eine Belohnung zur rechten Zeit und am rechten Ort, eine Belohnung, die auf die kindlichen Gewohnheiten eingeht, das wäre einfach „supercool" wie sie es ausdrücken würden.

Das wäre Bestechung? Nein, ich glaube, dass Freude verbreiten immer das beste Mittel ist, um erzieherisch zu wirken. Leider erlaubt die strukturelle Gegebenheit der Schule kaum längerfristige individuelle Betreuung und Führung der Kinder und Jugendlichen. Gemeinschaftlicher Unterricht schafft zwar mehrheitlich ein Klima, das ihnen hilft, ihre sozialen Fähigkeiten zu trainieren, doch wird gleichzeitig verlangt, dass jeder in der Klasse mit denselben Anforderungen des Unterrichtes zu Rande kommt, egal wie. Diesem Dilemma begegnet man heute von schulischer Seite mit Varianten der Unterrichtsmethode, wie z. B. mit der Herstellung von Portfolios, dem Ausarbeiten eines vorwissenschaftlichen Textes, etc. Doch Schule bleibt Gemeinschaftsunterricht, egal wie man es wendet und dreht. Dazu kommt, dass die Schüler jede Stunde von einem anderen Lehrer „zurechtgelehrt" werden, d.h. dass von den Schülern ein hohes Maß an Anpassung gefordert wird. Zweifellos ist Flexibilität eine wertvolle Fähigkeit, aber letztlich wären Phasen längerer Unterrichtseinheiten ein Gewinn für beide Seiten, weil sie für Lehrer und Schüler eine vertiefte Auseinandersetzung mit den Lehrinhalten ermöglichten.

Spätestens nach den wiederholten Schulschließungen während der COVID19 – Krise hat die Mehrheit der Eltern erkannt, was sie an der Schule haben.

Schule hat ihre Schwächen, wie jede soziale Struktur, doch spätestens bei der Matura zeigt sich ganz offiziell, dass die jungen Leute Texte dechiffrieren können, andere Sprachen verstehen und mehr oder minder auch sprechen können; dass sie Zusammenhänge begreifen und herstellen können und ja, dass sie auch einiges Wissen gespeichert haben. Wir Lehrer haben natürlich immer den Eindruck, dass es zu wenig ist, was wir den Schülern mitgeben konnten. Wir würden sie gern bis an die Zähne ausgerüstet sehen mit Wissen und Kenntnissen ...

Aber wir vergessen oft oder bemerken es nur, wenn wir genau hinschauen, dass während der acht Jahre, die sie mit uns zubringen, auch Persönlichkeiten heranwachsen, die in unsere Atmosphäre, in unserer Art zu denken und zu fühlen eingetaucht sind. Wir begleiten ihre ersten Schritte ins Erwachsenenleben. Wir sind dabei, wenn sie durch ihre Raufereien und Streitgespräche Rangordnungen innerhalb der Klasse festlegen. Vor unseren Ohren lernen sie vernünftig miteinander zu reden oder zu diskutieren; sich der Sprache zu bedienen und nicht der Fäuste, um den eigenen Standpunkt klar zu machen.

Doch zurück zum Schöpfungslied. Ich verwirre die Kinder immer mehr, weil ich ihnen erkläre, dass die Erde eine Kugel ist, die um die Sonne kreist, obwohl aus unserer Sicht die Sonne an einem Ende der Erde aufgeht und am anderen unter. Sie haben gut aufgepasst und ihre Lektion im Sachunterricht, in Biologie und Geographie gelernt. Doch jetzt kommt die Schwierigkeit: Können so junge Menschen schon zwei Wahrheiten gleichzeitig denken? Können sie sich vorstellen, dass Erleben und Sehen anders laufen kann als das Wissen? Müssen sie sich an eine Wahrheit klammern, die andere wegschieben, um geistig nicht auszurutschen oder? Werden es zumindest einige schaffen, diesen Zwiespalt bestehen zu lassen und zu akzeptieren, dass es zur Erkenntnis der Wahrheit verschiedene Wege gibt? Wir werden sehen, doch müssen wir noch viel arbeiten, um dahin zu kommen.

Pädagogische Feldarbeit

Zweite Klasse

Ein Spannungsfeld ersten Ranges. Fast in jeder Stunde gibt es Klagen einzelner Mädchen gegen die Unterdrückung durch die Buben und Klagen der Buben, dass sie einzelne Mädchen entsetzlich nerven, weil sie immer den Mund offen haben und ihr Wissen plakatieren müssen. Beide Gruppen haben recht. Ich kenne diese Grabenkämpfe schon aus dem Vorjahr und bin langsam verzweifelt, weil in dieser Klasse der Abschleifungsprozess so langsam oder besser fast gar nicht stattfindet. Schon im ersten Schuljahr habe ich mir immer wieder geduldig ihre Klagen angehört. Einmal die eine Gruppe zur Geduld gemahnt, dann wieder die andere Gruppe gebeten, sich in den Stunden etwas zurückhalten, da auch ihre Kameraden ihr Wissen ausbreiten wollen. Doch ohne nennenswerten Erfolg. Die Mädchen denken nicht daran, ihre intelligente und eloquente Vorherrschaft aufzugeben, und die Burschen sparen nicht mit Spott und Hohn, um das kriegerische Gleichgewicht zu wahren. Manchmal sind sie einsichtig und versprechen ganz ernsthaft, in Zukunft anders zu reagieren; manchmal geben sie mir zu verstehen, dass es einfach unerfüllbar ist, was ich von ihnen verlange: „Weil wir einfach so sind ...!"

Das sind dann die Augenblicke, wo ich einsehen muss, dass sie sich nicht friedlich verständigen wollen, sondern den Zustand, wie er jetzt ist, in irgendeiner seltsamen und verdrehten Weise genießen, nach dem Motto: *Gut geht es mir nur, wenn es mir schlecht geht...*

Doch ich werde weiterkämpfen, auch wenn es noch so sinnlos erscheint, weil ich mich für die Kleinen verantwortlich fühle. Wie soll ich sie die Liebesbotschaft des Christentums lehren, wenn sie einander in der Klasse nicht leben lassen? Gleichzeitig weiß ich aber, dass es gerade die kleinen Dinge unseres Lebens sind, die uns fertig machen und unsere Liebes- und Achtungsbereitschaft auf eine harte Probe stellen. Doch meine Aufgabe ist es, hier und jetzt das Christentum lebendig zu halten und nicht morgen oder übermorgen ...

Vierte Klasse B

In der letzten Stunde haben wir das Paradiesgleichnis durchgenommen und über die Unterschiede zwischen Frauen und Männern gesprochen und auf Vorurteile abgeklopft. Die Schnelligkeit und Grobheit dieser Klassifizierungen erschreckten mich, und wir beschlossen, die heutige Stunde nochmals diesem Thema zu widmen. Doch es wird noch schlimmer als das letzte Mal. Ich versuche immer wieder, die Mädchen daran zu hindern, ihre Vorurteile lauthals zu äußern und sie ohne Rücksicht auf Verluste mit ihrem ganzen emotionalen Gewicht zu verteidigen. Doch es gelingt mir nicht!

Natürlich meinen das nicht alle, aber die wenigen, die sich im Besitz der Wahrheit wähnen, erklären, dass die Burschen nie und nimmer vor einer ganzen Gruppe ihre Erwartungen gegenüber den Mädchen formulieren würden. Ratlos und konsterniert hören die Burschen diesem Ausbruch zu. Erst nach einiger Zeit beruhigt sich das aufgewühlte Meer der Emotionen, und wir schweigen uns einige Zeit einfach nur an. Ich weiß nicht, wie lange, aber mir scheint es eine Ewigkeit. Gewiss hätte ein erfahrener Gruppentherapeut mit dieser Situation umgehen können. Auch weiß ich, dass Reaktionen dieser heftigen Art Abwehr und Angst verraten. Um diesen Phänomenen jedoch auf den Grund zu gehen, bedarf es eines anderen Rahmens, anderer Voraussetzungen als die Schule bieten kann. Obwohl es segensreich wäre, wenn gerade für diese zusammengewürfelten Gruppen, wie es Klassen nun einmal sind, Fachleute zur Hand wären, um verhärtete Strukturen, unbekannte Grabenkämpfe, Manipulationen durch Stärkere, heimlichen oder offenen Ausschluss von andersgearteten Mitschülern aufdecken und bearbeiten zu können.

Wenn ... ja, wenn ... Aber vielleicht wäre es einer Überlegung wert, wenn man darüber berät, wie Schule in Zukunft gestaltet werden soll!

Vielleicht sollte die Schule Lösungen für Mangelerscheinungen im täglichen Leben unserer Schützlinge bereitstellen. Als Antwort auf eine Umwelt, in der unsere Kinder viel zu viel allein sind. Als Antwort auf eine Welt, die von Medien und Abbildern geprägt ist, wo alles körperlos und zweidimensional ist. Vielleicht wird man auch eines Tages erkennen, dass das Leben in der Schule für unsere Schützlinge immer mehr zum Hauptkampfplatz wird, wo sie lernen, mit ihren Schwächen und Stärken umzugehen, ihre Gefühle zu beherrschen und zu bewältigen. Aber, und das dürfen wir nie vergessen, immer im vorgegebenen Rahmen einer Gruppe, die segensreich, aber auch massiv unterdrückend wirken kann.

Doch zurück zu meiner aktuellen Auseinandersetzung. Das Schweigen gleichsam an mich ziehend, beginne ich die Burschen behutsam zu fragen, was sie von den Mädchen erwarten, so im täglichen Umgang. Mehr will ich nicht: Nur grobe Richtlinien. Und siehe da, es gelingt doch Einiges aus ihren Worten herauszuhören, was die Mädchen aber nicht geduldig als Information hinnehmen können, sondern sofort wieder mit Gegenargumenten und Schuldzuweisungen blockieren. Der Prozess, der insgesamt abläuft, ist voll von Abwehr und Abgrenzung, so als wollte man voneinander gar nichts wissen. Und vielleicht ist es im Moment wirklich so. Nur im Ansatz gelingt es, ein wichtiges Thema von der Mädchenseite her zu berühren, nämlich die Neigung der Jungen, die Mädchen zu „verarschen", und zwar vor allem, wenn sie in der Gruppe unterwegs sind. „Allein kann man mit jedem sprechen, aber in der Gruppe sind sie unmöglich!" Zitat von Sophie.

Überhaupt scheint der Bursch, das unbekannte Wesen, in der Gruppe andere Lebensformen anzunehmen, als jene, die in der Zweierbeziehung üblich sind. Für Lehrer, die sich ein wenig auskennen, die natürlichste Sache der Welt, da im jugendlichen Alter die Akzeptanz in der Gruppe einfach Vorrang hat gegenüber einer Paarbeziehung. Was naturgemäß nicht immer gilt, weil die individuellen Unterschiede groß sind, und in Einzelfällen Mädchen und Burschen schon mit 14 Jahren ein Paar sind, und ihre Welt sich um diese Beziehung ordnet. In der Gruppe anerkannt zu werden ist für Burschen wohl ein unwidersprochenes Muss, und erst langsam, erst nach der Matura werden die Fäden lockerer, werden gelöst, um sich mit anderen Personen in einem neuen Umfeld zu verknüpfen.

Doch das Wissen um diese Rangordnung der Beziehungen innerhalb der Burschengruppe hilft den Mädchen nicht weiter. Sie möchten ganz allein den Mittelpunkt im Leben ihres auserwählten Freundes bilden. Sie möchten ihn ganz, mit Haut und Haar. Doch das hält niemand aus, und jedes Mädchen muss mühsam lernen, dass kein Mensch uns ganz gehören kann. Doch noch träumen sie vom Märchenprinzen, der nur sie allein verehrt und liebt, und das ist gut so ...

Ich schließe die Stunde und bleibe noch in der Klasse. Ich beobachte, wie sich Gertrude einem der Jünglinge, der ein nervöses Leiden hat, liebevoll zuwendet, wie sie ihm zuhört und auf ihn eingeht. Ich bewundere sie und weiß, dass sie mich verständnislos anlächeln würde, wenn ich ihr meine Bewunderung ausdrücken würde, weil es für sie einfach selbstverständlich ist zuzuhören und zu helfen.

Wie würde es wohl um die Welt bestellt sein, wenn es diese opferbereiten Menschen nicht gäbe. Und obwohl ich Gertrudes Lust am Helfen und dem Dasein für andere bremsen möchte, bleibe ich zurückhaltend, weil mich das Licht, das aus ihren Augen strahlt, eine große Lebendigkeit fühlen lässt, die alles überwinden und tragen kann. In diesem Augenblick wäre es auch fruchtlos sie zu warnen, dass ihr Helferwillen eines Tages ihre Kräfte übersteigen könnte. Das glaubt uns in diesem Alter niemand. Wozu auch? Momentan fühlt sie sich in ihrer Rolle sehr stark, weil sie das Gefühl helfen zu können auch braucht, um das eigene Ego zu stärken.

Ich rede mit Berta, höre ihr zu und erfahre, dass sie in ihrer Freizeitgruppe ähnlich unterwegs ist wie Gertrude. Auch sie kümmert sich um die Schwachen, die Probleme in ihren Familien haben. Ich werde nicht müde, den helfenden Jugendlichen zu raten, genau hinzuhören, ob Menschen nur ihre Sorgen bei ihnen abladen oder ihr Leben selbst in die Hand nehmen wollen. Einfacher ist es für bestimmte Leute, ihren seelischen Müll jemandem anzuvertrauen, um sich besser zu fühlen. Wie es dem Zuhörer damit geht, das fragen sie sich kaum. Mit der Zeit entwickeln diese Leute ein äußerst feines Sensorium für alle „Helferlein", die nicht anders können als lieb und freundlich zu sein. Und vor dieser Art von „Ausgenützt werden" möchte ich sie so gern beschützen, meine guten

Mädchen. Vielleicht erinnern sie sich eines Tages daran, wenn sie ausgelaugt und erschöpft sind. Ich bitte sie auch zu beten, wenn die Probleme zu schwer werden, wenn ihre Hilflosigkeit, ihre Ohnmacht beginnt, sie niederzudrücken. Die Kraft unseres himmlischen Freundes Christus ist unerschöpflich. Voraussetzung dabei ist, dass wir nicht zu stolz sind oder unserer Frustration zu sehr nachgeben, um uns auszustrecken nach der Hand, die darauf brennt uns zu helfen ...

Samstag: neuralgischer Tag

Vierte Klasse A

Alle sind schon müde von der Arbeit der vergangenen Woche. Doch meine Halbgroßen in der vierten Klasse haben noch einen kleinen Rest an Kraft. Sie haben Freitagabend noch nicht gefeiert. Sie wurden ins Bett geschickt und können noch ein wenig aufnehmen. Doch ich gehe behutsam mit ihrer Kraft um. Ein bisschen Wiederholung, ein bisschen Gedankenarbeit, ein bisschen Lob und Anerkennung. Es macht nichts, wenn das Lob ein wenig übertrieben klingt, wenn sie sich an Selbstverständliches erinnern. Ich freue mich, dass sie noch arbeiten wollen. Sie sind gute kleine Kameraden, die sich noch nicht ihrer Macht bewusst sind. Sie sind lästig, wenn sie müde sind, aber auch lieb und aufmerksam, wenn man sie ernst nimmt.

Sie haben Schularbeit in der nächsten Stunde, und ich schenke ihnen die letzten zehn Minuten zur Vorbereitung, die sie lernend und plaudernd verbringen. Sie sind einfach zum Gernhaben, wie sie so zusammenstehen oder einander die Dinge erklären, die der andere noch nicht versteht. Praktische Hilfe untereinander – sie verschenken sie mit vollen Händen. Sie haben schon einiges gelernt in den Jahren, seit sie an unserer Schule sind.

Lebensberatung

Achte Klasse B

Wir sind miteinander älter geworden, kennen uns seit acht Jahren. Ich kenne sie, und sie kennen mich, soweit man sich in einer Situation, wie es das Leben in einer Schule mit sich bringt, überhaupt kennen kann. Wir sind durch viele Schwierigkeiten zusammen gesegelt: Probleme mit den Eltern, Beziehungsprobleme – endlose Gespräche im Raucherhof – in den Vorräumen der Klasse.

Neue Beziehungsprobleme: Die Mädchen werden oft überfordert von den Burschen, die sie sich ausgesucht haben. Immer bereit zu helfen, zu retten ...

Lange Gespräche zum Thema: Wie kann ich mich schützen, wenn ich mich von einem Burschen trennen will, und er mich nicht loslässt? Immer auf der Suche nach dem idealen Partner halten sie tapfer durch, bis es eben nicht mehr geht. Ich bewundere sie, meine Mädchen! Unverdrossen kämpfen sie, mit und gegen die Eltern, mit und gegen die Lehrer! Ein weites Feld von Beziehungen muss erobert, muss bewältigt werden. Gleichzeitig sollten sie aber noch lernen und Wissen aufnehmen, das wir ihnen in bester Absicht Tag für Tag anbieten.

Doch manchmal ist das Fass bis zum Überlaufen gefüllt, und sie geben mir das auch zu verstehen, und das „Blöde" ist, dass ich sie verstehe. Doch möchte ich auch, dass sie meine wichtigen Botschaften erfassen und behalten! Doch heute habe ich damit kein Glück! Sie sind so weit weg vom Fenster der Aufmerksamkeit, sodass ich mir die Lebensgeschichte des Hl. Ignatius von Loyola selbst erzählen kann.

Dann tröste ich mich mit dem Gedanken, dass sie mir ein anderes Mal schon wieder zuhören werden. Eigentlich bin ich froh, dass sie ihre Beziehungsgeschichten sehr gut selbst lösen können. Dass sie den Wert der sozialen Verantwortung unglaublich verinnerlicht haben und ... ja, ein wenig Wissen werde ich ihnen schon während des Jahres mitgeben können.

Siebente Klasse A

Es ist eine kleine Gruppe, sechs Burschen, vier Mädchen. Sie sind in ihre einzelnen Bestandteile zerfallen und versuchen nur zu überleben. Was tun? Ich habe ihnen versprochen, sanfte Samstagstunden zu machen. Das bedeutet, voll auf ihre Probleme einzugehen – was ihnen große Erleichterung bringt, mich selbst aber unglaublich anspannt, weil eine Stunde dieser Art in die Nähe von Gruppentherapie kommt. Da sie sich auch körperlich hängen lassen, fordere ich sie auf, mit der Regentropfenübung einander ein wenig Spannung wegzunehmen. Kaum haben sie mit dieser Übung – eine Art Fingerübung auf den Muskeln – auf ihre Schultern begonnen, wachen sie auf, möchten mehr wissen. Und es geht dahin. Wir sprechen über ihren Tagesverlauf, die vielen Stunden geistiger Arbeit – die mangelnde Aufmerksamkeit für ihren Körper. Ich zeige ihnen, wie sie einfache Übungen machen können, um ihren Energiehaushalt zu verbessern. Dann versuchen sie, ihre verspannten Stellen zu spüren. Sie fühlen, wollen fühlen lernen, und ihre Begeisterung erfüllt den Raum, reißt mich mit, und die Stunde ist viel zu früh zu Ende.

Kreuz und Marienbild

Siebente Klasse B

Ich betrete das Klassenzimmer, und alle sind in Arbeit versunken. Heute, wie meistens, ist es die Mathematikaufgabe, die noch schnell erledigt werden muss. Ich lasse sie weiterarbeiten und versuche einen der Burschen, die in der letzten Bank herumhängen dazu zu bringen, dass sie mir zwei Nägel in die Wand schlagen für das Kreuz und das Marienbild, das ich in allen meinen Klassen aufhänge. Es ist eine alte und liebe Gewohnheit, „Maria Pötsch", die Ikone vom Stephansdom in Originalgröße in allen meinen Klassen aufzuhängen. Kreuze sollten offiziell in allen Klassen hängen, doch sind schon viele von den Wänden gefallen und irgendwo verkommen. Und es kümmert sich kein Mensch mehr darum, ob sie überhaupt existieren. Wenn man bedenkt, dass Schwester Restituta[2] zu anderen Zeiten in den Tod gegangen ist, weil sie Kreuze in ihren Krankenzimmern aufhängen ließ oder selbst aufgehängt hat, obwohl es verboten war. Dann lohnt es sich darüber nachzudenken, inwieweit die allgemein verbreitete Gleichgültigkeit gegenüber diesem Zeichen unseres Glaubens nicht eines Tages gefährlich werden kann. Gleichgültigkeit bereitet den Boden für jede Art von einseitiger Überzeugung, Radikalität und Fanatismus. Mit unserem seichten europäischen Humanismus können wir Strömungen

---

[2] Helene Kafka wurde als viertes von sieben Kindern des Schuhmachers Anton Kafka und Maria Stehlík geboren. Als sie zwei Jahre alt war, zog die Familie nach Wien-Brigittenau. Dort besuchte Helene Kafka die Volksschule, die dreijährige Bürgerschule und später die einjährige Haushaltungsschule in Wien-Innere Stadt. Nach einigen Jahren als Hausmädchen wurde sie 1914 Hilfspflegerin im Krankenhaus Lainz. Mit 19 Jahren trat sie der Ordensgemeinschaft der Franziskanerinnen von der christlichen Liebe (auch bekannt als „Hartmannschwestern") bei und nahm den Ordensnamen **Maria Restituta** an. Nach dem Ersten Weltkrieg kam sie 1919 als Operationsschwester ins Krankenhaus Mödling und brachte es bis zur Oberschwester der chirurgischen Abteilung. Am Aschermittwoch, den 18. Februar 1942, wurde sie im Operationssaal von der Gestapo verhaftet. Am 29. Oktober 1942 wurde sie wegen „Feindbegünstigung und Vorbereitung zum Hochverrat" zum Tode verurteilt. Am 30. März 1943 wurde Maria Restituta Kafka im Wiener Landesgericht enthauptet. Am 21. Juni 1998 wurde Sr. Restituta beim Papstbesuch Johannes Pauls II. in Wien seliggesprochen.

dieser Art nicht begegnen, wenn wir nicht die Radikalität der Liebe zu den Menschen, die sich im Kreuz zum Symbol verdichtet, mit unseren Gedanken und unserem Leben ernst nehmen.

Stefan Papp: Maria Pötsch – Stephansdom

Doch trotz der Proteste, die von einem der notorischen Widersprüchler kommen, lasse ich das Bild aufhängen. Warum ich das mache? Auf die Frage lasse ich mich im Augenblick nicht ein. Wir werden sicher und leicht auf das Thema zurückkommen. Im Augenblick teile ich ihnen Schnellhefter aus, die ich für sie gekauft habe, weil ich es nur schwer aushalte, dass meine Zettel, die ich mühsam zusammengestellt, kopiert und gelocht für sie mitbringe, unter den Unterlagen, zwischen angeschneuzten Papiertaschentüchern, leeren Plastikflaschen und Heftfetzen unter den Tischen verkommen. Sie wählen eine Farbe und schreiben eifrig ihre Namen auf die Umschläge. Die erste Runde geht an mich. Doch wir werden sehen, wie lange sie die Heftmappen als Unterrichtsbestandteil akzeptieren und tatsächlich mitbringen. Doch ohne gesammelte Mitschriften keine guten Noten. Das zieht fast immer, auch wenn ich solche Androhungen nicht sehr schätze.

Ich überreiche ihnen ein Arbeitspapier zum Thema Menschenbild. Ausgehend von dem dualistischen Menschenbild der Bibel, das eigentlich das Menschenbild der Antike miteinschließt, landen wir in der Diskussion um das Erleben von Schmerz und Leid, das sich deutlich unterscheidet, wenn man die Lebensbedingungen der Dritten Welt betrachtet und unsere Art zu leben in der Ersten Welt. Immer wieder kreisen wir um das Thema, dass es diesen Menschen an der Möglichkeit fehlt, ihre Fähigkeiten voll auszuleben. Das stimmt. Diese Ungerechtigkeit besteht, sie besteht praktisch und konkret, und sie muss verantwortet werden, mitverantwortet von uns, den Menschen in der Ersten Welt. Das haben die Jugendlichen wirklich verinnerlicht.

Den zweiten Gedanken, den wir erarbeiten, ist die Tatsache, dass wir Menschen, auch wenn es uns gut geht, offenbar nicht in der Lage sind, das Gute festzuhalten! Wir suchen geradezu nach Möglichkeiten, um uns zu zwingen, um uns zu bewähren, obwohl wir uns nichts so sehnlich wünschen, als dass es uns gut gehe, dass wir in Ruhe gelassen werden und dass wir tun können, was wir wollen! Doch fühlen wir alle, dass wir letztendlich mit dieser Ruhe wenig anfangen könnten.

Das Ziel des irdischen Lebens ist das Leben selbst! Diese Grundüberlegung, die bleibt, und damit ist die Stunde eingeklinkt in den großen Überbau: *Wohin gehe ich und warum?*

Siebente Klasse A

Die Kampfklasse vom letzten Samstag. Soll ich darauf noch einmal eingehen? Auch hier bringe ich Bild und Kreuz mit. Doch im Gegensatz zur anderen Siebenten freuen sich die Mädels über das Bild. Alexander will die Haken einschlagen. Als er das Kreuz auf einem Fensterpfeiler befestigen will, gelingt es nicht. Die Spezialstifte sind zu kurz. Wir kapitulieren und hängen das Kreuz an die Frontmauer, rechts vom Muttergottesbild. Auch gut. Margarete und noch drei andere Mädchen haben Schularbeit und bitten mich um ein Gebet. Ich bete mit ihnen das Schutzengelgebet und füge noch eine Fürbitte für das Gelingen der Arbeit hinzu.

Es ist ein stetes Wechselbad zwischen mühsamen Grabenkämpfen und einfachem unmittelbarem Verstehen, zwischen Niedergeschlagenheit und guter Stimmung! – Jeden Tag! Unterrichtsstunde für Unterrichtsstunde! Da nicht alle mitarbeiten können, entschließe ich mich, einfache Evangelientexte zu wiederholen und ... es wird wunderbar. Die Mehrheit der Klasse arbeitet mit, wir interpretieren die Texte und reden über die Notwendigkeit, dass der Mensch auch wollen muss, dass ihm geholfen wird. So landen wir bei der Analyse der Wundertaten Jesu. Dass er die Außenseiter hereinholt, sich um die Ärmsten der Armen annimmt. Es bleibt noch ein wenig Zeit, über die Ausgrenzung durch Krankheit zu reden, wobei wieder Diskussionen entstehen, sich das Wasser gleichsam kräuselt. Aber alles bleibt im Guten und Sanften, als ob eine Auseinandersetzung in der Art vom letzten Samstag gar nicht möglich wäre. Als ich sie darauf anspreche, nennen sie es ein Missverständnis. Sicher trifft diese Erklärung kaum den Kern der Sache. Doch ich respektiere ihren Versuch, die Ereignisse unter dem Mantel von Halbwahrheit zu verbergen. Für mich habe ich gelernt, dass Bibeltexte, offenbar von sich aus Wellen glätten können. Warum das so ist? Darüber möchte ich nicht nachgrübeln, sondern mich nur freuen und IHN, meinen großen Freund bitten, dass ich immer bereit bin, seine Worte direkt einzusetzen.

Szenen aus der Kirchengeschichte

Vierte Klasse A

Ein anstrengender Haufen! Quirlig und unkonzentriert! Durch eine Doppelstunde Latein stark angeschlagen. Die zweite Stunde ist auch nicht besser angelegt: Samstag dritte Stunde. Was tun mit den armen Kerlchen? Zuerst plaudern wir über ihre grausame Situation, dann aber, gleichsam von selbst beginnen die Zahnräder ihres Denkens langsam zu rotieren, und ich habe sie zumindest für eine Viertelstunde wieder an der „Hand".

Wir wiederholen Einiges aus den Genesistexten, und ich lasse sie spüren, dass es auch lustig sein kann, mit Wissen zu spielen ...

Dritte Klasse

Der Kollege, der in der Klasse Geschichte unterrichtet, bat mich, ihnen bestimmte religiöse Grundkenntnisse „einzuflößen". Denn manchmal ist es wirklich ein „einflößen" des Wissens, und die Kleinen tun mir leid, wenn ich daran denke, wie viel verschiedenes Wissen sie an einem Tag so schlucken müssen. Manchmal „vorgekaut", d. h. wirklich für ihr Fassungsvermögen überlegt und vorbereitet und daher leichter zu verdauen. Manchmal aber in großen Stücken angeboten, die sie einfach schlucken müssen, ohne die Kiefer bewegen zu können, weil der angebotene Lehrstoff zu schwierig und kompliziert ist, um von ihnen unmittelbar verstanden zu werden.

Doch Gott sei Dank haben sie ein gutes Gedächtnis und können speichern, Gereimtes und Ungereimtes, das Verstandene und das Unverstandene. Ich für meinen Teil will ihnen heute beibringen, wie es dazu kam, dass die Klöster im Mittelalter so eine wichtige kulturelle Rolle spielten.

Ich beginne bei ... Ja, ich entführe sie in die Wüste, wohin sich die damaligen „Sandler" (Kommentar von Leo), die ägyptischen Einsiedler zurückzogen, um dort ungestört an Gott denken zu können. Vorher hatten sie ihre Familien, ihre Geschäfte und alles was sie besaßen zurückgelassen, weil sie spürten, dass alle weltlichen Dinge sie von Gott und vom Gebet ablenken. Diese Einsiedler wurden sehr bewundert und bald von jungen Leuten nachgeahmt. Da man sich in jugendlicher Begeisterung auch leicht verirren kann, hat ihnen Gott Männer geschickt, die den jungen Leuten helfen sollten, ihren Weg gemeinsam mit anderen zu gehen. Später sorgten sich diese Gemeinschaften nicht nur um sich selbst, sondern kümmerten sich auch um Menschen, die Hilfe brauchten. Sie öffneten ihre Räume für Hungrige, Kranke, Fremde, und wurden so zur wichtigsten sozialen Einrichtung der früheren Jahrhunderte bis in unsere Zeit.

Auf die einführende Frage, wer zur Zeit des beginnenden Mittelalters die Kranken gepflegt hat, vernehme ich die Antwort: „Na, die Spitäler und der Staat"... Ihnen zu erklären, dass es damals das Staatsgebilde noch gar nicht gab, beantworten sie nur mit ungläubigem Kopfschütteln. Das ist schwieriger als ich gedacht habe. Ich spüre die Zweifel im Raum, dass es eine Zeit gegeben haben soll, in der der Staat nicht vorhanden war?

Doch langsam beschäftigen sich ihre Gedanken mit den Bildern einer völlig anderen Umgebung, einer Landschaft, die zum überwiegenden Teil von Wald bedeckt war, den man kilometerlang durchwandern konnte, ohne einem Menschen zu begegnen. Sie versuchen sich vorzustellen, dass es eine Zeit gab, als die Umgebung unserer Schule nur eine Sumpflandschaft war, ähnlich der Lobau. Lange Zeit war Wien auch nur so groß wie der erste Bezirk. Erst als diese Bilder in ihrer Vorstellung einhaken, gelingt es ihnen, meinen Worten allmählich Glauben zu schenken, dass die Klöster nicht nur kulturelle Zentren waren, worin das Wissen ihrer Zeit bewahrt wurde, sondern auch für das Überleben der einfachen Menschen, der Armen, der Kranken, der Verfolgten Verantwortung übernahmen. Langsam, ganz langsam beginnen sie sich mit dem Gedanken anzufreunden, dass es einmal ganz anders war als heute.

Gedanken zu unserem Gottesbild

Sechste Klasse B

Ich schleppe mich ab mit sechs Bibeln, der Vorbereitungsmappe und den Zetteln mit der Zusammenfassung zum Thema soziokulturelles Umfeld der Menschen zur Zeit Jesu ...

In der Klasse angekommen beten wir. Danach will ich im Lehrstoff weitergehen. Doch wir gleiten ab und landen bei unserem Gottesbild, das ich aus christlicher Sicht auf der Tafel zu skizzieren versuche. Jetzt fällt mir wieder ein, wie wir überhaupt darauf gekommen sind. Ich habe mit ihnen das uralte Schutzengelgebet gesprochen. Danach fragte ich die Klasse so leichthin, was es bedeutet, dass jeder Mensch einen Schutzengel habe und wollte auf die hohe Bedeutung der Individualität hinaus. Doch der kurze Gedankenschluss misslingt, und erst über die Skizze der Gottesbezogenheit des Einzelnen und ihrer persönliche Gottesvorstellungen, kann ich eine Brücke bauen. Wie so oft beschreiben die SchülerInnen ihr eigenes Gottesbild einmal als innere Gestalt, aber ohne „Gestalt", als Person, die aber nicht menschlichen Personen gleicht, oft auch nur als Bewusstsein, dass uns jemand zuhört. Auch der alte Mann mit dem weißen Bart wird bemüht. Doch im Moment will ich das Thema nicht bis zum Ende auswalzen. Im Moment geht es um die Erkenntnis der Individualität, die frei und selbstständig und innerlich von Gott gehalten, IHM gegenübersteht. Ich zeichne und erkläre. Muss natürlicherweise in das Gottesbild der Dreifaltigkeit einsteigen, um die Liebesfähigkeit, Liebesakte Gottes vor unserer Zeit zu „beweisen", was ohnehin ein bisschen unsinnig ist, weil dieses Thema im Grunde unfassbar bleibt (siehe Augustinus). Als ich die Dreifaltigkeit zu erklären und zu skizzieren beginne, steigen alle mehr oder weniger aus, was ich im Nachhinein völlig verstehe. Karl sagt es auch. Ich entschuldige mich und beginne „deutsch" zu sprechen, d.h. langsamer und aufbauender.

Jedem/r von uns ist bewusst, dass die Erfahrung der Liebe das Einzige ist, das uns wirklich glücklich macht. Um lieben zu können oder um geliebt zu werden, brauchen wir ein Gegenüber. Wenn wir Menschen lieben und andere glücklich machen können, dann wäre Gott sehr arm dran, wenn er sich erst Menschen schaffen musste, um lieben zu können. Daher setzt unsere Liebeserfahrung die Notwendigkeit voraus, dass Gott von Ewigkeit her die Möglichkeit haben musste zu lieben. Also erscheint es folgerichtig, dass Gott sich in seinem Sohn nicht nur vollkommen spiegelt, sondern ihn liebt und von ihm wiedergeliebt wird. Und diese Liebe personifiziert sich im Hl. Geist. Es ist das Beziehungsmodell der Dreifaltigkeit, das mir persönlich am meisten einleuchtet. Doch bin ich mir nicht sicher, ob auch Karl und Niklas die Erklärung verstanden haben.

Dennoch kämpfe ich tapfer weiter. Wir versuchen zu formulieren, wie wir uns den Himmel vorstellen – und bei dieser Vorstellung „treffen" wir uns ein bisschen ...

Glücksmomente haben wir alle schon erlebt, d.h. so kurze Augenblicke „Himmelsbewusstsein" wurden uns schon geschenkt und auch „Fegefeuergefühl". Langsam robben wir uns an das Thema heran. Fegefeuer! Ja! oder Nein! Niklas dackelt mit der Erkenntnis der modernen Theologie heran, dass es kein Fegefeuer auf Zeit gäbe. So möchte ich seinen Gedankengang einmal ganz grob umschreiben. Wenn man der landläufigen Meinung über das Fegefeuer nachgeht, dann kommt man zur Vorstellung einer Bußzeit innerhalb von Zeit und Raum. Damit bewegen wir uns aber innerhalb der irdischen Erfahrungswelt. Zeit und Raum sind Koordinaten innerhalb unserer irdischen Wirklichkeit – die vielleicht nicht für die transzendente Wirklichkeit gelten müssen. Ebenso kann die Frage, ob in der Hölle oder im Fegefeuer ein reales Feuer brennt, nicht beantwortet werden. Das Fegefeuer zu lokalisieren und als Ort zu bestimmen, war in der Bildsprache der Vergangenheit einfach das Mittel der Wahl, das allen Zuhörern leicht verständlich war. Auch wenn Heilige in Visionen Einblick in das Schicksal der Seelen bekommen, können sie nur in Form irdischer Bilder davon berichten – was sie dabei wirklich erlebten, das entzieht sich nicht selten der Beschreibung.

Um zu einer Lösung des Problems „Fegefeuer" zu kommen, genügt es, die Beziehungsgeschichte zwischen Gott und dem Menschen näher anzuschauen. Alle und zwar wirklich alle Verfehlungen des Menschen können durch die Barmherzigkeit Gottes verziehen werden, entscheidend bleibt nur die Einsicht, wie sehr man sich bewusst oder auch aus Schwäche vom liebenden Gott entfernt hat. Diese Erkenntnis, die nach unserem Tod einsetzt, läutert und muss ertragen werden. Die Sehnsucht nach der vollkommenen Vereinigung mit dem liebenden und barmherzigen Gott, den man nicht erreichen kann, diese Sehnsucht kann zu einem brennenden Feuer werden, das auch eine Zeitdimension in sich trägt.

Die Hauptfrage unseres Lebens besteht zweifellos darin, wie wir mit unserem liebevollen Gott umgegangen sind. Wie wir mit IHM und seinen Gefühlen gespielt, ihn nicht beachtet, ihn vernachlässigt und gedemütigt haben. Ja, gedemütigt. Weil ein Liebender immer auf verlorenen Posten steht, wenn er nicht wiedergeliebt wird. Das wollte ich den Jugendlichen eigentlich sagen. Ob es mir gelungen ist? Diese Stunden des persönlichen Bekenntnisses sind Augenblicke der Gnade, die ich hüte als kostbare Perlen meines Unterrichtes ...

Biblische Realienkunde

Sechste Klasse A

Weiter geht es zu meinen kleinen großen Sechstklässlern, die ich schon jahrelang kenne, und die mich kennen. Sie sind eine quirlige „junge" Klasse. Sie wissen, wie man mit Lehrern umgeht bzw. mit mir, und schaffen es fast immer, mich aus meiner Angespanntheit oder Müdigkeit zu reißen. So auch heute. Wenn ich mit ihnen „arbeiten" will, und sie wollen nicht, dann gelingt es ihnen so vernünftig zu argumentieren, dass mir am Ende gar nichts anders übrigbleibt, als auf ihre Wünsche einzugehen und ihre fadenscheinigen Versprechen anzunehmen, dass sie während der nächsten Unterrichtsstunde alle bestimmt ganz konzentriert mitarbeiten würden. Meistens gehe ich dann auf ihre Bitten ein und lege meine Vorbereitung zur Seite. Doch seltsamerweise gelingt gerade in Stunden, in denen sie total überarbeitet sind und überhaupt nichts machen wollen, ein wichtiger Durchbruch. Oder wir amüsieren uns gemeinsam über einen Dokumentarfilm, so wie es heute ist. Die Wichtigkeit, womit die wissenschaftlichen

Beiräte im Bild erscheinen und ihre letzten Erkenntnisse darbieten, wirkt oft recht komisch. Meine Lehrerdisziplin verhindert nicht selten die Wahrnehmung bestimmter Filmschwächen, die sich beim gemeinsamen Ansehen dann unvermutet ergeben. So ist es auch heute. Gemeinsam „hauen" wir uns über die Auftritte verdienter Professoren vor dem Hintergrund von Wüsten und Stadtlandschaften ab, ihren minutenlangen Ansprachen vor laufender Fernsehkamera, worin sie „ihre" Ansichten über den Weg und das Leben von Johannes dem Täufer darlegen. Doch die SchülerInnen bleiben trotz der Leichtigkeit, mit der alles über die Bühne geht, aufmerksam, und am Schluss haben doch einige von ihnen die wesentlichen Sätze behalten, mit denen wir in der nächsten Stunde weiterarbeiten können.

Schöpfungsgeschichte

Vierte Klasse B

Mühselige Aufgabe. Die Klasse ist groß. Ich habe nicht viel Chance, mit ihnen im Zweiergespräch die Dinge rüberzubringen und muss, ob es mir passt oder nicht, die altbewährten Lehrermethoden auspacken: Lesen, wiederholen, Pluspunkte eintragen, wiederholen und, wenn es nicht anders geht, so in alter Schulmeistermanier, wichtige Dinge laut wiederholen lassen. Es geht um das Verständnis des Gleichnisses vom Sündenfall und das Erkennen der bildhaften Redeweise. Ich weiß, wie konkret ihr Denken verläuft. Ich weiß von vorneherein, dass es fast unmöglich ist, die alten Vorstellungen vom Garten des Paradieses zu relativieren. Ich versuche mein Bestes und dennoch scheine ich keinen Erfolg zu haben. Trotzdem – steter Tropfen ...

Heute bringe ich ihnen Texte mit, die sie ins Heft übertragen sollen. Sie murmeln und wollen nicht schreiben. Doch heute muss es sein, soll nicht das ganze erarbeitete Wissen im grauen Nebel des Halbwissens wieder verschwinden. Sie stöhnen, aber sie schreiben und hüten sich, sinnvolle Fragen zu stellen. Das Ganze fühlt sich zu sehr nach Arbeit an, und das wollen sie, wenn möglich, vermeiden. Doch hin und wieder müssen sie auch in Religion in den sauren Apfel beißen und Wissen annehmen. Wenn ich ihnen klar zu verstehen gebe, dass es sein muss, dann tun sie es auch. Dass ich dann in gespielte Verzweiflung verfalle, weil sie die Zusammenhänge, die sie in der letzten Stunde bereits erfasst haben, wieder nicht erklären können, dann lachen sie und versuchen ein bisschen gescheiter zu sein, mir zuliebe.

Doch sie tun mir gleichzeitig leid. Nach zwei Stunden Latein und einer Mathematikstunde, kann man nicht mehr geistig hungrig sein. Ich verstehe das! Aber was soll ich tun? Es ist ein Tanz zwischen Pflicht und Neigung. Am liebsten würde ich sie „absacken" lassen, doch ein bisschen Stoff müssen sie sich einprägen, um später Zusammenhänge zu verstehen. Meiner Erfahrung nach ist es ein Irrtum anzunehmen, dass Wissen in religiösen Dingen entbehrlich sei, weil man „den Glauben" nicht lehren kann. Unterweisung in psychologischen Dingen, die für die Schüler hilfreich sein kann, ist sicher ein gangbarer Weg, um zwischen Schüler und Lehrer Vertrauen aufzubauen. Doch das genügt nicht! Soll der Glaube später verteidigt werden, dann braucht es Wissen. Die Grundzüge des christlichen Glaubens dürfen nicht auf dem Niveau der Volksschule steckenbleiben – was ohnehin sehr oft der Fall ist. Daher scheint es notwendig, immer wieder die großen Linien des christlichen Glaubensbekenntnisses abzustecken.

Meistens plaudere ich am Ende der Stunde noch mit einigen, lasse sie von ihren persönlichen Problemen erzählen, und manchmal wird auch ein Fachgespräch über eine religiöse Frage daraus. Das nennt man dann auf gut österreichisch „durchwursteln".

Weltbild/Weltanschauung

Achte Klasse B

Auf meinem inneren Lehrplan stehen die Abschlussgespräche zum Thema Weltanschauung. Ich entwickle an der Tafel die Überlegungen des Hl. Augustinus zum Gottesstaat. Mit viel Tafelfläche und Kreide versuche ich zu erklären, dass sich innerhalb der menschlichen Gemeinschaft, die vordergründig nach den Bedürfnissen der Welt ausgerichtet ist, ein Gottesstaat verbirgt. Inhaltlich setzt Augustinus die innerweltliche Ausrichtung mit dem Streben nach Macht, Ruhm, Genuss und der Neugier gleich, während der Gottesstaat nach entgegengesetzten Grundhaltungen ausgerichtet sei. Der Gottesstaat wird durch die Liebe verkörpert, die von der heroischen Liebe der Heiligen bis zur kleinsten Liebeszuwendung eines Menschen reicht. Grundsätzlich ist der Gottesstaat auf den Fundamenten der Liebe errichtet, der Demut und des Gehorsams. Diese Eigenschaften stehen spiegelbildlich den Grundhaltungen entgegen, die im Paradies-Gleichnis so klar und brillant zusammenfasst sind. Das Versprechen, „Ihr werdet sein wie Gott!" entspricht der Hybris, der Selbstvergötterung, entgegen besseren Wissens. Obwohl der Mensch spürt, dass er voll und ganz von Gott abhängig ist, kann ihm die Schlange, das Symbol der Versuchung, weismachen, dass er nicht sterben werde, wenn er seiner Gier nachgibt und auch von dem zu essen begehrt, was ihm nicht zusteht oder noch nicht zusteht. Der Mensch hört auf die Argumente des Versuchers, lässt sich umgarnen und fällt seiner eigenen Hybris, nämlich Herr seines Schicksals zu werden, zum Opfer. Er wird tatsächlich Herr seines Schicksals, indem er sich den Tod holt. Da der Mensch aus dem Nichts gekommen und nur durch die Kraft und den Willen Gottes zum Leben erweckt ist, wird er im Augenblick, wo er glaubt, dass er sich selbst begründen und erhalten kann, dorthin zurückgeworfen, woher er gekommen ist, nämlich ins *Nichts.* Doch aus der Gier und dem Ungehorsam, die sein Schicksal besiegeln, resultiert letztendlich nur der leibliche Tod und einige kummervolle Jahre, die wir auf Erden verbringen müssen.

Weil …

Weil Gott in seiner verrückten Liebe zu uns offenbar gar nicht anders kann, beschloss er schon vor aller Zeit den Menschen vor sich selbst zu retten. Dazu sollte sich sein Sohn, geboren als Mensch, demütig und gehorsam, ohne Gier nach Lebensgenuss, einzig als Helfer und liebender Bruder der Welt und ihren Gesetzen entgegenstellen. Er sollte predigen und die Menschen seiner Zeit über die Gedanken Gottes aufklären; sollte durch Wunder beweisen, woher er komme und die Pharisäer und Schriftgelehrten davon überzeugen, dass er vom Vater – ihrem Gott Jahwe – geschickt wurde und der erwartete Messias sei. Das alles geschah. Doch wurde Jesus Christus trotz seiner neuen Sprache, seiner Wunder und seinem gerechten und liebevollen Umgang mit allen Menschen, verurteilt und getötet. Doch bewirkte paradoxerweise gerade sein Tod die Umkehrung aller irdischen Werte. Durch seinen bewussten und selbstgewählten Tod wurde ER, als Gottessohn, zum Mittler zwischen den Menschen und Gott. Durch ihn, dem Stein, den die Bauleute als unbrauchbar weggeschleudert hatten, werden die Menschen aller Zeiten von den Folgen ihrer Verstrickung in eine Welt, wo der Stärkere den Schwächeren unterjocht, erlöst und befreit. Dass er das wirklich vermag, dafür gibt es einen Beweis: seine Auferstehung. Mit seiner Auferstehung und seiner Himmelfahrt versuchte er den Aposteln, seinen Zeugen, klar zu machen, dass er dorthin zurückkehre, woher er gekommen ist – zu seinem himmlischen Vater. Allerdings nun mit einem verklärten menschlichen Leib.

Mathis Gothart Grünewald: Auferstehung (Isenheimer Altar)

Den Aposteln und auch uns bleibt es überlassen, ob wir diesen Mittler Jesus Christus als unseren göttlichen Erlöser anerkennen oder nicht. Diese Anerkennung geschieht im Glauben. Nur wenn wir den engen Horizont unseres vernünftigen Denkens übersteigen und einsehen, dass es mehr zwischen Himmel und Erde gibt als sich unsere Schulweisheit[3] träumen lässt, nur dann gewinnen wir eine Offenheit gegenüber Ereignissen, die einer anderen Wirklichkeit angehören. Allerdings haben viele Menschen Angst vor dem Unbekannten, dem Verborgenen, dem Unkontrollierbaren. Das steht der Glaubensbereitschaft hemmend entgegen, und das müssen wir respektieren. Mit mutiger Entschlossenheit, den Graben der Vernunft zu überspringen – dazu gehört auch gnadenhafte Hilfe – die wir uns nur durch das Gebet erringen können.

Wenn wir den Fußstapfen Jesu nachfolgen und nach dem Gebot der Gottes- und Nächstenliebe leben, dann verwirklichen wir in der weltlich ausgerichteten Gemeinschaft den Gottesstaat. Dieser Gottesstaat besteht in der Welt, mit der Welt und gleichzeitig durch die Welt, der aber diese Welt in ihren verschiedenen Lebensformen als ein geistiger Überbau durchdringt.

Die Begeisterung, mit der ich die Art und den Aufbau des Gottesstaates in der Welt (natürlich in einfacherer Weise als hier dargestellt) zu erklären versuche, findet bei meinen Schülern kaum Widerhall. Sie kleben am Wort Demut und wollten diese Haltung auf keinen Fall für sich selbst akzeptieren. Am liebsten würden sie dieses Wort, so ganz frei nach Tucholsky, einfach totprügeln. Auch auf den Begriff „Gehorsam" reagieren sie allergisch. Ich bin es zwar gewohnt, lange schon, dass man mit dieser christlichen Grundhaltung, heute keinen

---

[3] Shakespeare: Hamlet: "There are more things in heaven and earth, Horatio, than are dreamt of in your philosophy."

Gesinnungsindividualisten – und als Individualisten erlebt sich fast jeder, auch wenn man ängstlich darauf bedacht ist, so zu denken, wie alle anderen – begeistern kann. Doch auf die Reaktion der Klasse in dieser ablehnenden Heftigkeit war ich nicht vorbereitet. Der Lehrer lenkt, und der Schüler denkt oft anders. Ausgehend von den beiden Begriffen landen wir wieder bei unseren Gottesvorstellungen, die sich, wie so oft, u.a. wieder im Bild des alten Mannes mit weißem Bart, der nichts mehr zu melden hat, präsentiert.

Dass Jesus Christus uns ein ganz anderes Gottesbild vermittelt und es immer wieder, fast verzweifelt den Jüngern klarzumachen versuchte, ist aus den Texten des Johannesevangeliums unschwer zu entnehmen. Eindringlich wiederholt er immer wieder: *Ich und der Vater sind eins! Wer mich sieht, sieht den Vater ...* (Joh. 10,30) Auch findet er Argumente, die erkennen lassen, dass nur er den Vater kennt, weil er sein Sohn ist. Doch das nützt ihm alles nichts! Jesus muss für diese Wahrheit ans Kreuz, weil Gott keinen Sohn haben kann.

Gott schreibt auf allen Zeilen gerade, egal, wie sie beschaffen sind, und ich kann verstehen – kann auch die Schüler verstehen – dass sie in einer Zeit der Säkularisierung und der beständigen Kritik an der Kirche, nicht zu einem „Verlovererverein" gehören wollen. Und überhaupt gehorchen, verzichten, demütig sein ... Wer will das wirklich?

Christliches Lebensprogramm ja, aber nur in abgepackter Form, eingeschweißt in „Tetrapaks", zum Rohgenuss ungeeignet. Erst wenn es entsprechend hergerichtet wird, kann man es vielleicht akzeptieren. Die caritativen Einrichtungen ja, weil sie uns die Sorge für unsere Kranken und Alten, die Außenseiter und die „dreckigen" Leute abnehmen. Aber wir, wir sind nett und friedlich. Lieben unsere Tiere und beklagen die Umweltsünden. Wir schlagen unsere Kinder nicht und wir stehlen nicht. Wir sind gute Menschen oder doch nicht so ganz?

Der Mann am Kreuz? ER ist und war ein interessanter Mensch, aber Gott? Das hat man früher geglaubt, als die Leute noch nicht so aufgeklärt waren wie heute ...

Ich verlasse die Klasse und bin völlig erschöpft. Ich weiß nicht, wie ich weiter unterrichten soll. Noch warten zwei Klassen auf mich. Meine liebevolle, manchmal völlig chaotische siebente Klasse wäre jetzt dran. Dort stehen die Wunder des Neuen Testaments auf der Lehrstoffverteilung. Wie werde ich dort zurechtkommen? Ein Thema wie dieses ist immer problematisch. Auf der Stiege wende ich mich an meinen Schutzengel und bitte ihn, mir Kraft zu schenken, mich nicht im Stich zu lassen, und ich spüre seine Gegenwart dicht und unmittelbar. In der Klasse bete ich mit den Jugendlichen das Schutzengelgebet. Und die Stunde gelingt. Wir lesen die Wunderberichte über die Erweckung von Toten und besprechen, warum Jesus das tut. Warum er nicht alle Menschen seiner Zeit heilte und gesund machte.

Es ist schwierig auszudrücken, was in einer Klasse passiert, wenn man ein Thema dieser Art berührt. Von mir aus ziehe ich die Linie durch, dass Jesus nur die Menschen heilte, die wirklich geheilt werden wollten. Zuallererst fordert er den Glauben ein, den Glauben an ihn und an seine heilende Wundermacht. Offensichtlich geht es ihm in erster Linie um eine vertrauensvolle Beziehung zwischen ihm und dem Kranken. Die Heilung geschieht dann fast von selbst.

Doch ist zwischen den Zeilen zu lesen, dass Jesus auch oft aus reinem Mitleid geholfen und die Leute von ihren Leiden befreit hat. Allerdings dürfen wir voraussetzen, dass eine gewisse Bereitschaft seitens der Kranken vorhanden war, die Heilung auch dankbar anzuerkennen. Obwohl von den zehn Aussätzigen, die er einmal unterwegs getroffen und geheilt hat, nur einer zurückgekommen ist, um sich bei Jesus zu bedanken (Lk17,16). Aber diese menschlich schäbige Haltung steht auf einem anderen Blatt.

Die arme Mutter des toten Jünglings von Nein (Lk7,11ff) bekommt die Liebe und das Mitleid von Jesus einfach geschenkt. Er gibt ihr den Sohn lebendig zurück und erlöst sie von ihrem Leid und ihrer Verzweiflung. So ganz typisch Jesus, der sich nie an absolute Regeln hält, wenn das Leid eines Menschen zu lindern ist. Zwar geht aus den meisten Berichten über Wunder hervor, dass Jesus meistens auf die Bitte eines Leidenden reagiert und immer eingreift, wenn ihm Vertrauen und der Glaube eines Menschen entgegenkommt. Oft kann er gar nicht anders als helfend einzugreifen.

Als wir bei der Geschichte von Lazarus sind, erklärt Monika, meine Wissende, dass sie sich schon oft gefragt hat, was der Lazarus empfunden haben muss, als er plötzlich wieder auf die Erde zurückmusste. Er wird sich schön bedankt haben bei Jesus, dass er wieder weiter-arbeiten und weiterkämpfen „durfte" ...

Ich glaube, dass sie recht hat mit ihrer Vermutung und erzähle, dass Lazarus, nach der Legende, als Auferweckter noch lange Jahre in Zypern als Missionar gewirkt habe. Als ich einige fragende Augen auf mich gerichtet fühle, breche ich ab, und wir lesen erst einmal diese Geschichte, die nicht allen bekannt ist (Joh11, 1-44). Dass Jesus am Grab seines Freundes weint, obwohl er weiß, dass er in wenigen Minuten wieder leben wird, ist ihnen kein Problem. Die Szene zeigt nur, dass Jesus ganz menschlich reagierte.

Meine kleinen Psychologen! Manchmal erreicht ein einfacher Blick, um schwierige Bibelstellen zu inter-pretieren. Jedenfalls entsteht aus dieser Szene kein Problem für sie, und ich hüte mich, die Stelle weiter zu hinterfragen.

Sie haben mir Kraft gegeben, wie so oft: durch ihr Verständnis, ihre Offenheit und Zuneigung. Gestärkt kann ich dann wieder zur nächsten Klasse gehen. Es ist schon ein großes Geheimnis um die seelische Kraft. Eigentlich müsste ich nach dieser Stunde noch müder sein als zuvor, weil ich ja wieder Unterrichtsarbeit geleistet habe. Doch dem ist nicht so, ich fühle mich wieder gekräftigt: Der Energieaustausch ist zu meinen Gunsten entschieden worden. Sie haben mir mehr zurückgegeben, als sie mir abverlangt haben.

Die Frage nach dem Zölibat

Siebente Klasse A

Neue siebente Klasse in der letzten Stunde am Samstag. Ich frage sie, welche Fragen während der Geschichtsstunde offengeblieben sind, weil mich der Direktor gebeten habe, einige Fragen mit ihnen zu erörtern. Antwort: müdes Abwinken. Wir haben einmal mitgearbeitet und sollten alle Fragen beantworten. Es war mühselig. Na, dann will ich nicht weiter in euch dringen.

Doch eine Frage habe ich, meint Adelheid, wie ist das mit dem Zölibat ...

Das ist die Frage aller Fragen, und ich spüre, wie ich „heiß laufe." Seit zwanzig Jahren quält man mich mit dieser Frage, und alle Argumente, die ich mir im Laufe der Jahre zu eigen gemacht habe, prallen ab, am Panzer des absoluten „Nicht-verstehen-wollens". Ich bin der Erklärungen, die sich aus der Tradition und dem besonderen Verständnis des katholischen Christentums ergeben, so müde, dass ich im Grunde gar nicht mehr den Mund öffnen will. Doch ich reiße mich zusammen und denke, dass die Jugendlichen nichts dafürkönnen, dass ich schon jahrelang mit dieser Frage gefoltert werde. Wie soll ich einer Gruppe von Leuten, die kaum in die Kirche gehen, die nur ganz selten beten – bis auf meine starken

Ausnahmen, denen der zölibatär lebende Priester ohnehin eine emotionale Selbstverständlichkeit ist - erklären, worin die mystische Forderung des ehelosen Lebens besteht? Wie soll ich ihnen erklären, dass sich aus der mystischen Verbindung des katholischen Priesters mit seinem Gott, der ihm als geweihtem Nachfolger ein gewaltiges Amt übergeben hat, ein Leben des Verzichtes von selbst ergibt. Dazu kommt, dass gerade das Leben in Keuschheit dem Menschen eine Überwindung abverlangt, die der Priester im täglichen Kampf um die Seelen als stellvertretendes Opfer einsetzen kann – ein Gedanke, den außerhalb unserer Kirche kaum jemand nachvollziehen kann. Und dennoch entspricht es dem innersten Kern unseres Glaubens, weil Christus nicht nur seine menschlichen Bedürfnisse, sondern sogar sein Leben für uns eingesetzt, d.h. geopfert hat. So wie Christus von den Toten auferstanden ist und damit den Menschen aller Zeiten den Weg zum Himmel eröffnet hat, so wird auch unser Verzicht, unser Einsatz für andere mithelfen, mit Christus gemeinsam die Welt zum Guten zu verändern. Auch wenn man – von außen betrachtet – kaum etwas davon spürt. Doch ist letztendlich der Sieg des Auferstandenen über die zerstörerischen Kräfte dieser Welt nicht aufzuhalten, auch wenn sich Gott scheinbar zu viel Zeit lässt …

Schon in den Anfängen des Christentums verpflichteten sich Männer und Frauen aus eigenem Antrieb zum zölibatären Leben, um ganz nach dem Vorbild von Christus zu leben und ihm wenigstens in dieser Weise nachzufolgen und ihm ähnlich zu werden. Es ist und bleibt eine spirituelle Entscheidung, die eng mit unserem Menschenbild zusammenhängt, einem Menschenbild, das ausgerichtet ist auf die Ewigkeit. Doch meine SchülerInnen, die noch am Anfang ihres Lebens stehen, haben ein Recht so zu denken, wie sie denken, obwohl ihnen der Zeitgeist auch später kaum

Raum und Möglichkeiten geben wird, die hedonistische, innerirdisch ausgerichtete Weltsicht in Frage zu stellen. „Es ist ja nicht natürlich, zölibatär zu leben!" Diesen Satz habe ich schon oft vernommen. Natürlich ist es nicht „natürlich", so zu leben. Aber welche Ideen des Christentums sind schon „natürlich", wenn man die Grundbedürfnisse des sogenannten „natürlichen Menschen" einmal hernimmt, die darin bestehen, das Leben zu genießen, Macht auszuüben, weil es angenehm ist und Ruhm und Anerkennung zu erwerben, die unser Ich wohltuend umhüllen und unserem Stolz schmeicheln?

Was soll ich mit der Botschaft von der Feindesliebe anfangen, was mit der Bergpredigt, was mit dem Gedanken, dass wir alle schwache Menschen sind, die der Erlösung bedürfen? Ich könnte noch stundenlang so weiterargumentieren, aber wer würde mir zuhören? Am Ende bekäme ich trotzdem zur Antwort, dass das Christentum, so wie es das Neue Testament vermittelt, einfach nicht natürlich und zeitgemäß ist.

Daraufhin kann ich nur meine Sachen zusammenpacken und weit, weit weg gehen ... Wohin? Ich weiß es nicht. Aber vielleicht versteht man in den Ländern der Dritten Welt die Botschaft unserer Heiligen Schrift doch ein bisschen anders. Besser? Ich weiß es nicht. Mein Platz ist hier und jetzt inmitten meiner SchülerInnen zu Zeiten, wo es ihnen gut geht, aber trotzdem vieles verkehrt läuft. Ich kann nicht mehr tun als immer wieder helfend einzugreifen, um von der Seite des lebendigen Christentums, dem Übersetzen in die Tat, für Jesus und sein Programm Zeugnis abzulegen ...

Allerheiligen und Allerseelen

sind kirchliche Feiertage, die nur mehr oberflächlich wahrgenommen werden. Aber auch das kann man nicht so allgemein sagen. Manche meiner Schüler erlebten schon Todesfälle, die ihnen die liebsten und nächsten Menschen von der Seite rissen. Andere dagegen haben so gut wie keine Erfahrung mit dem Sterben. Wie fast immer rede ich für manche meiner Schützlinge sehr theoretisch, während andere ihre Erfahrungen mühsam in ihr normales Leben einzubauen versuchen. Gefühle haben ihr Eigenleben. Sie ähneln halbwilden Pferden, die manchmal ganz folgsam am Zügel des Verstandes gehen, ein anderes Mal ausbrechen und wild um sich schlagen. Und man weiß nicht, wann und unter welchen Umständen sie aufflammen. Auf jeden Fall ist man nie sicher vor einer emotionalen Überrumpelung, egal ob es sich um Eifersucht, um Trauer, um Wut oder auch um Liebe handelt. Gefühle spielen mit uns, lassen uns die herrlichsten Höhen und Freuden erleben und zerren uns in tiefe Abgründe. Im Grunde sind es unsere Gefühle, die unser Leben steuern und bewegen, auch wenn wir noch so sehr wünschen, unser Leben mit unserer Vernunft zu lenken.

Doch scheint mir, dass wir lernen können, mit unseren Gefühlen umzugehen, sie immer besser kennenzulernen, ihre Wurzeln aufzuspüren, und auch lernen können, ihnen mit dem Verstand Zügel anzulegen. Doch das Beherrschen von Gefühlen ist ein langer und schwieriger Prozess, den wir selten allein zustande bringen, sondern nur mit Hilfe von Lehrern, in diesem Fall von Therapeuten, die uns zeigen, wo wir uns festkrallen. Wir brauchen Menschen, die uns aufmerksam machen, wie wir uns immer mehr verbeißen und nicht mehr loslassen, weil wir die Freiheit mehr fürchten als den gewohnten Schmerz, der uns in einer eigenartigen und paradoxen Weise Sicherheit gibt.

Das Gedenken an die Verstorbenen gehört zu jenen Ereignissen, die Wunden aufbrechen lassen, die uns an Verlust, ans Sterben erinnern und daher am besten vergessen oder mit Blumen und Kerzen zugedeckt werden. Und in diesem Punkt unterscheiden sich meine jungen Freunde nicht wirklich von der Welt der Erwachsenen. Auch sie verdrängen gern den Gedanken ans Sterben und schaffen das ohne schlechtes Gewissen.

Leben nach dem Tod?

Achte Klasse B

Da ich diese Hintergründe kenne, konzentriere ich mich heuer auf eine theoretische Frage, die jeder lebendige Mensch nur rein gefühlsmäßig beantworten kann:

„Glaubt ihr an ein Weiterleben nach dem Tod?"

Diese Frage, stellte ich zuallererst an die geschminkten und schwarz gekleideten, Halloween feiernden Jugendlichen aus der achten Klasse. Wie es dazu kam? Sie, meine Achten-Schüler, wollten sich vier Stunden lockeren Unterricht am Samstag herausholen. Was in der ersten Stunde während der Englischstunde auch gut gelang. Aber ich kann ihrem Feiern und Tanzen nach Rhythmen einer lauten Technomusik am Vormittag, und dazu in meiner Unterrichtstunde, nichts abgewinnen.

„Warum? Es ist doch nichts dabei?"– „Wirklich nicht?"

Sind wir wirklich schon so weit, dass wir keltischen Gespensterkult von den irischen Inseln nach Mitteleuropa bringen müssen, um noch eine Gelegenheit zum Feiern zu haben? Spätesten jetzt wird man mich als bornierte und unbewegliche Lehrerin abstempeln. Das weiß ich. Aber davor habe ich keine Angst. Angst habe ich vielmehr vor dem schrankenlosen Hedonismus, der letztendlich hinter allen neuen Bewegungen unserer modernen Gesellschaft steht. Eigentlich wollte ich an der

Tür kehrtmachen, als ich die vermummten Gestalten nach den lauten Pop-Rhythmen tanzend antraf. Auch wollte ich ihnen als liebevoller Lehrer das Fest nicht stören, doch irgendetwas in mir hielt dieses neu-heidnische Treiben nicht aus. Und Franziska, ein sensibles und mütterliches Mädchen, holte mich zurück, erschreckt von meiner Reaktion, die ihr unerwartet kam, da ich zu anderen Zeiten ihre Ausgelassenheit durchaus teilte und mittanzte.

„Glauben Sie wirklich, Frau Professor, dass wir an Gespenster glauben?"

„Nein, das meine ich nicht, aber mir ist es mit dem Gedenken an die Toten ernst. Ich glaube, dass sie sich eine ernstere Erinnerung verdient haben als dieses Maskenfest"!

Dann frage ich sie, mitten hinein in die verrückte Stimmung ihres Festes, ob sie an ein Weiterleben nach dem Tod glauben.

Es ist etwa die Hälfte der Klasse, die sich ihrer Sehnsucht nach einem ewigen Leben bewusst ist – die andere Hälfte meint, dass ihr Leben im Grab besiegelt sei. Daraufhin entspinnt sich ein Gespräch über Verantwortung und Lebensstil. Wir erörtern die Grund-lagen des christlichen Menschenbildes, das immer mit der Verantwortung für den Bruder und einer freien inneren Beziehung zu seinem Gott geprägt ist, der nicht viel mit der langläufigen Vorstellung des etwas vertrottelt anmutenden Greises, der über den Wolken sitzt, gemeinsam hat.

Ich bin aufgeregt und nicht sehr überlegen in dieser Situation. Ich greife an und warne die jahrelang abgemeldeten Klugredner, dass ihr Religionsverständnis den Kenntnisgrad der Volksschule nicht überschritten habe, weil sie die langläufige Meinung, wie heute der christliche Gott „verkauft wird", für bare Münze nehmen. Obwohl sie sich in anderen Gegenständen ein entsprechendes Wissen angeeignet haben, bleibt ihr religiöses Wissen in der Kinderbibel stecken. Daher entbehren sie der Möglichkeit einer persönlichen Auseinandersetzung mit den vielfältigen und großartigen Gedanken unserer Religion, die heute unter dem Mantel einer Allerweltsreligiösität unser eigentliches christliches Denken und Fühlen zu ersticken drohen.

Ich will die Jugendlichen nicht angreifen und sage es im Voraus. Doch muss ich ihre Haltung angreifen. Daraufhin versprechen mir die Schüler, die sich vom Religionsunterricht abgemeldet hatten, in der nächsten Religionsstunde dazubleiben, um mehr über die Hintergründe des Christentums zu erfahren ...

Diese Stunde war hart, aber fruchtbar denke ich ...

Siebente Klasse A

In der siebenten Klasse am Dienstag vor Allerheiligen war alles anders. Die Englischschularbeit hatte ihre Gemüter aufgebracht. Sie streiten, ob es besser sei, strenge Lehrer zu haben und viel zu lernen oder ob es besser sei, es möglichst bequem zu haben. Über diesen Punkt wird es kaum je eine Einigung geben. Sicher ist nur, dass sie eine offensichtliche Sorglosigkeit bei Lehrern im Umgang mit Hausübungen, wie Verlieren, Nicht-korrigieren als persönliche Missachtung erleben. Sie wollen für ihre Arbeit belohnt werden und erwarten Informationen über einen etwaigen persönlichen Fortschritt von den Korrekturen. Ein Faktum, dass wohl unwidersprochen bleiben wird ...

Eigentlich ist es schwierig und anstrengend, in Diskussionen dieser Art als unbeteiligte Kollegin dabei zu sein. Doch bin ich es gewohnt und halte die Stellung, indem ich sie einfach ihre Frustration und Niedergeschlagenheit aussprechen lasse, ihnen zuhöre und im Hinterkopf nach Gründen suche, die immer vorhanden sind, wenn sich Lehrerkollegen nicht so ganz korrekt verhalten ...

Manchmal versuche ich ihnen diese Hintergründe mitzuteilen. Doch hin und wieder geht mir selbst das Verständnis aus, und ich sitze da, höre mir die Geschichten an und verschließe sie im geheimen Safe meines Gedächtnisses, wo die Informationen hoffentlich langsam verblassen.

Früher wollte ich immer helfend eingreifen, wenn mir die Kinder gar zu leidtaten. Jetzt denke ich, dass diese Situationen sie lehren können, auch mit fast unlösbaren Problemen umzugehen. Vielleicht sollen sie lernen, ihre Frustration zu verbalisieren und versuchen, ihre Vorstellungen durchzusetzen. Doch es ist nicht einfach, weil ihre Abhängigkeit vom Lehrer einerseits und die ungleichen Erwartungen innerhalb der Gruppe andererseits, ein gemeinsames Vorgehen erheblich erschweren.

Während des letzten Drittels der Stunde wiederholen wir einige Einzelheiten zu unserem Unterrichtsthema, und die Stunde klingt aus. Doch für mich geht es in der Pause noch weiter. Ich werde bestürmt mit Überlegungen zum Thema lernen und überleben, Matura und Lernschwierigkeiten. So im Allgemeinen und auch im Einzelnen. Ich höre zu und wandere langsam zu meiner nächsten Klasse, wo wir wieder die Frage nach dem Weiterleben nach dem Tod anschneiden ....

Diesmal wird es ein sehr ernst geführtes Arbeitsgespräch. Wir einigen uns auf ein Leben nach dem Tod und berühren fast alle Punkte, die so unendlich schwierig in Worte zu fassen und noch schwieriger zu verstehen sind.

Was bedeutet Ewigkeit?

Schon bei diesem Begriff fangen wir an uns leid zu tun, weil keiner von uns eine ewige Dauer unseres gegenwärtigen Lebens für wünschenswert und beglückend hält. Vor allem weil wir übereinkommen, dass eine immer wiederkehrende Wiederholung unserer Lebenssituationen einfach unendlich langweilig werden müsste. Anders fühlt es sich aber an, als wir uns „auf immer in der Gegenwart lebend", einigen können. Das könnte man gelten lassen, sich auch besser vorstellen ... Wie werden wir in der Ewigkeit leben? In ewiger Glückseligkeit? Wie fühlt sich ein Dauerzustand des Glückes an? Ist das überhaupt möglich? Fühlen wir nicht gerade das Glück besonders intensiv auf dem schwarzen Hintergrund des Unglücks?

Alles Fragen, die letztendlich nicht beantwortet werden können. Auch ich kann auf diese Fragen keine Antwort geben, weil alles, was uns in der anderen, in der Gotteswirklichkeit erwartet, in unserer irdischen und begrenzten Welt nur aus Spiegelungen zu erschließen ist.

Die Sehnsucht nach dieser anderen Welt ist so alt wie die Menschheit selbst. Die einzige Antwort, die ein bisschen Klarheit in unsere Vorstellungen bringen kann, stammt aus Paulus' erstem Korintherbrief: „Was kein Auge je gesehen[4] ..." Dieser Satz umfasst alle Möglichkeiten eines Lebens, das ein ständiges Hineinwachsen in die unendliche Wirklichkeit Gottes bedeuten kann. Für mich ist der Himmel kein Ort der Ruhe, wie es auf den Friedhöfen oft zu lesen ist. Ich erwarte mir eine dynamische Ruhe. Eine Lebendigkeit, die sich an Gott ausrichten kann; die in seine liebende Gegenwart immer mehr hineingenommen wird. Diese Erklärungen von

---

[4] 1Kor2,9: Nein, wir verkündigen, wie es in der Schrift heißt, was kein Auge gesehen und kein Ohr gehört hat, was keinem Menschen in den Sinn gekommen ist: das Große, das Gott denen bereitet hat, die ich lieben.

meiner Seite kommen an und scheinen die Jugendlichen ein wenig davon zu überzeugen, dass es auch andere Wirklichkeitsmodelle geben kann als die gewohnte innerirdische Sicht...

Wir schließen die Stunde und nehmen Abschied voneinander. Ich packe meine Sachen und gehe auf den Gang hinaus, die Stiegen hinauf, erfüllt mit leiser Freude ...

Wanderweg Abrahams

Zweite Klasse

Lärm, fröhliches Hin- und Herlaufen und keine Tränen in der zweiten Klasse. Ich freue mich über ihre Entwicklung. Ich kann also ganz normal als Lehrerin in die Klasse kommen und eine Unterrichtsstunde nach pädagogischen Grundsätzen abhalten.

Wie eine solche Stunde verläuft?

Also! Im Grunde geht es dabei um ein vorbereitetes Sachgebiet oder Thema, das im Rahmen eines übergeordneten Lehrzieles, abschnittweise, den Schüler-Innen vermittelt wird. Während der Darbietung oder Erarbeitung der Lerninhalte soll auf Methodenvielfalt und Selbsttätigkeit der Schüler besonderes Augenmerk gerichtet werden. Anschließend soll der Unterrichtsertrag gesichert und überprüft werden, ob das Stundenlehrziel tatsächlich erreicht wurde.

Solche Stunden versucht man während der Ausbildungszeit vielfach zu skizzieren und auch tatsächlich zu exerzieren. Auch gelingt es in den meisten Fällen! Allerdings gleichen die Kinder der Vorführstunden nur in den seltensten Fällen jenem lebendigen und streitenden, sich „befetzenden" und dann wieder ganz friedlichen Haufen, wie man sie im normalen Schulalltag kennenlernt.

Ich weiß nicht, wie man zu Kindern kommt, die in den Vorführklassen so brauchbare Antworten geben, stillsitzen und aufpassen. Meine kleinen Freunde fühlen sich nicht selten wie kleine Prinzen und Prinzessinnen an, die gnadenhalber einmal oder auch für längere Zeit die Güte haben, sich freiwillig mit den Dingen zu beschäftigen, die ihre Lehrer so wichtig finden.

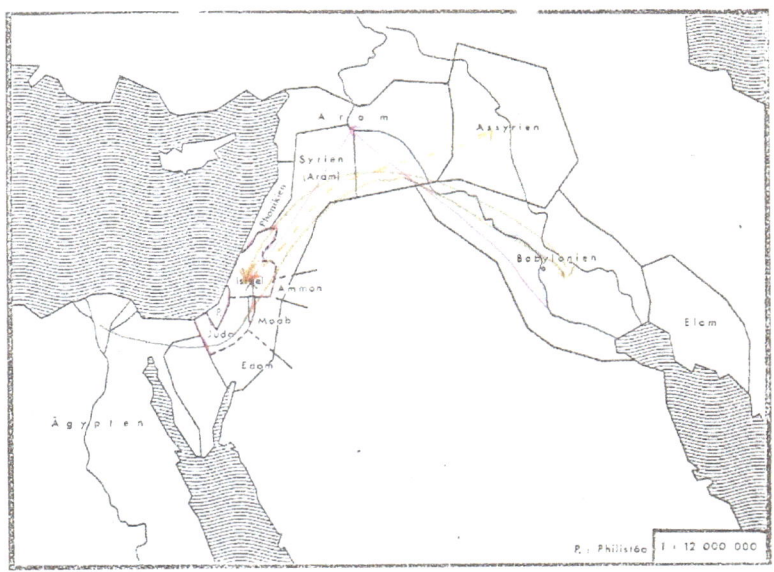

Wanderweg Abrahams

Doch heute gelingt mir eine richtige Vorführstunde. Ich bete mit ihnen, teile ihnen stumme Karten aus, lasse das Buch herausnehmen und die stummen Karten zum Leben erwecken. Wir markieren Flüsse und Meere, Gebirge und Tieflandschaften mit den entsprechenden Farben und zeichnen den Wanderweg Abrahams von Ur, das damals in Chaldäa lag, nach Haran und in das Gelobte Land, Kanaan. Wie ein gut vorbereiteter Lehrer es zu machen hat, lege ich stumme und sprechende Folien auf den Overheadprojektor, und am Schluss ist tatsächlich jeder der Schüler im Besitz einer selbstgezeichneten Karte, die einen groben Überblick über die

Landschaft vermittelt, in der sich die wichtigen Ereignisse des Alten Testamentes abspielten.

Sie zeichnen noch gerne, meine Kleinen. Auch wollen sie gern beschäftigt werden. Nur darf es nicht allzu kompliziert sein. Wenn der Lernstoff zu sehr über ihre Fassungskraft geht, dann koppeln sie ab, versinken in ihre eigenen Gedanken und schwimmen davon. Es ist daher oft nicht leicht, den schmalen Grat zu finden, der zwischen dem eigenen Anspruch und der Fassungskraft der Schüler die Mitte hält. Heute ist es mir gelungen, alle Kinder zu erreichen. Karten zeichnen, das können sie.

Auch sind sie immer bereit, Geschichten zu hören. Und die Geschichte Abrahams ist spannend und aufregend genug, um sie zu fesseln und zum weiteren Zuhören zu bewegen. Auch, dass sie abschreiben müssen und sich die wichtigsten Punkte merken sollen, ist heute in Ordnung für sie. Ich höre kein Murmeln und Widerstreben, während ich die Textfolie auflege, die sie ins Heft übertragen sollen. Ganz friedlich beugen sie sich über ihre Hefte und kritzeln ihre Texte. Damit üben sie eine Fähigkeit, die sie aus ihrer anstrengenden und zerstreuenden Lebensweise ein wenig herausholen kann.

Wenn sie schreiben, kann ich mich auch mit jenen Kindern befassen, die in normalen Unterrichtsgesprächen zu kurz kommen. Einige sind schüchtern und antworten nur dann, wenn sie extra aufgefordert werden – dann meistens ganz richtig. Das heißt, sie denken mit, reden aber nicht gern. Während der stillen Stunden wende ich mich ihnen gerne zu, um das eine oder andere persönliche Wort mit ihnen zu wechseln.

Heute widme ich mich dem kleinen Mathias, der seine mangelnde Größe durch sprachliche Gewandtheit auszugleichen sucht. Er verfügt über Schimpfworte, die große dichterische Kraft verraten. Jetzt im Augenblick hängt er über seinem Pult und „griffelt" eifrig vor sich hin. Ganz hingegeben an seine Arbeit. Er kann sich gut konzentrieren, was heute nicht mehr selbstverständlich ist.

Warum das so ist? Die Antwort auf diese Frage wäre so vielfältig wie es Kinder gibt auf der Welt. Jedes von ihnen hat sein eigenes Schicksal. Charakterliche Eigenheiten, die sich im Erziehungsumfeld entwickelt haben, fließen aus vielen Quellen. Jedes Kind, das uns anvertraut wird, ist eine neue Welt. Dennoch gibt es einige grobe Richtlinien, die helfen uns zurechtzufinden und den Kindern Schonräume zu gewähren, soweit das im Rahmen der Unterrichtsarbeit möglich ist.

Zu großen Schweigern werden z.b. Kinder, die private Probleme zu bewältigen haben, die über ihre emotionale Fassungskraft gehen. Über diese Art von Problemen gibt es viel Literatur, doch es gibt zu wenige Menschen, die bereit sind, einzuspringen und schweigend zuzuhören, wenn so ein Kind weder aus und noch ein weiß.

Schwierigkeiten in der Schule sind keine moralische Schwäche und meistens nicht auf Faulheit zurück-zuführen (Obwohl eine Grundbequemlichkeit, die der Anstrengung ausweichen will, auch im Schulalltag ein weit verbreitetes Laster ist.), sondern oft der lautlose Schrei nach Beachtung und Anerkennung. Manchmal handeln Schüler auch nach dem Grundsatz:

"Ist schon recht, wenn mich an den Händen friert, wenn mir der Vater keine Handschuhe kauft!"

Ich weiß nicht, ob ich mich jetzt verständlich machen kann. In diesem Fall können selbst hochbegabte Schüler so schlechte Leistungen erbringen, dass sie nahe oder wirklich an eine Klassenwiederholung herankommen. Sie wissen, dass es für sie selbst schlecht ist, die schulischen Anforderungen nicht zu erfüllen. Um jedoch dem Druck der Eltern zu entgehen, der sich immer mehr verstärkt, je schlechter die Leistungen sind, zögern sie die Lernarbeit so lange hinaus, bis es nicht mehr geht und versagen dementsprechend. Dass sich dieses Rad im Kreis dreht, ist ihnen verstandesmäßig bewusst, aber das kindliche Ich in ihnen verlangt nach Flucht. Lösungen für dieses Problem? Sehr schwer zu finden. Liebe und Zuwendung, ohne Erwartungen. Anerkennung und Lob für Dinge, die nicht unbedingt mit schulischer Leistung zu tun haben. Das könnten auch wir Lehrer manchmal geben ... Den Eltern würde ich gerne sagen: „Vertraut eurem Kind! Lasst es wachsen, nach seiner Art! Wenn du es wagst, dein Kind loszulassen, dann wirst du es gewinnen! Wenn du es in den Käfig *deiner* Angst sperrst, wird es eines Tages auf und davon sein!"

Manchmal verbiete ich mir das Zuviel-Nachdenken über meine Schützlinge. Es ist zu schwierig, ja unmöglich für uns Lehrer, sich mit dem Schicksal der zahlreichen Kinder zu befassen, die uns im Laufe unserer Arbeit anvertraut werden. Doch diese Unmöglichkeit hat mich nie davon abhalten können, das Wenige, das ich gesehen oder gespürt habe, zu beachten und darauf zu reagieren.

Wir können nicht alle Kinder nach ihrer persönlichen Fasson behandeln, aber wir dürfen uns auch nicht auf dem Sofa der Unmöglichkeit ausstrecken und die Dienste verweigern, die sich uns gleichsam aufdrängen. Und das gilt für jeden Lehrer!

Doch heute gehe ich durch die Bankreihen der zweiten Klasse und fühle nur die lebendige Gegenwart der Kleinen. Betrachte ihre Finger, die sich um die Stifte legen, ihre Augen, wie sie sich konzentriert nach vorne richten. Später widme ich mich ihren mehr oder weniger gelungenen Werken, die manchmal hart an der Grenze liegen, wo man noch von Arbeitsunterlage reden kann. Schlicht ausgedrückt sind manche dieser Landkarten schauderbar schraffiert und beschriftet. Doch einige schaffen es nicht besser, auch wenn sie wollten.

Die Stunde klingt aus. Man hört in dieser Klasse zwar das Läuten nicht. Doch uns ist das Läuten schon unhörbar eingeprägt, gespeichert nach einem geheimen Code, der uns alle verbindet.

Ausflug zum Planetarium mit der vierten Klasse

Zunächst sammeln wir uns in der Aula und wandern zur U-Bahnstation. Da die SchülerInnen schon „größer" sind, brauchen wir uns nicht zu trennen, meine Kollegin und ich, sondern dürfen erwarten, dass die Klasse es irgendwie schafft, hinter uns her zu trotten, und sie schaffen es auch wirklich. Auch das Ein- und Aussteigen gestaltet sich problemlos, ebenso die Wanderung durch den Bahnhof, hinüber zum Planetarium.

Warum ich alles so genau protokolliere? Die Tatsache, dass einfache Dinge problemlos ablaufen, grenzt im normalen Schulalltag an ein Wunder. Aber nicht bei einer so gut erzogenen Klasse, wie bei meiner, höre ich schon meine Kollegin, die Klassenvorstand ist, sagen. Doch ich freue mich, dass alles so wunderbar klappt, obwohl es Mühe gekostet hat, die Kinder für heute vom Normalunterricht loszueisen.

Doch jetzt sind wir glücklich da und erleben eine Stunde wirklicher Freude. Unser Führer im Planetarium erzählt präzise, einfach und doch in angemessener Fachsprache über die Gestalt, die Gesetze des Himmels, er zeigt uns Bilder von unseren wandernden Planeten, erklärt uns die Milchstraße, wichtige Sternbilder etc. Eine Fülle von Wissen rieselt auf uns nieder, aber immer angenehm und eingehüllt in das warme Dunkel der künstlichen Nacht. Auch die Kinder versinken in verträumter Betrachtung und sind von dem Ereignis hellauf begeistert.

Anschließend geht es durch den Wurstelprater. Es ist zehn Uhr morgens, und die Buden wirken noch so verschlafen, als ob sie die ganze Nacht gefeiert hätten. Doch meine Kleinen lassen sich nicht beirren. Wir wandern herum und finden dann doch ziemlich schnell ein offenes Autodrom. Es nieselt, aber es ist nicht kalt. Einige von unseren Schützlingen zücken die Geldbörse und stürzen sich ins Vergnügen. Dazwischen verrät mir meine Begleiterin, dass sie schon dreißig Jahre nicht mehr im Wurstelprater war.

Ich stehe mit dem Rest der Klasse herum und warte, bis der fahrende Teil wieder zurückkommt. Meine Kollegin leidet so offensichtlich, dass ich sie ins Café schicke. Doch das lässt ihre Ehre nicht zu. So muss ich auf drei Gruppen achtgeben. Auf die spielenden und fahrenden Kinder, auf die Ungeduldigen, die nichts interessiert und auf meine Kollegin, die mir leid tut in ihrer Angst, was im Prater nicht alles passieren könnte. Ich beruhige sie, weil ich sicher bin, dass sich an einem Mittwoch um zehn Uhr morgens noch keine zwielichtigen Gestalten herumtreiben. Doch sie lässt sich kaum beruhigen. Später übernimmt sie eine kleinere „vernünftige" Gruppe, die ich in der Spielhalle Top Ten (eine harmlose Ansammlung von Tischfußball, Flipper und Luftball ...) abgelegt habe.

Mit der größeren Gruppe mache ich mich auf die Suche nach intensiverem Genuss, und wir finden ihn beim „Boomerang"– einer neueren Ausgabe der Hochschaubahn. Die Konstruktion wirkt sehr massiv und vertrauenserweckend, und fünf Mädels besteigen den wartenden Schlitten, der sie über Höhen und Tiefen führen wird.

Dann marschieren wir zur Break-Dance-Schaukel. Doch wird kein Vergnügen daraus, weil die Maschine streikt. Wieder herunter und hinüber zum ROUND-UP Rad. Der Betreiber, ein besonders findiger Kopf notiert sich die Namen aller Mitfahrenden und spricht laut über und mit uns, während wir in dem drehenden Rad gefangen sind. Er zieht „Schmähs" aus der untersten Schublade, aber meine Kids und die Anderen, die uns zuschauen, haben ihren Spaß. Dass er mich dazu eigeladen hat, versteht sich von selbst. Das Anhören der Spottreden, die er dann über mich ausschüttet, sind dann Bezahlung genug. Aber so schlimm ist es auch wieder nicht. Als ich mich beim Verlassen des Rades bei ihm mit einem Handschütteln bedanke, macht er ein so erstauntes Gesicht, das ich unwillkürlich lächeln muss. Jetzt ist die Zeit knapp geworden. Wir fassen uns an den Händen und laufen zurück zum Ausgang, wo die andere Gruppe bereits wartet. Als eines der Mädchen den Wunsch anmeldete, noch einmal bei einer „X-Bahn" fahren zu dürfen, erhält sie eine so grobe Abfuhr von meiner Kollegin, dass ich deutlich erkennen kann, wie froh sie ist, aus dieser gefährlichen Gegend wegzukommen. Dann wandern wir zurück zur U-Bahn und fahren gemeinsam lachend und scherzend zurück zur Schule.

HEILIGENFESTE IM NOVEMBER

Hl. Martin und Hl. Elisabeth

Sechste Klasse

In meiner sechsten Klasse habe ich schon letzte Woche mit der Lebensgeschichte der Hl. Elisabeth begonnen. Es ist die Geschichte einer lebenssprühenden Frau, die aus dynastischen Gründen schon früh „verschachert" wurde. Schon mit vier Jahren wurde sie von ihrer heimatlichen Burg in Preßburg an den zivilisierten und kulturell hochstehenden Hof des Landgrafen von Thüringen geschickt. Dort sollte sie die standesgemäße Erziehung zu einer Landgräfin erhalten, die in den rauen Sitten am ungarischen Königshof wahrscheinlich nicht so ganz gewahrt wäre. Daher einigte man sich, das kleine Mädchen wegzuholen; begleitet von ihrer Amme, einigen Kammerjungfrauen, ihrem gut dokumentierten Brautschatz.

Doch war Elisabeth nicht aus einem Holz, woraus sich problemlos eine angepasste, standesgemäße Landgräfin schnitzen ließ. Fröhlich und stark, von einer tiefen Frömmigkeit getragen, erschreckte sie ihre Umgebung immer wieder durch ein Verhalten, das die Mitglieder des sich christlich gebenden Hofes befremdete und Unwillen erzeugte. So unterbrach sie schon als kleines Mädchen immer wieder ihr Spiel, um zur Kapelle zu laufen und den verborgenen Jesus zu besuchen. Während einer Messe nahm sie plötzlich ihr sonntägliches Diadem vom Kopf, um es erst nach dem Gottesdienst wieder aufzusetzen. Auf verwunderte Fragen gab sie zur Antwort, dass sie es neben Jesus, der eine Dornenkrone trägt, einfach nicht ausgehalten habe, ein Schmuckstück dieser Art zu tragen.

Mochten diese jugendlichen Eigenheiten noch hingehen; doch ihre Neigung zu den Armen und Kranken, die sie persönlich aufsuchte und unterstützte, pflegte und mit denen sie sich „gemein" machte, das war schon hart an der Grenze des Erträglichen. Daher beschloss man im Geheimen, sich von diesem verrückten Mädchen zu trennen, was sich leicht begründen ließ, da auch die erforderlichen Mitgiftzahlungen nicht mehr eintrafen. Doch diesem Hin und Her setzte der zukünftige Landgraf Ludwig ein klares Nein entgegen, indem er entschied, dass seine bisherige Gespielin seine Gattin werden sollte.

Mit der Hochzeit der beiden begann für Elisabeth die glücklichste Epoche ihres Lebens. Die beiden liebten sich, verstanden sich, und er legte ihrer sozialen Arbeit keinen Stein in den Weg. Auch wenn er manches nicht verstand und vielleicht ebenso seltsam fand wie die anderen, vertraute er ihr. Er spürte offensichtlich, dass Elisabeth von einem anderen Willen geleitet wurde, woran alle menschlichen Bemühungen scheitern mussten.

Diesen aufsteigenden Bogen im Leben der Heiligen hatte ich den Jugendlichen schon erzählt. Für heute bleibt noch der Höhepunkt des Dramas und dessen tragischer Schluss darzustellen. Methodisch ist es gut nachvollziehbar, weil ich ihnen am Anfang der Stunde einen kurzen Überblick zu lesen gab. Danach ergreife ich wieder das Wort und spinne die Geschichte weiter. Ich erzähle ihnen Einzelheiten und lese ihnen vor. Es ist eine wunderschöne Stunde. Beglückend für mich und auch für meine Schüler, die mir aufmerksam zuhören.

Elisabeth war jung und ihrem Gatten in heißer Liebe zugetan. Sie hing an ihm und zeigte ihm ihre starke Zuneigung. Sie ertrug es nicht lange, von ihm entfernt zu sein und nützte jede Gelegenheit, ihn zu begleiten. Davon konnten sie weder Regen noch Hitze abhalten. Und war doch einmal eine Trennung notwendig, flog sie ihm bei seiner Heimkehr mit offenen Armen entgegen und *„küsste ihn mit Herz und Mund mehr den tausend Stund"*, wie es in der altertümlichen Berichterstattung heißt. Es sind überaus rührende Szenen, die uns aus der Jugendzeit Elisabeths überliefert sind, und man würde sich belügen, wenn man nicht wünschte, dass die beiden miteinander alt werden könnten.

Eines Nachts, als die beiden Gatten noch wach im Bett lagen, sagte Elisabeth zu Ludwig: „Wir sollten ein gutes und armes Leben führen, durch das wir Gott dienen können." Der Landgraf darauf: „Was wäre das für ein Leben?" Darauf erwiderte sie: „Ich wollte, wir hätten nur einen Acker Land und zweihundert Schafe. Ihr würdet das Land mit euer Hände Arbeit bebauen, und ich würde die Schafe melken".

Darauf lächelte Ludwig über ihre Schlichtheit und sagte: „Ich beglückwünsche dich zu deiner Kindlichkeit". Und er fügte hinzu: „Liebe Schwester, wenn wir einen Acker Land hätten und zweihundert Schafe, so wären wir nicht arm, sondern sehr wohlhabend!" Naivität und Klugheit trugen zum Charme der ungarischen Königstochter wesentlich bei.

1226 betrat der gefürchtete Kreuzzugprediger und Inquisitor *Konrad von Marburg* den Hof bei Eisenach. Er wurde Elisabeths geistlicher Leiter und sah in der frommen Adligen seine Chance, eine Heilige nach seinem Sinn zu erziehen.

Ein Jahr später musste der Landgraf ein zuvor geleistetes Versprechen erfüllen und am Fünften Kreuzzug teilnehmen. Elisabeth war zu dieser Zeit schwanger und litt unsäglich unter der Trennung von ihrem Ludwig. Zwei Tage begleitete sie ihn auf seinem Weg nach Süden, ehe sie sich unter Tränen losreißen musste, um umzukehren.

Buchmalerei: Ludwigs Abschied von Elisabet (1250)

Ludwig starb noch auf dem Weg nach Jerusalem in Italien. Sein Tod erschütterte sie zutiefst. Erst nach längerer Zeit gelang es ihr in der immerwährenden Trennung von ihrem geliebten Gemahl den Willen Gottes anzuerkennen und anzunehmen. Als die Landgräfin begann, ihr verbliebenes Erbe an die Armen zu verteilen

75

brach ein offener Machtkampf aus. Ludwigs Bruder Heinrich Raspe übernahm die Regentschaft für den minderjährigen Thronfolger Hermann und entzog seiner Schwägerin die Verfügungsgewalt über ihr Witwengut.

Meister der Gewandstudien: Elisabeth-Triptychon 1480 (Ausschnitt)

Elisabeth sei nicht mehr zurechnungsfähig, davon war Heinrich überzeugt. Aus Anstandsgründen bewilligte er ihr ein Wohnrecht mit Verpflegung am landgräflichen Hof. Elisabeth verließ daraufhin mit ihren engsten Dienerinnen die Burg. Im Winter 1227/28 stand sie mit ihren Kindern, die ihr bald nachgeschickt wurden, buchstäblich auf der Straße.

Elisabeths Verwandte versuchten daraufhin zu intervenieren und brachten sie zu ihrem Onkel, Bischof Eckbert von Bamberg, der sie standesgemäß verheiraten wollte. Sie aber weigerte sich und reiste nach Marburg zurück.

Das 13. Jahrhundert war eine Periode intensiver Gottsuche, die sich schonungslos mit der Problematik ungerechten Besitzes auseinandersetzte. Eine radikale Armutsbewegung nach der anderen entstand. Auch Elisabeth stand ganz in dieser Tradition. Nachdem sie doch noch eine Entschädigungssumme vom thüringischen Hof erhalten hatte, gründete sie 1228 ein Hospital vor den Stadtmauern von Marburg. Als Patron wählte sie den erst kurz zuvor heiliggesprochenen Franz von Assisi. Genau wie der berühmte Ordensgründer wollte sie Christus in absoluter Armut nachfolgen und ihm in den Ärmsten dienen.

Trotz der schweren körperlichen Arbeit in der Krankenpflege unterwarf sich Elisabeth kompromisslos den strengen Geboten ihres geistlichen Leiters[5], der sie bei der geringsten Übertretung bestrafte. Auch verbot er ihr den Umgang mit ihren vertrauten Dienerinnen und zwang ihr eine zänkische alte Frau als einzige Helferin auf. Völlig entkräftet starb Elisabeth mit nur 24 Jahren in der Nacht vom 16. auf den 17. November 1231. Papst Gregor IX. sprach Elisabeth 1235 heilig. Ihr Gedenktag ist der 19. November, der Tag ihrer Beisetzung.

Dass Elisabeth eine ganz besondere Jesus-Beziehung gehabt hat, liegt auf der Hand. Doch wie sich die Beziehung anfühlen könnte, ihre Seligkeit, die sie in ihren stundenlangen Gebeten erlebte, als sie gleichsam

---

[5] Konrad von Marburg (1180-1233)

entrückt aus ihrem normalen Leben, schon das Himmelsgefühl spüren durfte, das kann ich den SchülerInnen nur schwer vermitteln. Dazu fehlt uns die direkte Erfahrung – wir können es annehmen und denken, dass es so etwas gibt – doch vorstellen können wir es uns nicht. Dazu müssen wir uns nur immer wieder bescheiden und an den Satz von Paulus halten, der im ersten Korintherbrief schreibt: *„Kein Auge hat es je gesehen, kein Ohr es je vernommen, was Gott denen bereitet, die ihn lieben."*

Siebente Klasse A

In meiner nächsten Siebenten laufen die Uhren anders. Ihnen gebe ich zur Auswahl: Hl. Elisabeth, Hl. Martin oder Hl. Leopold. Ich frage sie, von wem sie hören wollten, und sie entscheiden sich für den Hl. Martin, mit dem Hinweis, dass sie im Kindergarten und in der Volksschule schon viel von ihm gehört haben.

Viel gehört!

Sie erinnern sich an den Laternenumzug, an die Geschichte mit dem geteilten Mantel und an die Gänse, die schnatterten, als sich Martin versteckte, weil er nicht Bischof werden wollte. Als sie das dazugehörige Kinderlied anstimmen, lasse ich sie gewähren – es tut auch den Großen manchmal gut, kindlich zu sein ...

Die Geschichte mit dem geteilten Mantel ist zu einer Symbolgeschichte für christliches Verhalten geworden. Und weil Schüler gerne Geschichten hören, die ich selber erlebt habe, erzähle ich ihnen von der Präsentation von Marktforschungs-Ergebnissen, die mit Etiketten von Weinen zu tun hatte. Es war vor Jahren, als ich vor den Werbeleuten, den Eigentümern eines renommierten Weinbetriebes, den Marketing Managern etc. vom Hl. Martin erzählte, ungefragt, einfach so. Damals war ich weit weg von allem, was mit Religion zu tun hatte und dennoch erklärte ich diesen Leuten, die Grundzüge des Christentums anhand der Mantelgeschichte. Die Reaktion meiner Umgebung war daraufhin vorsichtig wohlwollend. Offensichtlich waren einige ein bisschen gerührt und andere dachten vermutlich, dass im gegenwärtigen Rahmen eine Geschichte dieser Art wohl unpassend sei.

El Greco: Der Hl. Martin teilt seinen Mantel mit dem Bettler

Den römischen Soldatenmantel von damals müssen wir uns als einen großen, rund geschnittenen Umhang vorstellen, der den Soldaten Zelt und Schlafsack ersetzte. Die eine Hälfte gab Martin dem Bettler, die andere Hälfte behielt er, ganz im Sinne des Jesu Wortes: „Du sollst deinen Nächsten lieben wie dich selbst!"

Die Geschichte mit den Gänsen ist dagegen eine andere Sache. In dieser Legende wird Brauchtum und Lebensgeschichte gleichsam verwoben, sodass am Ende eine scheinbar logische Handlung entsteht, wobei das eine und das Andere nur sehr am Rande miteinander zu tun haben. Der Martinitag, der 11. November, war als Namenstag des Heiligen schon immer ein Zahltag für das Gesinde, das nicht am Hof verbleiben konnte, sondern weggeschickt und erst im nächsten Frühjahr wieder beschäftigt wurde. Zum Abschied oder als Draufgabe zum Lohn wurden in unseren Breiten nicht selten Tiere verschenkt, und im November eben auch fette Gänse. Wie und wo die Legende entstand, dass sich Martin in den Gänsestall geflüchtet habe, als man ihn zum Bischof haben wollte, weiß man nicht. Sicher ist nur, dass in der Einöde von Tours, wo der Hl. Martin als Einsiedler lebte, er kaum einen Gänsestall sein Eigen nannte, wo er sich verstecken und von den verwirrten Gänsen verraten werden konnte.

Später erzählte ich ihnen die Geschichte von Martins Bekehrung, die mit einem Traum begann, als er Christus sah, der seinen halben Mantel umgelegt hatte und zu seinen Begleitern sagte, dass Martin, der noch nicht einmal getauft sei, sich vorbildlich und in seinem Sinne verhalten habe. Obwohl dieser Traum aus unserer Sicht ein Lob für Martin ausdrückte, deutete er selbst den Traum als Aufforderung, sich ganz und rückhaltlos als Christ zu bekennen und sich taufen zu lassen. Und so geschah es. Als getaufter Christ, der ganz im Geist dieser Religion leben wollte, konnte er aber nicht mehr das Soldatenhandwerk betreiben. Deshalb ging er zum

Kaiser, der gerade zu dieser Zeit aus Rom gekommen war, um den Mut und die Tapferkeit seiner Leute ein bisschen zu „unterstützen und zu vergolden", wie uns Sulpicius Severus berichtet. Martin verweigerte den Sold, der ihm sozusagen im Voraus übergeben werden sollte. Als Begründung versuchte er dem Kaiser zu erklären, dass er als Christ nicht mehr in seinem Dienst, sondern im Dienst von Jesus Christus kämpfen wolle, wobei sich das eine mit dem anderen nicht vereinen ließe. Der Kaiser, der fuchsteufelswild wurde über die Frechheit, die er da zu hören bekam, nannte Martin einen Feigling, der nicht gegen die Germanen kämpfen wolle, die sich draußen im Feld schon zu Schlachtreihen formierten. Doch Martin ließ sich nicht einschüchtern und bot dem Kaiser an, am nächsten Tag, ohne Waffen und Rüstung, nur mit einem Kreuz in der Hand, den angreifenden Germanen entgegenzutreten. Doch dazu kam es nicht. Am nächsten Tag erschien eine Abordnung der feindlichen Truppen, um Friedensverhandlungen einzuleiten. Dadurch war Martin von seinem schweren Auftrag entbunden und durfte seinen Abschied nehmen.

Ein Leben in Einsamkeit unter einfachsten Bedingungen, das war es, wonach er sich sehnte, und es gelang ihm auch tatsächlich, fünf Jahre in der Umgebung von Tours als Einsiedler zu leben. Doch nicht ganz, weil sich bald junge Menschen fanden, denen seine Lebensweise imponierte und die auch lernen wollten, wie man Gott durch Beten und durch den Verzicht auf alle Dinge, die das Leben angenehm und erfreulich machen, in einer besonderen Weise nahekommen kann.

Wie es aber so oft geschieht, war auch dem Hl. Martin nicht gegönnt, das Leben, das er sich so sehr gewünscht hatte, weiterzuführen. Er wurde gerufen und musste sich in den Kampf begeben, was in alten Zeiten immer Missionsarbeit unter schwierigsten Bedingungen bedeutete. Bischof von Tours zu werden war der Beginn einer Karriere, die alles andere als erstrebenswert war:

Immer da sein für die Not und Anliegen der Menschen, ihr Diener und Richter, ihr Seelsorger und Beschützer zu sein. Daneben mit den wirrsten Phantasien des Aberglaubens zu kämpfen, auf weiten Wanderungen der Kälte und Gefahren aller Art ausgesetzt zu sein, das war ab nun sein tägliches Brot. Und Gott ließ ihn sehr lange auf diesem Kampffeld. Über achtzig Jahre lebte Martin, die er zum größten Teil auf Wanderschaft verbrachte.

Als großer Wundertäter und Missionar ist er in die Annalen der Kirchengeschichte eingegangen. Es würde den Rahmen meiner Erzählung sprengen, wollte ich auch nur einige Geschichten aus seinem bewegten Leben hier niederschreiben. Ausgezeichnet hat er sich aber vor allem durch Mut und Tapferkeit und einer Furchtlosigkeit, die ihn zu einem berühmten Dämonenschreck machte. Was ausschmückende Erzählung oder wahrheitsgemäße Darstellung ist, können wir heute nicht mehr ergründen. Eines ist aber sicher, dass er sich vor den Mächten, die damals bei vielen Menschen Verstand und Herz mit Angst umklammerten, niemals erschrecken ließ. Im Geist von Jesus, der durch seinen Tod die Macht der Finsternis zunichtemachte, schritt er einfach auf das Böse in seinen vielerlei Gestalten tapfer zu und blieb letztlich immer siegreich.

TAG DER OFFENEN TÜR

An diesem Tag gibt es eine andere Pflichtenverteilung als üblich. Um neun Uhr beginnt der Strom von Eltern und zukünftigen Schülern zu fließen, der bis Mittag anhalten wird. Ich habe Hintergrunddienst. Das bedeutet Normalunterricht oder in jenen Klassen zu unterrichten, die an diesem Tag lehrerlos und verwaist sind.

Vorführunterricht in der vierte Klasse A

Wir sind beim Thema Abhängigkeit und wie sich Abhängigkeit im Falle von Alkohol entwickeln kann. Und obwohl im Haus langsam ein Menschensee entsteht, der alle Aufmerksamkeit auf sich zieht, gelingt es mir doch, einen Großteil der Klasse bei der Stange zu halten, d.h. ohne viel Ermahnungen das Thema zu erarbeiten.

Wir gehen aus von den vielfältigen Geschmacksrichtungen der alkoholischen Getränke, woraus sich jeder Gaumen das aussuchen kann, was ihm am besten schmeckt. Leiten über zu den Gelegenheiten, wo Jugendliche am ehesten zu alkoholischen Getränken kommen, d. h. bei festlichen und feierlichen Gelegenheiten, die meist mit Freude und angenehmer Stimmung assoziiert werden. Wir besprechen die anregende und gleichzeitig entspannende Wirkung von Alkohol. Sehr schnell begreifen sie, dass es die angenehme Situation ist, die Menschen oft mit alkoholischen Getränken verbinden, die später zur Sucht führen kann:

Wenn ich trinke, kann ich eine angenehme Situation für mich herstellen, bzw. meiner aktuellen frustrierenden Situation entfliehen.

Die Flucht in die schwerelose und entspannte Situation erweist sich aber nicht selten als Bumerang, der sich durch Katergefühle und im Verlangen nach immer größeren Mengen des „herzerleichternden Stoffes" gegen uns richtet. Vieles wäre noch zu sagen, aber zu viele Informationen sind sich gegenseitig im Weg. Wichtige Dinge sollten einzeln dastehen; als neuer und abgeschlossener Absatz. Dann kann man sich das Gehörte vielleicht besser merken, wenn ... Ja! Wenn man will – das ist bei bestimmten Themen die große Frage.

Supplierung in der sechsten Klasse A

Eine der seltenen Gelegenheiten, die ganze Klasse zu erreichen. Und ich lasse mir die Gelegenheit nicht entgehen. Am Anfang strampeln sie, wollen nichts vom Arbeiten wissen, weil es eine Supplierstunde wäre. Aber als ich ihnen androhe, halb im Scherz und halb im Ernst, eine „wirkliche" Mathematikstunde zu halten, so mit Vektor und Matrizenrechnen etc., lächeln sie halbsauer und wehren ab. Nun, da es so ist, fangen wir an. Ich bitte sie aufzustehen, meine Kampfgefährten und ihre abgemeldeten Mitschüler, und bete einfach ein Vater unser mit ihnen.

Das war mutig von mir?

Nein! Auch die Schüler, die nicht am Religionsunterricht teilnehmen, sind Jugendliche, die ihren Weg suchen, ihren Weg zu Gott! Niemand kommt daran vorbei! Wenn sie dem Religionsunterricht ausweichen, weil das mit der Kirche sowieso ein Blödsinn ist und sie sich alles selber mit IHREM Gott ausmachen, dann heißt das im Klartext, dass sie über ihre Lebenssituation noch nie wirklich nachgedacht haben und ihnen nicht fehlen kann, was sie nicht kennen. Ich denke, dass sie in den Schützengräben ihres Lebens das *Vater unser* einmal bitter nötig haben können, auch wenn es nur ein paar Worte daraus sind ...

Anschließend wage ich jedem von ihnen einen Zettel in die Hand zu drücken, auf dem in schöner Ordnung die Sinnstufen aufgelistet sind, wonach wir unsere Entscheidungen treffen, um bestimmte Dinge zu tun. Diese Ordnung beginnt mit der untersten Stufe des Angenehmen, leitet über zum Zuträglichen, dem Nützlichen, dem gesetzlich Vorgeschriebenen, dem verantwortungsvollen, moralischen Handeln, bis hin zu religiösen Gründen.

„Warum sitzt ihr eigentlich da?"

Dieser Satz reißt ihre Augen von dem seltsamen Zettel, und sie schauen mich etwas verblüfft an. Ich wiederhole den Satz noch einmal und fordere ihre Stellungnahmen heraus.

„Weil wir müssen, vielleicht…" –

„Nein, wir müssen nicht mehr …"

Ratloses Schweigen

„Na, warum wirklich?"

Das Dilemma, in dem sich ein Großteil der Jugendlichen befindet, ist offenkundig. Sie müssten nicht mehr in die Schule gehen, den staatlichen Verordnungen zufolge, aber die Mehrheit von ihnen geht hierher, weil es die Eltern so wollen. Es dauert eine Weile bis sich einige Stimmen erheben und das „In die Schule gehen" in die Kategorie des Nützlichen einordnen.

Die Stufe des Angenehmen verbinden sie mit Schlafen und Nichtstun. Angenehm wäre es auch, auf Partys zu gehen, Freunde zu treffen, zu plaudern und zu lachen, sich zu unterhalten mit Computerspielen und Fernsehen.

Da für die meisten die samstagabendliche Party fast liturgische Bedeutung annimmt, verwende ich sie als Beispiel, um dahinterliegende Erwartungen ein bisschen zu beleuchten. Ich weiß um die Gefahr eines solchen

Eingriffs in ihre Privatsphäre. Aber wenn man als Lehrer nicht beurteilend oder abwertend an die Dinge herangeht, dann darf man Vieles sagen. Partys gehören zu ihrem Leben, und sie schaffen einen Raum, in dem die Jugendlichen völlig selbstverantwortlich handeln müssen. Aus eigener Erfahrung und auch aus Erzählungen weiß ich, dass Partys oft mit großen Erwartungen beginnen und in Enttäuschung enden. Wie das oft geschieht, schauen die Dinge von außen manchmal ganz anders aus als von innen. Allerdings glauben die meisten Eltern, dass jung und vergnügt sein ein und dasselbe ist: zumindest am Samstagabend.

Manchmal gelingen Partys auch wirklich. Doch könnte man nachher kaum sagen, warum es so war. War es die Musik, die gut zur Stimmung passte? Waren es einige Freunde, die für Unterhaltung sorgten? Waren es die neuen Leute, die eine „Gedankenauffrischung" mitbrachten? Wahrscheinlich spielte alles ein bisschen zusammen, wenn eine Party gelungen war. Eine erfolgreiche, lustige Party ist keine Selbstverständlichkeit; auch wenn man noch so eifrig gutes Essen, Getränke und entsprechende Musik vorbereitet.

Mit diesen Überlegungen setze ich die Stunde fort und spüre, wie mancher/manche nachdenklich vor sich hinschaut. Ob sie daran denken, warum diese oder jene Party ein Flop geworden ist? Ob sie vielleicht nur Unterhaltung erwartet und selber nichts dazu tun wollten? Vielleicht grübeln sie über ihre Einsamkeit nach, die oft gerade dann am meisten spürbar wird, wenn sich alle anderen rundum amüsieren. Wie die meisten jungen Menschen erwarten auch sie oft zu viel von ihrer Umgebung, von ihrem Traumpartner; wollen geliebt und verstanden werden ohne „Worte" ...

Was das bedeutet?

Das ist nicht ganz einfach zu erklären. In Gesprächen klingt es immer wieder an, dass man sich Partner wünscht, die „spüren sollen", wann Reden oder Schweigen erwünscht ist. Wann Dasein oder Weggehen erwartet wird. Der Partner soll völlige Freiheit geben, wenn alte Freunde oder sportliche Pflichten rufen, umgekehrt aber, wenn er oder sie gebraucht werden, voll und ganz zur Verfügung stehen. Natürlich gilt das auch für den Bereich der Erotik und Zärtlichkeit. Auch in diesem Bereich will man gespürt werden, d.h. die eigenen Wünsche sollen vom Partner wortlos erfühlt und beantwortet werden.

Es ist schwierig, Partner dieser Art zu finden! Diese Menschen kann man nur malen und wie ein Zauberzeichner anschließend zum Leben erwecken. Doch die normale Welt fordert anderes. Sie bietet uns ein Kampffeld an, auf dem wir uns bewähren müssen und keine Ecken mit weichen Sofas, wo wir unsere geträumten Beziehungen leben können. Ich verstehe so sehr ihre Träume – würde ihnen diese Sofas herzlich gönnen; aber es gibt sie nicht. Auch für uns Erwachsene gibt es sie nicht, auch wenn wir sie noch so intensiv herbeisehnen…

In einer guten Beziehung leben, heißt geben und nehmen, reden und zuhören, Rücksicht nehmen und bereit sein, Konflikte auszuhalten, nachzugeben und Wünsche anzumelden, und vor allem immer offen sein, für das gemeinsame Leben zu arbeiten. Das Sofa, ja, das gibt es! Aber nur manchmal, wenn wir ganz müde sind, zum Ausruhen, so wie in unserem normalen Leben auch.

Ich verabschiede mich von der Klasse und gehe zurück in die Pausenräume. Eine Schar von Eltern und Kindern begegnet mir, die gerade durch das Schulhaus wandern und mich daran erinnern, dass heute Tag der offenen Tür ist. Fast hätte ich es vergessen; so intensiv waren meine beiden Unterrichtsstunden. Ich bin weit, weit weggedriftet vom Auftrag des heutigen Tages, die Schule den neuen Schülern ein bisschen vorzustellen.

Tag der offenen Tür! Und alle Türen sind wirklich offen!

Vorstellung des Religionsunterrichtes

Es ist ein seltsames Gefühl, wenn alle Leute herum-
gehen und neugierig da und dort hineinschauen. Man
fühlt sich plötzlich auf einen Bahnhof versetzt, und zwar
so übergangslos, wie es oft im Traum geschieht. Schüler,
die ich eigentlich im Unterricht haben sollte, laufen
herum mit Stofftieren, die sie wie Reiseleiter vor sich
herschwenken. Bekannte Gesichter wechseln mit völlig
fremden, alles ist durcheinander, bis, ja, bis ich ein
bekanntes Gesicht in der Menge entdecke und
eingetaucht werde in Erinnerungen längst vergangener
Jahre.

Es ist eine ehemalige Schülerin, die plötzlich vor mir
steht. Ihre drei Kinder gehen bei uns zur Schule. Sie
selbst ist vor einigen Jahren Lehrerin geworden. Wir
reden und reden, erzählen und können kein Ende finden.
Es drängt uns, alle Probleme der Unterrichtsarbeit im
Einzelnen hier und jetzt zu lösen. Erst das Auftauchen
ihrer Sprösslinge erinnert uns, wie sehr wir uns
hineingesteigert haben ...

Langsam lösen wir unsere ineinander verschränkten Gedanken und wenden uns den Aufgaben zu, die hier und jetzt auf uns warten. Wir gehen, sie gemeinsam mit ihren Kindern in Richtung Aula, ich bepackt mit meinen Unterlagen in Richtung Konferenzzimmer.

Sel. Franz Jägerstätter

Sechste Klasse B

Schon beim Betreten der Klasse spüre ich ein Frösteln, d.h. der Raum ist kalt, und die Schüler sitzen in ihren Jacken.

Die Heizkörper sind nur am Rand warm, der Großteil der Fläche ist kalt. Typischer Fall von eingesperrter Luft, so denke ich und beginne mit dem Unterricht. Doch bevor ein geistiges Feld entstehen kann, betreten Leute von der Bundesbaubehörde gemeinsam mit dem Direktor den Raum. Es wird diskutiert und besprochen, analysiert und letztendlich das Naheliegende getan, die Heizkörper entlüftet. Tatsächlich war es die Ursache, die ein langes Hin und Her, mehrfache Anrufe, Beteuerungen seitens der Behörde, dass alles in Ordnung sei etc. auslöste.

Gewiss war technisch alles in Ordnung. Doch durch den Heizungsbetrieb hatte sich einfach Luft in den Heizkörpern gesammelt. Dass unser Direktor immer wieder angerufen hat, blieb unbeachtet. Als der Vater einer betroffenen Schülerin mit dem entsprechenden Nachdruck der Behörde nahelegte, die Heizung nochmals zu kontrollieren, wurde augenblicklich reagiert.

Manchmal ist die technische Organisation sehr kompliziert, wenn der Auftraggeber nicht unmittelbar am Ort des Geschehens betroffen ist. Vieles wird dadurch zum Problem, was in Eigenregie vom zuständigen Direktor einfacher und billiger zu machen wäre. Die technische Verwaltung der Schulen ist ein weites Feld. Es trifft uns Lehrer nur am Rande. Doch wird es uns in manchen Situationen nicht leicht gemacht ruhig zu bleiben, wenn ... ja, wenn ...ich denke es ist besser den Mantel des Schweigens darüber zu breiten. Die Stunde ist durch das Hin und Her „geschmissen". Alle Versuche meinerseits, noch ein wenig Arbeitsatmosphäre aufzubauen, misslingen. So bleibt mir nichts anderes übrig, als Schauergeschichten über Kälte anzuhören, die die SchülerInnen früher erlebt hatten. Skikursgeschichten, Nachtwandelgeschichten, eine Geschichte zieht die andere nach sich. Sie erzählen und streiten, wer damals mit wem etc., bis die Glocke diesem Treiben ein Ende setzt.

In der folgenden Stunde zeige ich meiner altvertrauten sechsten Klasse einen Dokumentarfilm über *Franz Jägerstätter*. Während der Filmvorführung brauche ich zwar nicht reden, doch reißt mich der emotionale Inhalt des Filmes immer wieder so stark mit, dass ich nach der Stunde fast genauso fertig bin, wie nach anstrengenden Diskussionsrunden. Bis heute habe ich nicht gelernt, mich von dem Geschehen zu distanzieren, im Gegenteil. Andererseits weiß ich auch, wie wichtig es ist, mit den Schülern gemeinsam einen Film anzusehen, die vermittelte Botschaft aufzunehmen und auf mich wirken zu lassen, egal wie oft ich den Film schon gesehen habe. Und weil ich mich dem Schicksal dieses Menschen, der für seine Überzeugung gestorben ist, nicht entziehe, leide ich mit, möchte es ungeschehen machen.

Portrait: Franz Jägerstätter

Darüber hinaus ist mit bewusst, dass dieses Schicksal immer wieder Menschen treffen wird, die in politisch brisanten Zeiten gegen den Strom zu schwimmen versuchen. Das galt für Johannes den Täufer, der den König Herodes öffentlich des Ehebruchs anklagte und damit sein Leben verwirkte. Das erlebten Thomas Morus und John Fisher in Zeiten, wo sich Adel und Klerus zu willfährigen Werkzeugen Königs Heinrich VIII. machen ließen, und beide der christlichen Kirche und ihrem göttlichen Auftrag die Treue hielten. Beide starben unter dem Schwert des Henkers, ebenso wie Jägerstätter, der schreibt:

Zwischen Christentum und Weltgeist besteht allzeit ein unversöhnlicher Gegensatz. Wer es mit der Welt nicht verderben will, wird sicher Christus untreu werden.

Es mag heute bei uns in der westlichen Welt ein bisschen anders zugehen. Im Augenblick stirbt niemand auf Grund seiner Überzeugung. Doch ertrinken große Gedanken nicht selten schon unmittelbar nach ihrer Geburt in einem Sumpf von Halbwahrheit und Lüge.

Und vielleicht gilt auch für uns, was Jägerstätter dazu meint:

Die Nachfolge Christi fordert Heldensinn. Weichliche und unentschlossene Charaktere taugen nicht dazu.[6]

---

6 Quelle: Erna Putz: Gefängnisbriefe und Aufzeichnungen - Franz Jägerstätter verweigert 1943 den Wehrdienst. Veritas-Verlag, Linz / Passau 1987, S. 2, 140

Lebenskünstler: *Fünfte Klasse*

Die wenigen Schützlinge, die mir in der Fünften geblieben sind, bilden mit mir fast eine kleine Familie. Hier entwickelt sich der Unterricht nach seinen eigenen Gesetzen. Alle reden mit, jeder denkt mit, traut sich fast alles zu sagen. Wir lachen und blödeln mit – und übereinander und daneben wiederholen wir wichtige Dinge, lernen fast spielerisch Neues dazu und bedauern es, dass wir nicht viel mehr Zeit so miteinander zubringen können ...

Abhängigkeit

Vierte Klasse B

Die letzte Stunde in der Vierten Klasse gehört dem Thema Rauchen, Alkohol und Drogen. Ein Thema, das auf dem Lehrplan steht, allgegenwärtig ist, aber kaum mit unserer Vernunft zu bewältigen ist.

Warum?

Weil die Neigung zur Sucht keine moralische Kategorie ist. Mit anderen Worten: Suchtgefährdete Menschen kann man nicht durch Ermahnungen und ins „Gewissenreden" retten, sondern muss ihnen klarmachen, woher ihre Sucht kommt. Erst wenn man die Hintergründe und die Mechanismen der Sucht für sich selbst aufzudecken bereit ist, kann man sich davon befreien, und das ist ein schmerzlicher und langer Weg. Eine andere Sache ist es, den Kindern zu erklären, wie man mit Suchtkranken umgehen und sie daran hindern kann, ihr ganzes menschliches Umfeld mit ihrer Krankheit zu belasten. Suchtkranke gehören in ärztliche Behandlung und können nicht von Angehörigen „geheilt" werden. Im Gegenteil. Suchtkranke reißen mit der Kraft ihrer Bedürfnisse alle Menschen mit, die es „gut mit ihnen" meinen. Das gilt vor allem auch für die vielen Alkoholabhängigen, die es bei uns gibt.

Als ich das Problem mit den Jugendlichen auseinander zu falten beginne, verweisen sie mich darauf, dass sie „nur ..." trinken. Aber das *Nur* ist der Schlüssel zu jeder Sucht. Was *Nur* ein Glaserl war, *Nur* ein paar Zigaretten am Tag, *Nur* das bisschen Haschisch, kann durch das wiederholte *Nur* zur Abhängigkeit führen.

Während ich ihre Gegenargumente ziemlich herb zerlege und mit vollem Druck den Selbstbetrug, der jeden Suchtkranken umfängt, immer intensiver umkreise, spüre ich, wie sich meine ZuhörerInnen in einzelne Gruppen spalten. Die Emotionen reichen von Zustimmung über neutrales Desinteresse bis zur Betroffenheit, die man sich selbst nicht recht eingesteht.

Ich habe sie irritiert mit meinen Erklärungen, und das ist viel für eine Unterrichtsstunde, worin so eindeutig gegen gesellschaftlich akzeptierte Gewohnheiten angekämpft wurde.

Unerwartete Reaktionen

Zweite Klasse

Fünf oder sechs Unterrichtsstunden in einem durch. Das wird nicht selten eine Wüstenwanderung während der letzten beiden Einheiten. Doch warten meine Kleinen in der fünften Stunde auf mich, und ich freue mich auf sie. Sie verlangen Nervenkraft und Geduld, aber weniger seelische Substanz, d.h. sie begnügen sich meistens mit der warmen Atmosphäre der Religionsstunde und geben mit vollen Händen, was sie noch an Energie und Lebensfreude haben, an mich zurück. Allerdings nur dann, wenn sie nicht wieder in ihre Streitigkeiten und Rangkämpfe verstrickt sind, die immer wieder aufgelöst werden müssen, bevor man überhaupt an Unterricht denken kann

Heute sind sie friedlich. Haben bereits die Bibeln aus dem Kasten geholt, freiwillig und vor der Stunde – ein Faktum, das in der Oberstufe nur mehr ganz selten vorkommt. Wir schlagen den Psalm 23 auf und lesen gemeinsam den Text. Sie kennen sich schon gut aus in dem dicken Buch. Blättern zielbewusst nach den richtigen Kapiteln, weil der Fundus der Bücher, den ich über die Jahre aus vergessenen Exemplaren in Bankfächern der Oberstufe, aus Lehrerhandbüchern und aus obsolet gewordenen Altausgaben zusammengetragen habe, keine gemeinsamen Seitenzahlen aufweisen.

Dann wiederholen wir den Inhalt der Geschichte Abrahams und beginnen weiterzulesen. Manchmal ist es sehr mühsam, auch den schwächeren Lesern ihre Chance zu lassen und bei der stockenden und bei jedem schwierigeren Wort ins Buchstabieren abgleitenden Leseweise ruhig zu bleiben und nicht nach dem zweiten Satz das Wort an die guten Leser weiterzugeben. Ich ermahne sie auch nicht mehr in abwertender Weise, dass sie weniger fernsehen, sondern mehr lesen sollten. Heute weiß ich, dass „Lesen können" keine Selbstverständlichkeit mehr ist. Der Genuss, der in einem heimlich gelesenen Abenteuerroman, Fortsetzungsgeschichten über außergewöhnliche Mädchenschicksale etc. liegt, das können Kinder heute nur mehr selten nachfühlen. Die es aber können, sind genau so verrückt nach spannenden Büchern wie wir es zu unserer Zeit waren.

Als Anna heute gar zu mühsam über die Zeilen stolpert, tut sie mir leid und ich meine zu ihr so nebenbei, dass die Druckschrift der Bibel wirklich sehr schwer zu lesen sei. Ein dankbares Aufblitzen in den Augen, ein eifriges Nicken und Bestätigen verrät mir, ...

Was?

Geneigte Leser können sich vielleicht vorstellen, dass man das Mädchen während der vergangenen Schuljahre nicht unbedingt gelobt hat für ihr holpriges Lesen. Anna wird abgelöst von Julia, einer exzellenten Vorleserin, die auf einmal, bei der Geschichte von Lot und den Engeln vor Sodoma, innehält und mich fragt, was „verkehren" heißt. Dieser Begriff wird im Zusammenhang mit der Geschichte gebraucht, wo sich viele Leute aus der Stadt vorm Haus Lots einfinden und die Herausgabe der fremden Gäste als Beute für ihre sexuellen Genüsse verlangen.

Ich erkläre ganz ruhig, dass die Leute mit den Engeln „schlafen" wollen. Daraufhin schreit Marius: „Was, die wollen mit Engeln schnackseln?"

Der aufgeregte Ton, womit er seine Verblüffung ausdrückte, war es, der die ganze Klasse zum Lachen brachte und mir ein unvergessliches Lehrererlebnis schenkte. Doch damit war gleichzeitig eine Barriere niedergestürzt, die eine Flut von Fragen mit sich brachte und die Stunde zur Beute meiner Schützlinge machte. Und es war gut so. Ein Wort gab das andere, wie das so kommt, wenn es um Gefühle geht und wir waren mitten in ihren Problemen, die um ihre Geschlechtlichkeit kreisten.

Julia, voriges Jahr fast noch ein Kind, ist heuer aufgeschossen. Die Proportionen ihres Körpers passen kaum mehr zusammen. Dazu hat sie sich noch rote Strähnen in ihr Haar gefärbt, was den Gesamteindruck nicht unbedingt verbessert. Aber sie findet sich dadurch schöner und fühlt sich sicherer. Und das ist das Wichtigste!

Plötzlich bricht es aus ihr heraus, dass sie vor einiger Zeit ihre Eltern „dabei" erwischt habe und seither in der Nacht immer wieder aufwache, wenn sie Geräusche aus dem elterlichen Schlafzimmer hört. Ich habe Angst, weil dieses Thema nicht wirklich für die Ohren aller Klassenkameraden bestimmt ist. Aber es ist zu spät zum Eingreifen. Zu schnell hat sie alles herausgesprudelt. Ich bleibe ganz im Hintergrund und höre nur schützend zu. Doch in diesem Fall bewähren sich meine Kleinen. Keiner von ihnen lacht oder macht blöde Bemerkungen. Im Gegenteil! Als sie ihr raten, die Eltern zu bitten, die Schlafzimmertür zuzumachen, winkt sie ab, weil sie das nie wagen würde. Die Eltern dürfen ja gar nicht wissen, dass sie von ihr beobachtet wurden, weil sie mitten in der Nacht aufgewacht und zu ihnen gelaufen ist.

Ratlos sitzen die Kleinen da und schweigen. Ob der eine oder das andere Ähnliches erlebt hat? Was geht jetzt in den kleinen Köpfen vor? Ein paar wirken noch ganz kindlich und unberührt von den Problemen des Erwachsenwerdens. Andere bellen sich ihre Probleme in den Pausen mit markigen Schimpfworten von ihrer Seele. Aber was geht in den ganz Stillen, den ganz Traurigen vor? Gibt es da noch Anderes, Schwerwiegenderes, womit sie fertig werden müssen?

Im Augenblick bin ich nur betroffen und ratlos. Fühle nur meine Hilflosigkeit angesichts einer Situation, die weit über meine Möglichkeiten als Lehrer hinausgeht. Selbst die Situation von Julia, die zu den natürlichen Problemen des Familienlebens gehört, kann ich für das Mädchen nicht lösen oder zumindest erleichtern.

Zu einem Gespräch mit der Mutter fehlt auch mir der Mut. Warum? Ja, weil die Mutter ihrerseits zum Schluss kommen müsste, dass die Probleme ihrer Tochter nur ihr mangelndes Vertrauen widerspiegeln. Ich könnte ihr wohl kaum klarmachen, dass man Themen, wo so tiefe Gefühle mitspielen, viel leichter mit außenstehenden Personen bespricht, weil man nicht fürchten muss, dass man die geliebte Person verletzt oder möglicherweise nicht verstanden und abgewiesen wird. So bleibt mir nur mein altbewährtes Rezept: zuhören und wieder zuhören, damit sich das Herz der Kleinen wenigstens erleichtern kann ...

Feier der hl. Eucharistie

Dritte Klasse

Sie sind nicht sehr anstrengend heuer. Die Arbeit in den beiden unteren Klassen trägt schon ihre Früchte. Sie streiten nicht mehr um jede Kleinigkeit, lassen sich gegenseitig leben und können ihren Unmut und ihre mangelnde Arbeitsbereitschaft begründen. Lassen sich auf Kompromisse ein, wo sie ein bisschen nachgeben und ich ihnen entgegenkomme kann.

Heute sind sie allerdings ganz aus dem Häuschen. Als ich ihrer Aufregung auf den Grund kommen will, stehen plötzlich der 1. und der 2. Konjunktiv im Deutschen, als aufgerichtete Grizzlybären im Raum. Da ich erst kürzlich in meinem privaten Umfeld diesem Problem zu Leibe rücken musste, entschließe ich mich ihnen zu helfen, soweit es meine bescheidenen Kenntnisse erlauben. Anders gesagt, versuchen wir gemeinsam die Deutschaufgabe zu lösen. Und ich denke, dass etwa die Hälfte der Klasse am Schluss der Stunde ein bisschen klarer gesehen hat.

Eine ungewöhnliche Art von Religionsunterricht? Sicher! Aber vielleicht kann man für diese Stunde das Jesuswort in Abwandlung heranziehen: *„Ich habe die Deutschaufgabe überhaupt nicht verstanden, und du hast sie mir erklärt!"* (nach Mt. 25,35 ff) Ob ich damit vor einer Unterrichtsinspektion bestehen könnte, das ist allerdings die Frage ...

Ein Thema, das mir seit meinem Dienstantritt in grauer Vorzeit jedes Jahr den Schlaf raubt und äußerst schwierig zu behandeln ist, steht jährlich auf dem Lehrplan der dritten und sechsten Klasse, und zwar das

„Sakrament der Eucharistie", früher unter dem schlichten Titel Hl. Messe bekannt. In den dritten Klassen begnüge ich mich mit der formalen Gestaltung der liturgischen Handlung. Ich lehre sie die grobe Einteilung, von Wortgottesdienst und Eucharistiefeier und erarbeite mit ihnen die Gegenstände, die für die Feier gebraucht werden.

Liturgische Gegenstände, die für die Hl. Messe gebraucht werden

Erkläre ihnen die liturgischen Farben des Priestergewandes und wiederhole in diesem Zusammenhang den dramatischen Aufbau des Kirchenjahres. Später üben wir die Wandlungsworte, die sie auswendig lernen müssen und suchen ihren Ursprung im Neuen Testament. Alles in allem bleibt das innere Verständnis der Eucharistie von den Schülern dieser Schulstufe unreflektiert. Meistens erschöpft sich die Diskussion rund um die Messe in der Klage, dass man ohnehin jeden Tag früh aufstehen muss und den Sonntag zum Ausschlafen braucht. Im Klartext – die Messe gehört zu

unserer Religion und ist wichtig, aber ich schaffe es
einfach nicht hinzugehen.

Sechste Klasse

In den sechsten Klassen versuche ich jedes Jahr, einen
anderen Zugang zu finden. Manchmal lasse ich sie zu Anfang schreiben, wie es
ihnen persönlich mit der Hl. Messe geht. Dann wieder
lese ich mit ihnen den Einsetzungsbericht vom Grün-
donnerstag. Ein anderes Mal erzähle ich ihnen
eucharistische Wundergeschichten. Doch allemal scheint
bei diesem Thema Verstand und Emotion in einem
unlösbaren Konflikt befangen. Anders gesagt, scheint
das Dilemma zwischen Vernunft und Glauben bei dem
Thema, dass Brot und Wein in die göttlichen Gaben von
Leib und Blut Christi verwandelt werden, in großer
Radikalität immer wieder aufzubrechen. So wie es im
Evangelium von Johannes berichtet wird, so geschieht es
immer wieder, bis heute. Die meisten Zuhörer, die noch
kurz zuvor Jesus bewundert hatten, weil er ihnen allen
zu essen gab, wenden sich zum Gehen, als er ihnen
zumutet, „sein Fleisch" zu essen (Joh. 6,51).

Der Glaube an die göttliche Gegenwart in den
eucharistischen Gaben ist, meiner Erfahrung nach, das
größte Hindernis für eine innere Bekehrung zum
Christentum. Obwohl es ganz einfach wäre zu sagen:
Gott hat das ganze Universum erschaffen, hat als
wahrer Künstler eine ganze Welt von Lebewesen erdacht
und schließlich den Menschen als Ziel seiner Arbeit dem
Universum als verantwortlichen Leiter eingesetzt.
Dieser Gott, der im Grunde alles kann, was er will, er
sollte nicht ein Stück Brot oder einen Schluck Wein so
verändern können, dass er selbst mit uns Menschen in
körperlich-seelische Beziehung treten kann? Es ist
schwer, dieses Geheimnis anzunehmen – doch mir

erscheint es als der beglückendste Reichtum der katholischen Kirche, die konkrete Gegenwart Gottes überall und jederzeit in allen Kirchen wiederzufinden.

Wenn ich in den sechsten Klassen persönlichen Erfahrungen mit der Hl. Messe notieren lasse, dann zeigt sich oft, dass nur ganz wenige SchülerInnen eine lebendige Beziehung zu dem Geschehen haben. Wenn sie aber regelmäßig die Hl. Messe besuchen, dann ist ihnen die spürbare Beziehung zur eucharistischen Gegenwart von Jesus Christus ein Anliegen: *Intensive Gottesbegegnung nur möglich, wo ER ganz da ist = Kommunion – ich werde durch die Kommunion gestärkt – die Hl. Messe gibt mir Kraft – Hl. Messe erinnert uns an IHN.* (Schülerin, 15 J.)

Auch scheinen der Kirchenraum und die liturgische Handlung der Messe zu einem Gefühl der Geborgenheit beizutragen, einem Gefühl, dass man Gott ganz nahe ist. Diese – man könnte sagen – mystische Kraft der Hl. Messe kann unter Umständen verstärkt oder vermindert werden. Obwohl man durch die Evangelientexte und Lesungen immer wieder mit der christlichen Botschaft konfrontiert wird, fällt und steht die Attraktivität der religiösen Handlung mit dem persönlichen Einsatz des feiernden Priesters. Die Persönlichkeit des Priesters ist es, die anzieht oder aus der Kirche vertreibt. Ob die Priester sich dessen bewusst sind?

Mit der Person des Priesters fällt und steht auch der Messbesuch der neutraleren Schüler, die zweifellos „unterhalten" werden wollen und sich mit der faden liturgischen Feier nicht anfreunden können.

Ein wichtiger Faktor für den Messbesuch sind auch die Freunde, die man dort trifft, die den Kreis der Schulfreundschaften erweitern.

Die dezidierten Gegenstimmen beschäftigen sich mit den mangelhaften Priestern, der persönlichen Ablehnung der Kirche und ihrer Intentionen: *Wenn ich beten will –*

kann ich es besser zu Hause und für mich alleine – in der
Messe bin ich Gott nicht näher – eine gute Tat ist mehr
wert als der Kirchenbesuch. (Schüler, 16 J.)

Insgesamt werden von ihnen alle Vorurteile genannt, die
in unserer Gesellschaft kolportiert werden. Im
Wesentlichen geht es aber um den Glauben an die
Götzen unserer Zeit: Wissenschaft und Technik, die
unser Leben tragen und bestimmen.

Dennoch möchte ich meinen SchülerInnen danken, die
wenigstens einmal in der Woche der gestressten Welt
entfliehen und mit Gott in Beziehung treten wollen –
oder sich bei jeder Hl. Messe zu verbessern versuchen.
Oder zu der Wahrheit stehen, dass, wenn man sich selber
zu wichtig nimmt, gern auf Gott vergisst.

Dritte Klasse

Neben der Eucharistie ist das Sakrament der Buße ein
„heißes Eisen", das in der Unterstufe meist noch sachlich
diskutiert wird. Meist erinnern sie sich noch an ihre
erste Beichte vor der Erstkommunion. Damals wussten
sie – nach ihren eigenen Worten – kaum, was sie
beichten sollten. In der Vorbereitung der Erstkommunion wurde dieses Thema meistens ausge-
klammert – eine Tatsache, die mich immer wieder neu
erstaunt. Was ist denn einfacher, als Kindern klar zu
machen, dass sie selber entscheiden können, ob sie
einfach das tun, was ihnen im Augenblick in den Sinn
kommt, oder nicht: Zurückhauen, böse und kränkende
Bemerkungen machen, Kameraden oder Geschwister
reizen, Schwächere ausspotten, den Eltern Geld stehlen.
Der Katalog ihrer persönlichen Fehler und Schwächen
ließe sich beliebig fortsetzen …

Den jungen Freunden ist das auch völlig klar, wenn man
sie ein bisschen dazu anhält, über ihr Verhalten
nachzudenken. Ich gebe ihnen meistens Zettel dazu, wo

sie gleichsam mit sich selbst ins Gespräch kommen und die sie anonym abgeben können. Scheint zweifellos nicht sehr zielführend, wenn man an die Benotung denkt – schließlich sind wir ja in der Schule! Doch hat sich diese Methode vielfach bewährt. Die wiederholten Versuche, ja die über die Jahre geübte Gewohnheit, mit schwierigen Themen zunächst allein und mit sich selbst klar zu kommen – hat die Reflexionsfähigkeit meiner Schützlinge zweifellos gestärkt. Obwohl ihnen in den oberen Klassen die Anonymität mehr und mehr egal war, d.h., dass sie mit ihren Gedanken persönlich angehört und ernst genommen werden wollten. Ich blieb aber bei meinem ursprünglichen Verfahren, weil damit auch die Stillen eine Chance bekamen, heikle und schwierige Fragen anzudenken und Stellung zu nehmen.

Auch in dieser dritten Klasse lasse ich sie berichten, und zwar unter dem Titel, „Als ich einmal bewusst etwas Verbotenes getan habe". Die Antworten reichen von verhinderten Schneeballschlachten bis Foppereien gegenüber den Geschwistern. Doch sind auch ernsthaftere Dinge dabei, die hier als Beispiele folgen:

Als ich mir ein wunderschönes Leibchen kaufen wollte und mir Geld aus meinem Zimmer holen wollte, hatte ich keines mehr. Dann ging ich hinunter und nahm mir von meinem Papa € 30.-, um mir das Leibchen zu kaufen. Eine Woche später kam mein Papa zu mir ins Zimmer und sprach mich direkt darauf an. Er sagte, dass man so etwas nicht machen darf und meinte, ich sollte das Geld behalten, aber nur wenn ich ihn, bevor ich das wieder mache, frage, ob ich mir das Geld ausborgen kann. (Mädchen, 12 J.)

Als ich sechs oder sieben Jahre alt war, habe ich bei meinem Aquarium herumgespielt und da habe ich den großen Fensterputzer zu fassen bekommen und herumgeschleudert bis er tot war. (Bub, 12 J.)

Ich musste einmal von meiner Mutter aus ins Training, bin aber nicht gegangen. Stattdessen bin ich mit meinem Freund Fußballspielen gegangen und später Leute verarschen. Nachher bin ich nach Hause gegangen und habe meine Mutter belogen. Die Folgen waren: zwei Wochen Hausarrest, Fernseh- und Computerverbot. (Bub, 12 J.)

Wir haben in der Volksschule immer eine Jause bekommen. Eines Tages gab es eine Süßspeise. Sie war genau abgezählt. Ich nahm mehr als für mich bestimmt war. Die Folge war, dass ein Mitschüler nichts bekam. (Bub, 12 J.)

Das Thema Beichte in der Oberstufe ist nur mehr ganz rudimentär zu behandeln. In diesem Fall weht mir die kalte Ablehnung ins Gesicht. Auf der einen Seite gibt es noch einige, die reflektierend und kritisch ihrer eigenen Person gegenüberstehen, auf der anderen Seite wird das Ansinnen die eigenen Fehler und Schwächen vor einem fremden Menschen, der „nur Priester" ist, zu bekennen, mit absoluter Ablehnung beantwortet. *„Wem ihr die Sünden vergebt, dem sind sie vergeben, wem ihr die Vergebung verweigert, dem ist sie verweigert!"* (Joh. 20,23) Dieser Satz, womit Christus den Aposteln die Sündenvergebung anvertraut, die letztlich durch seinen Kreuzestod ermöglicht wird, dieses Vermächtnis wird massiv abgewehrt! Wie kommt ein Mensch dazu, meine Fehler und Schwächen zu erfahren? Die würde ich nur meinen besten Freunden verraten! Ja, mein Heiland, wie wirst du Menschen begegnen, die sich ihrer Schwächen zwar bewusst sind, aber von dir keine Vergebung brauchen?

Konfliktbewältigung

Dienstagmorgen

Bevor ich ins Konferenzzimmer[7] komme, sehe ich zwei meiner Schützlinge auf der „armen Sünderbank"– wie ich sie im Geheimen und nur für mich selbst nenne – sitzen.

Diese „Bank" besteht aus vier gepolsterten Sesseln, wo Eltern und Schüler wartend sitzen, bevor Lehrer oder Direktor vom Unterricht zurückkommen, um mit ihnen zu sprechen. Es ist ein Service unserer Schule, dieser kleine Warteraum. Wenn aber Schüler hier sitzen, bedeutet es einerseits, dass sie verletzt oder krank sind und warten müssen, bis eine unserer Sekretärinnen ihre Eltern erreicht hat, damit sie nach Hause dürfen, oder, wie im heutigen Fall, dass sie auf ein Gespräch mit dem Direktor warten. Das kommt nicht sehr oft vor. Doch heute ist es wieder einmal so weit. Obwohl ich mir zunächst nicht viel dabei denke und eilig an den beiden „Hasen" vorbeihaste, merke ich doch ihre „Strahlung", zumindest unterschwellig. Doch ich ignoriere sie, weil ich noch kopieren und mich für den Unterricht vorbereiten muss. Als ich eine Weile später zurückkomme, und die beiden immer noch dasitzen, obwohl sie eigentlich in der Unterrichtsstunde sein müssten, frage ich sie, warum sie hier herumsäßen.

„Wir warten auf den Herrn Direktor!"

„Warum?"

„Weil wir was ausgefressen haben!"

---

[7] So ganz nebenbei ist der Name Konferenzzimmer ein merkwürdiger Name für einen Raum, der höchstens drei bis viermal im Jahr für Konferenzen benützt wird. Die übrige Zeit dient er als behelfsmäßiger Arbeitsraum für fast hundert LehrerInnen, wo die Schreibflächen für den Einzelnen gerade 60 mal 60 cm messen.

„Was denn?"

Paul: „Na, gestern im Donauzentrum, da war heraußen so ein Boden von einer Glasflasche und mit dem habe ich Fußball gespielt. Ja, und dann habe ich das Glas zu kräftig weggeschleudert und es ist an die Kante eines Kioskes geprallt und in Stücke zersprungen. Der Besitzer hat sich irrsinnig aufgeregt und geschimpft. Dann kamen einige Leute, und es gab einen Auflauf. Ich musste sagen, wer ich bin und in welche Schule ich gehe ... Und so sitze ich hier und muss zum Direktor!"

Ich weiß nicht, ob ich lachen oder weinen soll. Er ist ein Unglücksrabe, dieser Paul. Immer irgendwo dran, wo es Hetz und Tollerei gibt, obwohl er ein williger und gutherziger Kerl ist. Gescheit und tüchtig in der Schule, aufmerksam und einsichtig. Doch diese Dinge können nur ihm passieren ...

Und du Julius?

„Na, ich war am Anfang nicht dabei[8] und habe draußen gewartet. Als ich meine Schultasche, die drinnen war, holte und mich die Leute zu schimpfen angefangen haben, habe ich „Gusch" gesagt, und in dem Augenblick haben sie mich auch gehabt. Ich kann einfach meine Goschen nicht halten, wenn man mich ungerecht angeht!"

Ich verstand sie beide und fühlte, dass sie einen Drachen in ihrem Inneren zu bekämpfen versuchten, als der eine den Glasboden vor sich hinschleuderte und der andere zu schimpfen und streiten anfing ...

Und ich frage mich zum wiederholten Male: Wohin mit der Spannung eines Körpers und eine Seele nach einem langen Unterrichtstag? Wenn diese Burschen so dasitzen, großgewachsen, voller Kraft und Leben,

---

[8] Julian war bei der Aktion mit dem Glasboden nicht dabei.

manchmal geschüttelt von ihrer erwachenden Männlichkeit, dann wünsche ich mir so viele Werkzeuge, wie Bubenhände da sind, um ihnen die Beschäftigung zu ermöglichen, die sie im Augenblick mehr brauchen würden, als jede geistige Auseinandersetzung: Holzhacken, pflügen, schaufeln, Wände aufstellen, das wär's.

Dass sie zum Direktor müssen, ist nicht wirklich schlimm. Er ist ein ganz großer Freund unserer SchülerInnen und wird die richtigen Worte finden, um diese Drachentöter zu belehren. Manchmal denke ich, es wäre gut, wenn auch die Erwachsenen von einem verantwortungsvollen Vater manchmal belehrt werden könnten ...

Versuch zum Hohelied der Liebe

Sechste Klasse B

Nach sorgfältiger Vorbereitung und mit ausreichendem Unterrichtsmaterial versehen, mache ich mich auf zur Unterrichtsstunde. Wieder einmal sechste Klasse. Meine gescheite und diskutierfreudige und ... und ... Klasse. Heute möchte ich ihnen zum Thema Gebet einiges Wichtiges mitteilen und bin ganz stolz, weil ich wieder einmal eine lückenlose, thematisch abgerundete Stunde vor mir sehe.

Doch der Lehrer denkt, und der Schüler lenkt. Eine bekanntlich alte indische (oder besser irenische) Weisheit.

Ich lege meine Blätter ab und beginne, nach alten didaktischen Grundsätzen mit der Stundeneinleitung, indem ich an die „Erlebniswelt" der Schüler anknüpfe.

Da ich zur lauretanischen Litanei[9] hin und dem Verständnis ein bisschen vorarbeiten will, beginne ich mit der Frage, was sie gerne hören, wenn sie mit ihrem Freund oder ihrer Freundin zusammen sind.

Mir schwebte im Hinterkopf eine Art Lob der besonderen Eigenschaften vor, die jeder von uns hat. Und um klarzustellen, was ich von ihnen wollte, ging ich auf Bärbel zu und sagte: „Komm, Bärbel, lächle!"

Auf diese etwas seltsam klingende Aufforderung antwortete sie natürlich mit einem Lächeln ...

Darauf ich: „Siehst du jetzt, lächelst du das Bernmayer Lächeln! Das ist, wie wenn die Sonne in deinem Gesicht aufginge. Das habe ich bei deiner Schwester auch immer gesehen". (Ihre Schwester hat vergangenen Sommer maturiert und war lange Jahre meine Schülerin).

Darauf lächelt sie nur mehr verlegen. Offenkundiges Lob vor den Kameraden macht immer verlegen, das weiß ich. Doch in dem kleinen Rahmen, wie wir hier sitzen und wo wir uns schon so lange kennen, habe ich es gewagt. Daraufhin wende ich mich wieder den Anderen zu und erwarte Reaktionen. Aber ich ernte nur Lächeln und Schultereinziehen. Diese Schultereinziehen kenne ich schon. Es kommt immer, wenn ein Thema zu nahe an die Nahtstelle zwischen Wissen und Spüren kommt. Doch als ich so erwartungsvoll vorne stehe, bringe ich doch Johanna zu einer Reaktion. Sie flüchtet sich in die allgemeine Feststellung, dass zum Lob der richtige Zeitpunkt gehört. Gabi meint dazu, dass sie gern gelobt wird, wenn sie jemand geholfen hat oder etwas Besonderes geschafft hat.

---

[9] Lauretanische Litanei (Lob-Litanei) ist ein Gebet zum Lob der Gottesmutter, worin ihre Eigenschaften und ihre Mitarbeit am Erlösungswerk Christi, betrachtet werden.

Dass man in der Schule für Leistungen gelobt werden kann und das mit großer Freude erlebt, darauf können wir uns einigen.

Als ich allerdings auf körperliche Vorzüge zu sprechen komme, winken sie innerlich ab. Ich weiß natürlich als alter Haudegen, dass gerade die körperliche Erscheinung der Jugendlichen ein weites und äußerst problematisches Feld ist. Kaum einer der jungen Freunde steht mit seinem Körper auf du und du. Ihr Aussehen wandelt sich von Jahr zu Jahr. Die Normen der Schönheitsideale legen hohe Latten und ja, diesem Druck können auch wir Erwachsenen kaum standhalten ...

Als ich lästig insistiere und sie ein bisschen aus der Reserve locken will, geben sie mir zu verstehen, dass sie gerngehabt werden wollen, wie sie sind, ohne Wenn und Aber.

„Ja, was sagt ihr dann zueinander, wenn ihr euch gernhabt?"

„Na, ich hab' dich gern!" oder „Ich liebe dich!"

„Und sonst?

„Na, was sonst?" – „Was kann man noch sagen?"

„O, heiliger Simplizius, was man noch sagen könnte?"

Leichte Verzweiflung umfängt mich, und ich bekomme langsam eine Ahnung, wie „supercool" sie unterwegs sind. Doch habe ich einen heimlichen Trost, dass sie vielleicht in der Gruppe zu scheu sind, um zuzugeben, dass sie manchmal ganz romantisch sein können.

Da meine Anbindung an ihre realen Lebensverhältnisse nicht wirklich geglückt ist, zumindest im Hinblick auf das angestrebte Lehrziel, schwenke ich das Lenkrad um hundertachtzig Grad herum und lasse sie das *Hohelied der Liebe* im Alten Testament aufschlagen. Wir beginnen den Text zu lesen, mit verteilten Rollen und es klingt sehr schön und vertraut. Aber nur für meine Ohren.

Als wir das erste Kapitel zu Ende gelesen haben, ruft Agathe ganz aufgeregt in den Raum: „Mit einer Stute will ich aber nicht verglichen werden!"

Sofort beginne ich die Rettung des Bildes und versuche ihr zu erklären, wie wunderschön sich Pferde bewegen, wie geschmeidig sie dahinlaufen, ihre Mähnen schütteln, usw. ...

Aber das hilft nichts. Für sie ist ein Pferd ein Pferd, Metapher hin, Metapher her. Wenn sie an den Hintern eines Pferdes denkt, dann kommt ihr das richtig arg vor. Der Einwurf des verständigen Anton, dass damit nur eine bestimmte Eigenschaft des Pferdes im bildlichen Vergleich gemeint ist, greift auch nicht. Sie bleibt bei ihrer Meinung und schüttelt sich bei der Vorstellung, dass ihr Freund so etwas zu ihr sagen könnte.

Jetzt ist der Zug komplett in die falsche Richtung unterwegs. Doch ich lasse sie noch einmal alle einsteigen und führe sie bis zu den Vergleichen im Kapitel vier, wo die Augen der Freundin verglichen werden mit Tauben, die Haare mit einer Herde von Ziegen, die Zähne mit einer Herde von frischgeschorenen Schafen, die aus der Schwemme steigen ...

Jetzt schütteln sie nur mehr den Kopf und beginnen sich alles ganz konkret vorzustellen, kichern und lachen und machen sich lustig über den Text ...Lehrerschicksal ...

Mit gespielter Verzweiflung steige ich um in ihren Zug und frage so nebenbei, ob sie in anderen Gegenständen, auch so gründlich Texte zerfetzten ...

„Nein! – Da schlafen wir einfach darüber hinweg ... aber in der Relistunde, da ..."

Ich will gar nicht wissen, was sie weiter noch hinzufügen möchten ...

Mir genügt es für heute, und ich schließe die Stunde mit dem sicheren Gefühl, dass ich in den letzten vierzig Minuten mehr gelernt habe als meine Schützlinge. Die darauffolgende Stunde in der anderen sechsten Klasse versuche ich anders anzulegen. Wir setzen uns in einen Kreis und versuchen, unsere Stärken und Schwächen zu ergründen. Es gestaltet sich mühsam, besonders wenn es darum geht, Eigenschaften zu nennen, die an uns selber gut oder schön sind. Wir versuchen es trotzdem, und so ein bisschen nachdenken und gelobt werden von den Kameraden das tut einfach gut.

Pädagogische Feldarbeit

Vierte Klasse

Ein aufgewühlter Ozean ist leichter zu bewältigen als eine vierte Klasse in der sechsten Stunde. Besonders heute.

Die Geschichte mit den beiden Burschen, die das „heilige Donauzentrum angegriffen haben" – eine Aktion, die wirklich extrem unvorsichtig und unüberlegt war, das steht fest – regt sie noch immer auf. Alle wuseln herum, bis ich sie ganz energisch zwinge aufzustehen und ein bisschen still zu werden. Wir beten gemeinsam ein Vaterunser und ein Ave-Maria, und dann dürfen sie reden.

Oft bete ich für mich am Stundenbeginn; erbitte mir Hilfe für die schwierige Situation, die zu lösen ist – oder darum, dass ich ihre Herzen ein bisschen erreichen kann, wenn es um wichtige Dinge geht. Manchmal schenke ich ihnen auch mein Gebet für ihre Sorgen und Prüfungen.

Das Gebet wirkt auf mich, wie das Einstecken eines Steckers in den Stromkreis. Durch das Gebet werden meine Akkumulatoren ganz schnell und wirksam aufgeladen, und das habe ich oft nötig. So auch heute. Julius regt sich mächtig auf, weil ihm irgendwer eine halbvoll Limonadenflasche auf seinen Platz gestellt hat. Eine absolute Lappalie im Normalfall. Doch heute ist alles anders. Er hat schon zu viel einstecken müssen, und ich verstehe ihn. Ich versuche ihn zu beruhigen, auch den unschuldigen Nachbarn, und es gelingt ...

Als ich sage, wie es nun weitergehen soll, kommt nur Angst über die Rampe. Sie fragen sich, was am Donnerstag passieren wird, wenn der Klassenvorstand sie alle zur Rechenschaft ziehen wird. Sie haben Angst, vor allem einige der Burschen. Sie fühlen sich ausgeliefert und hilflos, abhängig und unverstanden.

Was ich jetzt tun kann, ist nur zuhören und der Wut und Frustration ein wenig Raum zu geben. Klar ist in diesem Klima an keinen Unterricht im klassischen Sinn zu denken, obwohl ich am Ende der Stunde dennoch einige Daten zum Kirchenjahr notieren lasse. Abschreiben beruhigt − alte Lehrerweisheit, und sie bewahrheitet sich auch heute ...

Worte des Propheten Amos

Achte Klasse A

Sie sind müde und wollen so überhaupt nicht mehr. Ich auch nicht. In diesen Fällen hilft oft ein Film oder eine Tonbandkassette. Da es im Großen gesehen doch immer um das Gottesbild geht, und meine SchülerInnen eine meiner Lieblingskassetten aus dem Alten Testament noch nicht kennen, spiele ich ihnen Texte aus dem Prophetenbuch Amos vor. In diesem Feature ermahnt der Prophet die Reichen und Mächtigen des Reiches Israel an ihre Verantwortung gegenüber den Armen. Durch große und mächtige Sprachbilder versucht er die Menschen aufzurütteln und zu bekehren:

So spricht der Herr: Wegen der drei Verbrechen, die Israel beging, / wegen der vier nehme ich es nicht zurück: Weil sie den Unschuldigen für Geld verkaufen / und den Armen für ein Paar Sandalen, weil sie die Kleinen in den Staub treten / und das Recht der Schwachen beugen. Sohn und Vater gehen zum selben Mädchen, / um meinen heiligen Namen zu entweihen. Sie strecken sich auf gepfändeten Kleidern aus / neben jedem Altar, von Bußgeldern kaufen sie Wein / und trinken ihn im Haus ihres Gottes.

Dabei bin ich es gewesen, / der vor ihren Augen die Amoriter vernichtete, die groß waren wie die Zedern / und stark wie die Eichen; ich habe oben ihre Frucht vernichtet / und unten ihre Wurzeln. Dabei bin ich es gewesen, / der euch aus Ägypten heraufgeführt und euch vierzig Jahre lang / durch die Wüste geleitet hat, damit ihr das Land der Amoriter / in Besitz nehmen konntet. (Am 2,4-10)

ER, Jahwe, wird sich selbst seiner armen und geknechteten Söhne annehmen, wenn es die Menschen, ihre Brüder nicht tun. Noch lässt er ihnen Zeit. Doch wenn sie weiter ihren alten verderblichen Gewohnheiten anhängen und sich nicht um die Worte und die eindringlichen Apelle ihres Gottes kümmern, dann wird er sie zur Rechenschaft ziehen.

„Wie der Hirt aus den Fängen des Löwen nur ein Stück Knochen oder das Ohr eines Schafes retten kann, dass er gerissen hat, so wird Israel von den beutegierigen Kriegsvölkern zurückgelassen werden ...“, wenn es nicht umkehrt zu IHM — und wie es immer passiert, werden Amos Reden in den Wind geschlagen. Die Oberschicht nimmt ihn nicht ernst, den Schafhirten aus Tekoa, und sie fahren mit vollen Segeln in den Untergang. Die Assyrer überziehen das Nordreich mit Krieg, reiben es auf und verschleppen die Bevölkerung. Damit verschwindet das selbstständige Reich Israel aus der Geschichte.

Die Worte, die uns von Amos überliefert werden, sind mächtig, doch gehen sie heute über die Köpfe meiner Jugendlichen hinweg.

Es handelt sich wieder einmal um das Problem der Sprache und der gewählten Symbole. Für meine jungen Freunde ist der Löwe ein Tiergartenbewohner, der in Afrika mühsam geschützt werden muss. Die Gefährlichkeit des Löwen ist für sie unverständlich. Dazu kommt, dass sie innerhalb ihrer gegenwärtigen Lebenssituation relativ oft mit Drohungen konfrontiert sind, auch wenn es nur um die nächste Schularbeit oder um gute Noten geht ...

Das bedeutet, dass die Interpretation des Textes zu einer theoretischen Angelegenheit gerinnt. Manchmal lohnt sich diese mühsame Arbeit wirklich nicht. Auch das muss man als Lehrer zur Kenntnis nehmen ...

Es ist auch nicht wirklich schlimm. Der Grundgedanke, dass man seiner eigenen Verantwortlichkeit immer wieder auf die Beine helfen muss, diese Grundhaltung lässt sich auch auf andere Weise ins Gespräch bringen. Die Stunde ist vom pädagogischen Anspruch her nicht besonders erfolgreich verlaufen. Sie haben zwar zugehört, aber ohne Reaktion, und ich bin unzufrieden.

Doch so ganz wirkungslos bleibt das Amos-Wort doch nicht, weil Luise nach der Stunde einfach an mir hängenbleibt und ...

Ja, das ist eine eigene Geschichte. Das Gespräch mit dem Mädchen im Sprechzimmer, meiner psychologischen Plauderecke. Luise beginnt mit unserer Verantwortlichkeit gegenüber den Armen in der Dritten Welt, für die wir so wenig tun können. Dann setzt sie fort mit den Gefahren der Genmanipulation, der Vergiftung unserer Umwelt, den alten ausgeleierten Atomreaktoren, dem Problem der Überbevölkerung etc.

Alle Gefahren, die uns die technisierte Welt beschert hat, liegen plötzlich gebündelt vor mir auf dem Tisch.

„Wenn ich an das alles denke, werde ich verrückt! Und dennoch muss man daran denken, man kann an diesen Dingen nicht vorbeischauen. Doch was kann ich dazu tun? Seit meinen Kindertagen trinke ich kein Dosengetränk. Verzichte, so wie es mir meine Mutter gezeigt hat, auf Alles, was wirklich schädlich ist für meine Umwelt. Auf der anderen Seite habe ich das Gefühl, damit nur mein Gewissen zu beruhigen, wenn ich daran denke, dass man sowieso bald Nahrungsmittel bekommen wird, die genmanipuliert sind ...“

„Wozu das alles, wozu ...?“

Luise klingt verzweifelt und es ist auch zum Verzweifeln, wenn man das alles betrachtet. Aber auf der anderen Seite gibt es zwischen den ganz großen Problemen immer wieder Dinge, die Hoffnung entstehen lassen. Es gibt das Gute, das Zukunftsträchtige im Stillen, im Verborgenen, und es ist immer gleichzeitig da. Es wächst zwischen, neben und durch die Schreckensbotschaften unserer Zeit, die eine perverse Lust am Hässlichen und Schrecklichen entwickelt hat. Nur ganz selten verirren sich gute Nachrichten in die Zeitung und noch seltener auf die Titelseite. Was ich dem Mädchen sage, weil es meine Überzeugung ist, aber im Augenblick wohl nicht ankommt, ist, dass trotz allem Gott unser Schicksal in der Hand hat. Er kann uns auch aus den scheinbar grauslichsten Situationen herausführen, egal wie. Und wenn wir durch unseren Unverstand die Ressourcen unserer Erde verbrauchen, dann wird er Mittel und Wege finden, dass wir eines Tages einsehen, dass wir das Boot versenkt haben, das uns trägt – aber es wird immer irgendwie weitergehen. Auch tröstet mich persönlich immer wieder der Gedanke, dass Gott, wenn er will, morgen eine völlig neue Welt erschaffen kann.

ADVENTZEIT

Zeit der Erwartung und Hoffnung auf den Erlöser

In früheren Zeiten wurde die stillste Zeit im Jahr besungen und in Liedern beschworen. Ob es irgendwann diese romantische Zeit gegeben hat? Ich weiß es nicht! Sicher ist nur, dass die Schüler gerade in der Adventzeit die meisten Schularbeiten zu bewältigen haben. Dazu kommen Tests und Prüfungen, d.h. für religiöse Besinnung bleibt kaum Zeit, es sei denn in Form von Stoßgebeten, die unglückliche Kinderherzen nach oben senden. Diese Situation ergibt sich notgedrungen durch den Semesterabschluss, der Ende Jänner bevorsteht und die Dauer der Weihnachtsferien.

Man könnte natürlich hin und her diskutieren, wie diese Situation zu ändern sei und ob es wirklich notwendig ist, noch am 22. Dezember Schularbeiten anzusetzen? Aber es läuft jedes Jahr auf dasselbe hinaus. Am Schulanfang tendieren SchülerInnen dazu, Schularbeiten möglichst weit weg zu schieben, ohne zu bedenken, dass vor Weihnachten wieder alles zusammenkommen wird. Wenn dann die Zeit wirklich da ist, dann vergisst man aber allzu leicht, dass man vor „urgrauen" Zeiten, d.h. im September, alles so weit als möglich weggeschoben hat. Ein unlösbares Dilemma.

So stehe ich jedes Jahr mit dem Adventkranz in der Hand – nicht nur bildlich gesprochen – mit den Liederbüchern unterm Arm in den Klassen und sehe eifrige Köpfe und Nacken über Vokabel und Rechenbeispiele gebeugt. In solchen Situationen möchte ich am liebsten Rumpelstilzchen sein und aufstampfen können über die Ungerechtigkeit des Schulbetriebes, die ein Fach wie Religion, einfach auf das Nebengleis abstellt und gerade den Dingen, die für das praktisches Leben der SchülerInnen wichtig wären, die Atmosphäre entzieht.

Ich kann nicht eine Gruppe von Jugendlichen dazu bringen, sich über kompliziertere menschliche oder religiöse Fragen den Kopf zu zerbrechen, wenn ihnen der Schularbeitsstoff, egal welcher, im Verstand herumsurft. Sie können nicht zweigleisig denken – noch nicht – vielleicht schaffen wir eines Tages diesen Menschentyp, wer weiß ...Doch zurzeit muss ich auf Auswege sinnen ...

Rosenkranzgebet

Sechste Klasse B

Da momentan zu kopflastig gearbeitet wird, entschließe ich mich, eine Gegenbewegung zu probieren. Ich nehme meinen großen Rosenkranz in die sechste Klasse mit und dazu eine kurze Erklärung dieses Gebetes. In meinem Fundus gab es auch noch einige kleine hölzerne Rosenkränze, die ich ihnen zusätzlich in die Hand drücke.

Abbild des Rosenkranzes der Kath. Glaubensinformation

Zunächst reisen wir auf bekannten Straßen. Wir finden im Matthäusevangelium die Stelle, wie Jesus seine Jünger das Vaterunser lehrt. Suchen bei Lukas den

Engelsgruß heraus, woraus sich das Ave-Maria entwickelte. Besprechen das Kreuzzeichen und das „Ehre sei dem Vater", als Segenswunsch und Lobgebet zur Hl. Dreifaltigkeit. Anschließend stottern wir – weil sprechen oder beten kann man das nicht nennen, was aus unseren gemeinsamen Bemühungen herauskommt – das Glaubensbekenntnis. Wir merken, dass eigentlich alle wichtigen Glaubensinhalte durch das Rosenkranzgebet zusammengefasst werden, wenn man die Texte des freudenreichen, des schmerzhaften und des glorreichen Rosenkranzes mit einbezieht.

In der darauffolgenden Stunde gelingt es mir, das Thema Gebet und Rosenkranz zu einem gewissen Abschluss zu bringen. Gemeinsam beteten wir ein Gesätzchen[10] – diesmal aber schon ganz selbstverständlich. Am Ende verlangten sie noch mehr zu wissen über Gebete und in welcher Weise sie entstanden sind. Ein selten glücklicher Augenblick für einen Lehrer, wenn Schüler von sich aus um Wissen bitten.

Nach der Stunde überreicht mir ein Schützling aus der eben verlassenen Klasse einen Brief, den ihm seine Mutter geschrieben hat. Es ging dabei um ihre Bitte, dass er sie verstehen möge, weil sie mit dem kranken Mann zusammenbleiben will, der ihr und den Kindern aus erster Ehe das Leben oft sehr schwer gemacht hatte. Ich kenne die Schwierigkeiten bereits seit langem. Wir haben immer wieder darüber gesprochen – schon als er ganz klein war ...

Und heute, als er so vor mir steht und ich gleichzeitig den kleinen Kerl aus der Unterstufe in einer Art Springbild vor meinem geistigen Auge sehe, fühle ich, dass er es geschafft hat. Er hat sein Leben in die Hand

---

[10] Gesätzchen ist der Ausdruck für zehn gebetete Ave-Maria, wobei gleichzeitig ein Geheimnis der Menschwerdung Jesu Christi betrachtet wird.

bekommen. Es wurde ihm sehr viel Kraft gegeben und er hat über seine Sorgen und Probleme reden gelernt und sie dadurch überwunden.

Ich und Beten

Vierte Klasse A

Bepackt mit Liedtexten, Geschichtenbücher und meiner Vorbereitungsmappe für Weihnachten betrete ich die 4. Klasse. Es ist überraschend ruhig im Raum. Einige der Schüler sitzen und arbeiten eifrig, während Einige an der Fensterfront lehnen und miteinander plaudern. Die Sitzenden erheben sich halb und bitten mich, ihnen noch ein wenig Zeit zu geben: Vorbereitung auf die Matheschularbeit. Ich teile inzwischen die Liedtexte aus und hoffe, dass ich sie aus ihrer Anspannung ein wenig herausführen kann. Wir singen gemeinsam einige Weihnachtslieder – von den uralten[11] – aber die Spannung löst sich kaum.

Auf meine Frage, was diesmal so furchtbar an der Matheschularbeit sei, erklären mir einige, dass sie „das mit den Gleichungen nicht verstehen". Gleichzeitig meinen ein paar andere, dass es „kinderleicht" sei. Wieder einmal das alte Problem, dass sich in Gruppen immer wieder stellt: die einen brauchen länger, bis sie neue Zusammenhänge verstehen, die anderen erfassen schnell. Doch sollte das Unterrichtsziel von allen erreicht werden. Dieser Anspruch, der fast in jeder Lehrerkonferenz wiederholt und neu diskutiert wird, ist so alt wie der Schulunterricht selbst.

---

[11] Dazu gehört „Maria durch ein` Dornwald ging,"- „Wir sagen euch an," - „Ihr Kinderlein kommet," – „Leise rieselt der Schnee," Kling Glöcklein", - „Es wird schon glei dumper,"

Im selben Augenblick höre ich Regine flüstern: „Sie müssen für uns beten, Frau Professor!" Ja, beten! Ich soll für sie beten, weil sie mir zutrauen, dass ich so eine Art direkten Draht zu Gott habe. Normalerweise kann der liebe Gott bleiben, wo er will, in Krisensituationen soll er jedoch zur Verfügung stehen und augenblicklich helfen. Als so eine Art „Feuerwehr" für unser Leben, die man auch nur anruft, wenn es brennt.

Aber ich will nicht ungerecht sein und entschließe mich, diese Haltung zu überprüfen. Ich teile Zettel aus und bitte die Kinder über das Thema nachzudenken: *Ich und beten...* Danach sollten sie schreiben, was ihnen dazu einfällt und mir ohne Namen einfach abgeben.[12] Es dauert einige Zeit, bis sie begreifen, was ich von ihnen will, doch erweist sich diese Arbeit als gute Ablenkung von dem Mathestress, den sie sich selber erzeugen.

Bei Durchsicht der Arbeiten fällt auf, dass sie, wenn überhaupt, am Abend beten.

Dabei scheint es sich um ein Nachdenken über den vergangenen Tag zu handeln, dass sie mit Gott verbinden. Auch werden die Ängste vor Schularbeiten und Tests in diesen Abendstunden Gott unterbreitet. Drei Kinder schrieben auch, dass Gott ihnen die Angst nimmt und sie mit ihm sprechen können, wie mit einem Freund, weil man ihm alles sagen kann.

Eine sehr konkrete Gelegenheit für das Gebet entsteht, wenn liebe Menschen gestorben sind. In diesem Fall denke ich, fällt den meisten Leuten das Gebet als unmittelbare Reaktion ein. Der Besuch der Hl. Messe, der mit dem Gebet unmittelbar assoziiert wird,

---

[12] Die Antworten der Schüler zum Thema: *Ich und beten* ... sind im Anhang nachzulesen

verringert sich in ihrem Alter sehr deutlich, weil die Arbeit für die Schule dafür offenbar keine Zeit lässt.

Die Argumente der „Nichtbeter" erschöpfen sich in den Hinweisen, dass sie nicht an Gott glauben, einer meinte, dass ihm Gott noch nie geholfen habe – ein anderer schrieb, *dass er schon alles habe und daher Gott nicht brauche.* Interessant war die Antwort eines Schülers, der sehr klar seinen *Atheismus* zum Ausdruck brachte:

Ich und beten!

Ich denke jetzt nicht mehr an Gott weil alle sagen „Gott ist allmächtig" und er müsste nur blinzen und überall wäre Frieden. Und, dass Gott die Welt erschaffen glaub ich auch nicht. Beten tue ich auch nicht mehr.

Ich habe also keinen Glauben!

Ich lebe mein Leben ohne Gott!

Ich bete nicht!

Ich glaube nicht an Jesus!

Ich gehe nicht in die Kirche!

Originalhandschrift des Schülertextes

Wenn man diesen Text aufmerksam liest, dann spürt man, dass er um Frieden ringt. Wenn Gott allmächtig ist, warum schafft er dann nicht Frieden – vor allem Frieden in der eigenen Familie? Das Theodizee Problem heruntergebrochen in einem kurzen Text eines Viertklässlers. Dass es ein guter Gott war, der die Welt erschaffen hat, das kann er auch nicht mehr glauben und daher hat er aufgehört zu beten. Alle nachfolgenden Sätze schreibt er zur Bestätigung seiner tiefen Frustration, die sich im „nicht" und dem ausgemalten Rufzeichen sehr klar und deutlich ausdrückt.

Über Gebetserfahrungen zu sprechen, fällt im Grunde sehr, sehr schwer. Auch Erwachsene können darüber kaum Auskunft geben. Dennoch habe ich versucht, meinen Schülern das Gebet immer wieder zu empfehlen. Habe mich nicht gescheut in problematischen Situationen einfach zu sagen: „Bete, bete dein Vaterunser und vertraue auf IHN, dann wird alles gut. Es wird vielleicht nicht so funktionieren, wie du es dir vorstellst, aber es wird gut werden. Da bin ich mir ganz sicher!"

Auch versuchte ich einige wenige Gebete[13] mit den Schülern immer wieder zu sprechen, damit sie diese im Gedächtnis behielten und in schwierigen Situationen Worte zur Verfügung hätten, um IHN anzurufen. Zweifellos kann man mit Gott auch ohne gebundene Worte „ins Gespräch kommen". Doch stellt sich dabei die Frage, ob ich auf diese Weise je aus meinen selbstbezogenen Wünschen, Hoffen und Ängsten herauskomme. Auf diese Weise bleibe ich oft im Hamsterrad meiner eigenen Befindlichkeit, das sich immer wieder und neu in Bewegung setzt. Also was tun?

Im Grunde geht es beim Gebet um mein Vertrauen und meinen Willen. Vertraue ich auf Gott, dass er mir gegenübersteht, oder besser, in meiner Seele „wohnt", dann genügt, dass ich mich mit Entschlossenheit IHM zuwende, IHN mit ganzer Aufmerksamkeit suche, auch wenn meine Gedanken bald wieder andere Wege gehen. Um aus meinen Gedanken „auszusteigen" hilft mir das gebundene Gebet. Das VATER UNSER andächtig, d.h. langsam und mit Konzentration gebetet, eröffnet mir eine neue Weltsicht. Wir erkennen dadurch, dass alles, wirklich alles von IHM getragen und gestaltet wird. Diese Erkenntnis ist sehr kostbar und kann uns aus dem Hamsterrad befreien. Wir müssten es nur ernsthaft versuchen.

---

[13] Glaubensbekenntnis, Vater unser, Ave-Maria, Jesus dir leb ich…, Mein Herr und mein Gott … (nach Nikolaus von der Flüe)

Maria im Blick der Schüler

Sechste Klasse B

Nächste Woche feiern wir „Maria Empfängnis", ein Fest, das wohl nur im katholischen Österreich als roter Feiertag gilt. Die Erklärung des Begriffes „Maria Empfängnis" bereitet mir jedes Jahr neues Kopfzerbrechen. Um mich aus dieser Situation „herauszuschmuggeln" beschäftige ich diesmal die jungen Freunde in der Sechsten mit der Frage: „Wer ist die Mutter Gottes für dich?" Ich teile Zettel aus und erfahre einige brauchbare Gedanken, die ich in der nächsten Unterrichtseinheit zur Diskussion stelle.

Antonello da Messina: Virgin Annunciate (1476)

123

Der Haupttenor liegt auf der Feststellung, dass man sich mit der Gottesmutter wenig beschäftigt, weil man eher zu Jesus geht, wenn man Hilfe braucht. Dennoch lassen sich aus den Arbeiten der jungen Leute einige Grundzüge zur Person der Gottesmutter ableiten. Maria erscheint ihnen als starke und gläubige Frau, die liebevoll und fürsorglich für ihren Sohn sorgte und viel gelitten hat. Sie unterstützte ihn bei seinen „Werken" und stand ihm in schwierigen Zeiten bei. Maria wirkt mütterlich und strahlt Wärme und Geborgenheit aus, und sie schenkt den Menschen Schutz und Hilfe, wenn sie angerufen wird.

Stefan Lochner: Madonna im Rosenhag (1450)

Maria wird oft mit dem Jesuskind auf dem Arm abgebildet – lange Haare und ein blaues Gewand sind ihre äußeren Zeichen. Maria ist sehr schön in der

Vorstellung meiner SchülerInnen, sie altert nicht und hat eine weiche Stimme.

Zu Weihnachten und Ostern tritt Maria in den Vordergrund, als Mutter Jesu in Bethlehem und als leidende Mutter unter dem Kreuz.

Insgesamt wissen sie einiges über Maria, meine SchülerInnen. Ich sammle die Ergebnisse auf der Tafel, und wir diskutieren die einzelnen Stellungnahmen. Natürlich werden die großen Fragen der Menschheit wieder berührt: Warum leiden? Warum lässt Gott das zu?

Die Frage nach der unbefleckten Empfängnis Marias? Diese Frage löse ich nach meinem eigenen theologischen Verständnis: Wenn Jesus völlig unschuldig, rein und unverletzt bleiben soll, dann muss der Mensch, der ihn trägt und in seinem Leib aufwachsen lässt, dieselben Eigenschaften haben. Wenn Maria von der Verletzung durch die Erbsünde unberührt blieb, dann in Hinblick auf Jesus. Vielleicht haben sie mich verstanden, vielleicht auch nicht. Manchmal ist unsere christliche Religion schon sehr komplex und nicht leicht zu erklären – aber ich versuche es trotzdem immer wieder.

Mit den folgenden Texten möchte ich einfach ihre Art zu argumentieren ein bisschen illustrieren:

Wenn ich zu Maria bete, dann nur um etwas zu bitten. Sie scheint mir die Liebe und Barmherzigkeit in Person zu sein. Allein durch die Tatsache, dass sie ein Mensch war, steht sie mir näher als Gott. Während ich Jesus nie als Mensch werde verstehen können, ist Maria doch irgendwie „wie du und ich". Was ihre Faszination ausmacht, ist, glaube ich, die Dankbarkeit, mit der sie Gottes Entscheidungen annimmt (wie bei der Verkündigung der Geburt Jesu). Auch stand im Religionsunterricht in der Volksschule Maria immer sehr im Vordergrund, sodass ich einiges über ihr Leben gelernt habe und mich dadurch mit ihr verbunden fühle.

(Schüler, 15 J.)

Ich habe eigentlich keine besondere Verbindung/ Beziehung zu Maria. Für mich ist sie „nur" die Mutter von Jesus, aber ich höre gern Geschichten, in denen sie erscheint (Lourdes), weil sie irgendwie geheimnisvoll sind. Abgesehen von diesen Geschichten und ein paar Bibelstellen weiß ich nichts von ihr.

(Schülerin, 16 J.)

Maria war wohl eine der beeindruckendsten Frauen in der Geschichte. Sie unterstützte ihren Sohn in seinem Bestreben, und sie blieb stark, als er gekreuzigt wurde. Sie steht natürlich im Schatten eines großen Mannes – doch wäre er vielleicht ohne sie das geworden, was er endgültig war?

Das Beeindruckendste an ihr ist die Ruhe in ihr: Ihr wird offenbart, dass sie den Sohn Gottes in sich tragen wird; sie muss in einem Stall gebären; und letztlich stirbt ihr Sohn – und all das nimmt sie mit Ruhe und Gelassenheit hin.

Sie ist für mich niemand, zu dem ich bete, aber vielen Leuten gibt gerade sie Kraft, weil Maria immer im Hintergrund blieb und sich deshalb Frauen (Hausfrauen) mit ihr identifizieren können. Allerdings könnte ihre Rolle (bis auf die Schwangerschaft) auch von einem Mann übernommen werden, da sie absolut keine weiblichen Eigenheiten hat, sondern einfach nur hinter Jesus steht.

(Schüler, 16 J.)

An Maria denke ich eigentlich nie oder nur ganz selten. Viele Bilder zeigen Maria mit Jesus als Kind (Madonna) – sie hält ihn in den Armen. Die Kreuzigung von Jesus muss eine schmerzliche Angelegenheit für sie gewesen sein. Ein Wunder, dass sie nicht durchdreht, als er gekreuzigt wird und dann wieder aufersteht. Maria = starker Mensch.

(Schüler, 15 J.)

Maria – starke Frau, Kind von Gott angenommen, an ihn geglaubt – in schwierigen Zeiten zu ihm gestanden – sollte das Vorbild aller Mütter sein. Maria hat ihren Sohn bis in den Tod begleitet, geliebt, unterstützt. Erscheint mir in einer Weise als perfekte Mutter, die auch für uns noch da sein kann.

(Schülerin, 15 J.)

Kindheitsgeschichte von Jesus

Siebente Klasse B

Im regulären Unterricht der siebenten und achten Klassen konzentrierte ich mich in der weihnachtlichen Vorbereitung auf den Bibeltext der Kindheitsgeschichte. In den Siebenten wollte ich ihnen ein bisschen die Muttergottes als Mädchen nahebringen.

Die Jugendlichen sollten ein wenig nachdenken über die Ungeheuerlichkeit der Aufgabe, die ihr vom Engel zugemutet wurde. Eine Aufgabe, die auch sie, so wie wir alle, nicht „verstehen" konnte! Aber sie spürte, dass es wichtig ist, zu tun, einfach zu tun, was Gott von ihr verlangte. Sie flüchtete sich nicht in Wenn und Aber, argumentierte nicht lange, sondern nahm die große Ehre und die Last ihres Auftrages an. *„Siehe ich bin die Magd des Herrn, mir geschehe, wie du gesagt hast!" (Lk 1,38)*

Leonardo da Vinci: Annunciazione 1472

Das freie Gotteskind wird nicht gezwungen, sondern gefragt, ob es denn Auftrag annehmen will. Damit steht Maria in diametraler Position zu Adam und Eva, die – gleichsam in Stellvertretung für uns alle – der väterlichen Güte Gottes ihre Zweifel und ihre Anmaßung entgegenstellten.

Die Faszination des Gedankens, selbst „wie Gott" zu werden, nur sich selbst verantwortlich zu sein, dieser Wunsch bewegte und wird den Menschen immer dazu bewegen, den Garten des Paradieses zu verspielen. Die Undankbarkeit des ersten Menschen entspricht der Undankbarkeit der ganzen Menschheit. Die Hybris des ersten Menschen entspricht der Hybris der ganzen Menschheit, einer Menschheit, die sich nicht eingestehen will, dass sie ihren Ursprung und ihr weiteres Leben, Gott verdankt.

Doch gleichzeitig gibt es Menschen, die trotz ihrer Schwächen und dem verdunkelten Blick auf Gott seine Liebe anerkennen und fest darauf vertrauen, dass ER es gut mit uns meint und ALLES, auch das Schlimmste, durch seine Güte getragen und verantwortet wird.

Maria war die erste, die wirkliche Demut und gleichzeitig so starkes Gottvertrauen in sich vereinigte, dass sie die natürlichste Aufgabe einer Frau als eine geheimnisvolle Aufgabe, die ihr Gott damit zumutete, in schlichter Ergebenheit auf sich nahm. Franz von Sales nennt die beiden Haltungen, die Maria, wie keine Heilige(r) nach ihr, in dieser Klarheit und Tiefe verfügte: *Demut und Hochherzigkeit.* Demut, verstanden im Hinblick auf das eigene Können und Hochherzigkeit, verstanden als absolutes Vertrauen in die Führung Gottes.

Maria weiß, dass zu einem Kind zwei Menschen gehören, sie ist nicht naiv und dumm unschuldig. Sie erkennt ganz klar die Zusammenhänge und sagt trotzdem: „Ja!"

Es ist merkwürdig still geworden in meiner Siebenten. Sie streiten nicht und argumentieren nicht, sie nehmen zur Kenntnis, was ich ihnen erzähle. Sie spüren, dass es in dieser Stunde um unsere Religion geht, um den Glauben. Marias Glauben!

Wo sollen wir den heute herbekommen? Stimmt das wirklich mit Jesus und allen Geschichten, die im Neuen Testament aufgeschrieben sind? Ich spüre, wie sie nachdenklich werden. In diesen Minuten braucht es keine Worte zwischen uns. – Es braucht auch keine weiteren Worte mehr, weil mein Auftrag erfüllt ist. Der Samen ist gestreut. Ob er zu wachsen beginnt, darüber entscheidet ein ANDERER.

Maria hat in ihrer einfachen Mädchenhaftigkeit das getan, was Gott von ihr verlangte, ohne Vorbehalt, ähnlich wie Abraham, der Freund Gottes, der nicht gefragt hat, wohin ihn Gott führen will, sondern aufgebrochen ist und dorthin gegangen ist, wo Gott ihn haben wollte. Als ER ihm später zumutete, seinen Sohn Isaak zu opfern, war er auch dazu bereit – ohne zu fragen, wie er Stammvater eines großen Volkes werden könne, wenn er seinen einzigen Sohn opfern soll. Immer wieder finden wir Menschen in der Heiligen Schrift, die uns durch ihr bedingungsloses Vertrauen in die geheimnisvollen Pläne Gottes beeindrucken und faszinieren. Abraham musste seinen Sohn nicht opfern, doch ER, Gottvater, musste zusehen, wie die Menschen seinen Sohn kreuzigten, oben auf Golgotha, gebrandmarkt als Verbrecher. Warum dieser Martertod von Jesus „sein musste", wird für uns Menschen immer geheimnisvoll bleiben. Viele theologischen Erklärungen dazu erscheinen mir zu flach und unangemessen. Ich denke, dass die Notwendigkeit seines furchtbaren Leidens für uns immer ein Geheimnis innerhalb der göttlichen Dreifaltigkeit bleiben wird, das wir nur im Vertrauen und in Demut annehmen und anbeten können.

Pädagogische Feldarbeit

Zweite Klasse

Ich erinnere ich mich an eine Stunde in der zweiten Klasse, die ich vollbepackt mit meinen Weihnachtsvorbereitungen betreten wollte. Doch ich kam gar nicht in den Klassenraum. Noch auf dem Gang, „überfiel" mich eine aufgeregte Gruppe von Buben und Mädchen, die mich, noch bevor ich richtig „da" war, zum Schiedsrichter und zur Klagemauer bestimmten. Es ging wieder einmal um Regine, die schon wieder ohne Grund geweint habe, obwohl die Klassenkameraden nur das mit ihr anstellen, was alle immer wieder durchstehen müssen.

Konkret handelte es sich heute um ein Federpennal, das Wolfgang Regine weggenommen und dem Clemens durch die ganze Klasse zugeworfen habe. Als sie um das Federpennal kämpfte, hat er sie gestoßen und Regine ist die Wand entlang zu Boden gerutscht.

Das war in groben Umrissen die heutige Kampflage. Was tun?

Das Erste was mir dazu einfiel, war, dass die heutige adventliche Feierstunde den Bach hinunterging. Die

Stunde konnte ich mir schenken. Die zweite Überlegung war, die Kampfhähne zu trennen und einzeln zu befragen. Regine ließ ich mit einer gütigen Erklärung zunächst warten, um die hochgehenden Wogen innerhalb der Klasse ans Ufer anschlagen zu lassen und dadurch zu glätten.

Wie man das macht?

Zunächst bedeutete es, dem größten Schreihals oder dem vernünftigsten Schüler das Wort zu erteilen. Anschließend gaben die anderen Handzeichen und, wie das in einer vernünftigen Diskussion sein soll, es wurden alle Schüler der Reihe nach angehört.

Das braucht natürlich seine Zeit. Und wenn man sich als Lehrer ständig fragt, wie lange das noch dauern wird, weil man schließlich im Stoff weiterkommen will, dann ist es besser, damit gar nicht erst anzufangen.

Warum?

Weil die kleinen Persönchen sofort merken, ob man wirklich daran interessiert ist, ihre Konflikte zu lösen oder nur daran denkt, wie möglichst schnell ein ruhiges Klassenklima herzustellen wäre ...

Und wie ich aus langjähriger Erfahrung weiß, lohnt sich so eine Alles- oder Nichts-Stunde, auch langfristig gesehen, für die eigenen Unterrichtsatmosphäre. Wenn einmal alle Anschuldigungen auf dem Tisch liegen, dann braucht man bei späteren Konflikten nicht wieder von vorne anzufangen, sondern kann schneller zu Einigungen kommen.

Im vorliegenden Fall dauerte es fast eine halbe Stunde, bis ALLE, wirklich alle, ihre Meinung gesagt haben und sich das Klassenklima spürbar entspannte. Der wichtigste Prozess war abgeschlossen. (wenn man diesem Muster auch in Konflikten unter Erwachsenen folgen würde, dann ...)

Als wir Regine hereinholten und ich sie vor den Anderen befragte – vorher hatte ich natürlich auch ihre Sicht der Dinge persönlich und unter vier Augen angehört – war plötzlich eine sachliche Auseinandersetzung möglich, wo keiner den Anderen „befetzte", sondern ruhig anhörte. Das war ist aber nur möglich, weil ein jeder schon vorher ANGEHÖRT worden war.

Wir einigten uns mit Regine, dass sie versuchen sollte, „cooler" zu werden und wenn sie unbedingt weinen muss, sich mit einer ihrer Freundinnen aussprechen oder aus dem Klassenzimmer gehen soll. Ich hatte ihr vorher auch klarzumachen versucht, dass sie mit ihren täglichen Weinkrämpfen die Anderen nur provoziere und ihr niemand mehr glauben will, dass sie ihre Tränen nicht als Druckmittel gegenüber den Kameraden einsetzen will.

So weit so gut.

Was wirklich in der Klasse während der Gespräche geschah, dass lässt sich nicht in Worte fassen. Meine Fähigkeiten reichen nicht aus, die Beziehungen zu beschreiben, die in der Diskussion entstanden, sich wieder lösten und neu knüpften. Es entstand ein Netz von Gefühlen, Forderungen und Machtstrukturen, die gegeneinander und ineinander wirkten.

Sie haben geschuftet, meine Kleinen in dieser Stunde und wurden belohnt. Regine schien zu begreifen, was man von ihr erwartet. Und ich wurde belohnt durch die kleine Monika, die Regine einfach vorschlug, es einmal mit Humor und Lachen zu probieren, weil sie dieses Mittel schon oft und sehr erfolgreich angewendet habe ...

Warum ich das als Belohnung verstehe?

Weil es ihm Augenblick der beste Rat war, den man dem verweinten Mädchen geben konnte und dieser Rat kam nicht von mir, sondern von einer Klassenkameradin ...

Ich lerne ständig von ihnen, meinen Schützlingen. Und wenn es nicht unbedingt neue Ideen oder eigenständige Gedanken sind, dann ist es so wie heute, eine Lösung, die mir in einer sehr schwierigen Situation einfach nicht eingefallen ist. Danke Monika!

Wie ich so mit halbem Auge während der Gangaufsichten mitbekommen habe, hat das Gespräch ein paar Tage gewirkt. Regine lief mit den Anderen lachend und johlend herum.

Doch die letzte Stunde vor Weihnachten beginnt wieder mit Klagen und Vorwürfen gegen Regine. Aber diesmal versuche ich nur zu beruhigen, weil in der angespannten Vorweihnachtszeit nur ein altbewährtes Mittel Erfolg verspricht, nämlich Ablenkung.

Vom adventlichen Singen sehe ich ab, weil es dann wieder zu Meinungsverschiedenheiten käme über die Lieder, die irgendjemand singen will und ein anderer nicht und genau das eintritt, was ich verhindern will, ein heftiges Herumgerede und Aufschaukeln der Lust sich durchzusetzen, das will ich mir heute nicht mehr geben.

So teile ich Kartons mit einer Krippendarstellung aus, die sie mit Buntstiften bemalen können, wenn sie wollen. Gleichzeitig lese ich ihnen Weihnachtsgeschichten vor. Es sind Geschichten um die Kindheit Jesu. Geschichten von den Hirten, den Hl. Dreikönigen und ich spüre, wie sich beim Vorlesen ihre und meine Nerven langsam beruhigen.

Als ich später die Malarbeiten so mit einem halben Blick und nur ganz locker streife, muss ich wegschauen, um nicht irgendetwas zu sagen, das an den Ohren der Kinder kaum als Lob angekommen wäre. So lieblos und heftig haben die Filzstifte gewütet und über Detailzeichnungen einen undurchdringlichen Farbteppich gelegt.

Ich schweige. Und es ist gut so.

Manchmal müssen auch Abbildungen von Weihnachts-
krippen als Mittel herhalten, um starke seelische
Spannungen zu beruhigen; besonders dann, wenn man
12 Jahre alt ist und am vorletzten Schultag vor
Weihnachten noch eine Schularbeit zu schreiben hat.

Kindheitsgeschichte Wiederholung

Achte Klasse A

Vor Weihnachten teile ich ihnen Fragebogen aus zum
Thema Kindheitsgeschichte. Es geht mir dabei um die
selbstständige Erarbeitung der Menschlichkeit und
Göttlichkeit Jesu. Anhand einzelner Stellen im
Evangelium sollten sie herausarbeiten, wie Engel und
Menschen, wie z.b. der greise Simeon im Tempel das
kleine Kind in Marias oder Josephs Armen, als Heil der
Völker, als Messias, als Sohn des Höchsten erkannten.
Wir wiederholen und erinnern uns an die Bedeutung
dieser wenigen Passagen aus der Kindheit Jesu, die so
gar nicht angetan sind, romantische Gefühle zu wecken.
Schon der erste Auftritt des kleinen Jesus auf der Bühne
dieser Welt geschieht in dürftiger, in armer Umgebung.
Seine Eltern auf Reisen, gerade mit dem Notwendigsten
versorgt. In einer kleinen Höhle untergebracht, die zu
anderen Zeiten für die Tiere gebraucht wurde, erblickt
der Kleine das Licht dieser Welt und wird gleichzeitig
umstrahlt von einer anderen Wirklichkeit. Die Hirten,
die in der Nähe der Geburtsgrotte ihr Nachtlager
aufgeschlagen haben, sind die Ersten, denen es in
überwältigender Weise mitgeteilt wird. Als sie aber
aufbrechen, und das angekündigte Wunder sehen
wollen, erweist es sich als ein einfaches Kind, das sich
durch nichts unterscheidet von allen Kindern dieser
Welt. Es ist kein strahlender Held, der in Bethlehem
geboren wird, kein Herkules, der in seiner Wiege schon
Riesenschlangen tötet, kein Buddha, der aus der Hüfte

seiner Mutter entspringt, nein, nur ein ganz normales kleines Kind.

Wiederholungsfragen: Thema Weihnachtsevangelium

1) Was bedeutet die Tatsache, daß Jesus Christus nach seiner Geburt in eine Krippe gelegt wurde?

[handschriftliche Antwort, kaum lesbar]

2) Erkläre das Wort Hirt! (Bedeutung, Stellung der Hirten Ausbildung)

[handschriftliche Antwort, kaum lesbar]

3) Wieso werden Engel als Menschen dargestellt? Was bedeutet der Heiligenschein?

Heiligenschein → Licht, ~~Erleuchtung~~ Erleuchtung
Engel ... → Verbindung Gott – Mensch

4) Wie hieß der dritte König! (Interpretiere und erläutere diesen Satz und prüfe ihn auf seine Richtigkeit.)

[handschriftliche Antwort, kaum lesbar]

5) Wieso beschreibt der Evangelist Lukas die Geburtsstätte von Jesus Christus nur mit einem Satz?

[handschriftliche Antwort, kaum lesbar]

6) Wieso erschrak König Herodes, als die ...... bei ihm den neugeborenen König suchten?

Herodes fühlt sich bedroht, will seine Herrschaftsstellung nicht verlieren, fürchtet ...

7) Wer führet die .... zu Christus?

[handschriftliche Antwort, kaum lesbar]
Der Stern → vielleicht ein Hinweis für eine ...

8) Kamen die ....direkt zu Christus, als er noch in der Krippe lag? (Erkläre.)

[handschriftliche Antwort, kaum lesbar]

Die Weisen kamen, als Jesus etwa 2-3 Jahre alt war.
Sie betraten das Haus in dem Jesus lebt.
Die Krippe und der Stall sind nicht mehr aktuell

Ausgefüllter Fragebogen zum Thema Kindheitsgeschichte

135

Dieses Doppelprinzip, das sich durch unseren ganzen Glauben inhaltlich, wie ein roter Faden durchzieht und von logisch denkenden Menschen so schwer zu „begreifen" ist, beginnt also schon am Tag seiner Geburt oder besser, am Tag seiner ersten Lebensminute im Leib seiner Mutter. Und der logische und machtorientierte Mensch greift nach ihm zuallererst in der Gestalt von König Herodes, der durch einen Flächenmord den kleinen, gefährlichen Buben zu vernichten versucht. Noch bevor es soweit ist, erkennen die betenden Menschen, Simeon und Hanna, wer wirklich in dem kleinen Kind verborgen ist, das Maria und Joseph in den Tempel bringen.

Auch die Weisen aus dem Osten erfassen die geheimnisvollen Zusammenhänge zwischen Natur und Geist, zwischen dem Göttlichen in unserem menschlichen Dasein und seiner Gebundenheit an Natur und Erde. In Jesus begegnen sie der Inkarnation des Göttlichen in Menschengestalt und fallen vor dem Geheimnis in die Knie, weil sie IHN mit ihrem Herzen „erkannt" haben.

Mir persönlich sind die Sterndeuter aus dem Morgenland besonders ans Herz gewachsen, weil sie ihre Wissenschaft und ihre Erfahrungen so ernst genommen haben, um sich auf ein völlig unvorhersehbares Abenteuer einzulassen. Man stelle sich vor, dass sie durch unwegsames Gelände, durch Wüsten immer nur ihrer inneren oder äußeren Sternkonstellation folgten, sich nicht beirren ließen und schließlich bei einem König landen, den sie besser nicht kennengelernt hätten. Und dann, als sie Jesus endlich finden, war es ein ganz normales Kind, ein Kind einfacher Leute. Und dennoch „erkennen" sie seine Göttlichkeit.

Ihren Weg durch die Wüste bin ich manchmal selbst gegangen. Und oft war es nur der Stern einer unbestimmten Hoffnung, der mich weiterführte. Doch wenn wir fest daran glauben, uns nicht irre machen lassen, dann kann es geschehen, dass der Stern, der in der Nähe der reichen Hauptstadt, der hinter den Mauern des Luxus und des Reichtums unsichtbar, draußen, in der Ärmlichkeit der Vorstädte, dort, wo das Leben einfacher und schlichter verläuft, wieder erscheint.

Doch in der Klasse greifen meine Überlegungen nicht. Ich erzähle ihnen von den Magiern, ihren Aufgaben in der verlassenen alten Hauptstadt. Ich erzähle und versinke in meinen Schilderungen, wie es mir öfters passiert. Dann frage ich einfach hinein: *Sagt, mit wem wollt ihr euch eher identifizieren, mit den Sterndeutern, die so lange gesucht haben, bis sie Jesus gefunden haben oder mit den Hirten?* In meiner Überlegenheit als Lehrerin erwartete natürlich, dass sie eher mit den Sterndeutern wandern möchten – doch weit gefehlt.

„Wir, wir sind wie die Hirten!"

„Warum*?*"ich ganz verdattert ....

„Wir laufen ja auch überall hin, wo es etwas Neues und etwas zum Schauen gibt!" ....

Ja! So ist das im Lehreralltag. Wie weit weg, wie so ganz anders fühlen manchmal unsere jungen Freunde und... es ist gut so.

Vierte Klasse B

Bepackt mit den Unterrichtsunterlagen, um die Schulter ein Stoffsackerl mit Ausgaben des Neuen Testamentes, die ich immer mithabe, um den notorischen „Vergessern" entsprechende Arbeitsunterlagen zu verschaffen, bewege ich mich in Richtung vierte Klasse. Noch auf halbem Weg kommen mir schon Teile der Klasse entgegen – im Grunde sollten sie nach dem Läuten in der Klasse sein. Doch das ist mit ihnen nicht zu machen. Wenn der eine Lehrer sie in die Klasse „stampert", lugen sie im nächsten Augenblick schon wieder um die Ecke, kaum dass er ihnen den Rücken zukehrte. Und irgendwann wird man müde – ständig die gleichen Worte und Gesten zu gebrauchen, um so geringfüge Erfolge zu verbuchen, wie es bei den vierten Klassen in der Regel der Fall ist. Auch erledigt sich das Problem fast von selbst. Spätestens ab der sechsten Klasse bleiben sie in ihren Räumen und machen während der Pausen ihre Hausaufgaben, plaudern und wirken ungewöhnlich erwachsen.

Es sind immer andere Gestalten, die mir aus der Klasse entgegenkommen. Manchmal albern sie nur wie junge Hunde um mich herum, manchmal erfahre ich schon auf dem Weg, was sie angestellt haben. Heute scheint nichts Ernsthaftes vorzuliegen, und ich biege mit meinem Begleittrupp um die Ecke. Vor der Klasse, unter dem Gangfenster wo sie ihre Pause zubringen, erheben sich einige Mädchen und bewegen sich in Richtung Klassenzimmer. Ein rührender Anblick, wie sie so selbstvergessen und scheinbar völlig in Gedanken versunken, dahin schlurfen. Ihre Körpersprache allein könnte einen sensiblen Lehrer zum Rückzug bewegen, wenn, ja wenn ...

Im Klassenraum herrscht heute ein angenehmes Klima. Auch der Fußboden ist relativ sauber, trotz der fünf abgedienten Unterrichtsstunden. Ich brauche auch nicht lange zu warten, bis sie sich beruhigen und zum Beten bereit sind.

Als ich die mitgebrachten Arbeiten zum Thema Kindheitsgeschichte mit ihnen wiederholend durchgehe, zeigen sie mir wieder einmal, wie diszipliniert und gut sie arbeiten können. Wenn es einigermaßen harmonisch und ruhig zugeht, dann sind sie eifrig und auch für Geistiges ansprechbar und machen mir viel Freude. Dass es heuer viel seltener der Fall ist als im Vorjahr, geht wohl auf Rechnung des Erwachsenwerdens.

Sie schaffen es wirklich, die wesentlichen Inhalte aus den Texten herauszuarbeiten, und am Ende wird völlig klar, dass die Kindheitsgeschichte ein Plädoyer für den menschgewordenen Gottessohn ist. Alles was berichtet wird, bezieht sich auf die Sendung Jesu, seine Aufgabe unter den Menschen, während das private Leben der Hl. Familie völlig verhüllt bleibt.

Als ich am Ende der Stunde ihre Leistungen lobe und zu erklären versuche, worin ihre Arbeit so besonders war, schauen sie mich nur ungläubig und mit großen Augen an. Wahrscheinlich wundern sie sich, warum ich so euphorisch bin. Manchmal wird der unterschiedliche Standpunkt von Lehrern und Schülern überdeutlich sichtbar. Doch scheint mir wichtig, dass sie einen Plan spüren, dass sie vertrauen, dass wir als Lehrer wissen, warum wir sie mit Bausteinen des Wissens, die manchmal schwer zu bearbeiten sind, konfrontieren. Begeisterung für das eigene Fach, ein immer tieferes Eindringen in die Materie, die wir unterrichten, erweist sich dabei als wichtiger Schlüssel zu den Kinderherzen. Wenn wir unsere Kenntnisse, unser Wissen verinnerlicht haben, wenn wir „dranbleiben", dann können sich unsere jungen Freunde kaum entziehen. Sie werden fasziniert und mitgerissen ...

Meine Pfarrkirche

Dritte Klasse

Es ist schon ein echtes Kreuz mit dem praktischen Leben unserer Religion. Als „Aufgabe" über die Weihnachtsferien sollten meine Drittklassler eine paar Fragen ausfüllen, die sich mit dem Kirchenraum beschäftigten, den sie normalerweise besuchen; egal ob im Ferienort oder zu Hause. Wichtig war nur, dass sie den Schutzpatron der Kirche und einige Einzelheiten über den Bau, einige Details zur Einrichtung herausfanden. Im Ganzen umfasste das Blatt acht Fragen.

Als ich nun ihre Arbeiten absammeln will, sind von 18 Schülern nur drei in der Lage, einen zumindest teilweise ausgefüllten Zettel abzugeben. Die überwiegende Mehrheit der Klasse hatte darauf vergessen und auf meine Frage, ob sie während der Weihnachtszeit wenigstens einmal in der Kirche waren, hob nur etwas mehr als die Hälfte die Hand.

Manches Mal fällt es mir schon schwer weiterzutun. Dieses Gefühl der Sinnlosigkeit zu spüren, die Windmühlen vor sich zu sehen, wie sie sich ewig im Wind der Trägheit, des Konsums, der Undankbarkeit und Gottvergessenheit weiterdrehen und alles an sich ziehen. Wie soll ich ihnen das Geheimnis der Hl. Messe näherbringen, wenn sie jahrelang nicht mehr an einer Messfeier teilnahmen? Wie kann man die religiöse Gleichgültigkeit der Elterngeneration aufbrechen, die von der liturgischen Handlung ähnlichen Unterhaltungswert fordert wie von einer Vorabendserie.

Doch ist es nicht zu ändern, dass unsere Kleinen in dieser religiösen Gleichgültigkeit groß werden, die sie ohne Halt den Stürmen des Lebens aussetzt. Ich weiß mir keinen Rat, wie ich dieser Gleichgültigkeit begegnen kann. Wenn sie nicht glauben und spüren lernen, dass bei der Kommunion wirklich eine innere, spürbare Beziehung zu Gott, unserem großen Freund entsteht, bleibt alles, was ich ihnen erzähle, theoretisch und abstrakt.

Ich bin traurig und kann es kaum verbergen, doch ich kämpfe weiter, trotz allem. Abermals bitte ich sie, ihre Pfarrkirche zu besuchen, sie genauer anzuschauen. Wahrscheinlich werden sie es mir zuliebe tun oder zumindest ihre Mutter hinschicken. Das weiß ich. Ich sammle mich und lese ihnen die Legende vom Vierten König vor, die ich in meinen russischen Büchern gefunden habe. Es ist die Geschichte eines Mannes, der auf seinem Weg nach Bethlehem aus übergroßer Güte alles verschenkt, was er mit sich trägt und als entlassener Galeerensträfling unter dem Kreuz von Jesus an Erschöpfung stirbt. Es ist eine berührende Geschichte, und ich glaube, die Schüler waren dankbar, dass ich ihnen damit offensichtlich verziehen habe.

MORALISCHE ÜBERLEGUNGEN

5. Gebot: Du wirst nicht morden

Vierte Klasse

Dieses Gebot umfasst ein weites Feld. Schon der Begriff „morden"– impliziert Möglichkeiten der Interpretation, die sich von einem Menschen zum anderen deutlich unterscheiden können. Dazu kommen die soziokulturellen Gegebenheiten in den unterschiedlichen Regionen der Welt, die mit dem Sachverhalt der Tötung eines Menschen wesentlich anders umgehen als wir es in Zentraleuropa gewohnt sind.

Kriegsereignisse, die uns durch die Medien vermittelt werden, berühren uns kaum, weil uns dazu die spürbare Erfahrung fehlt. Wir erlebten kein Geknatter von Maschinengewehren in unmittelbarer Nähe, keine Detonation von Bomben. Wir haben noch kein Menschenblut auf den Straßen fließen sehen, keine zerfetzten und verstümmelte Menschenleiber erblickt. Auch fehlt uns jegliche Erinnerung an den Geruch von Rauch und Blut, von zerborstenen Ziegeln und verbranntem Plastik. Die Bilddokumente allein – ausgewählt und von schockierenden Einzelheiten gesäubert – vermitteln keinen wirklichen Eindruck des Kriegsgeschehens. Daher können wir dieses Thema nicht sinnvoll diskutieren. Dass es Kriege nicht geben soll, wer will dagegen aufstehen?

Das Thema Todesstrafe hat sich in unseren Tagen hoffentlich für immer erledigt, obwohl ich nicht sicher bin, dass nicht eines Tages eine entsprechende Führergestalt den Menschen weismachen wird, dass durch die abschreckende Wirkung der Todesstrafe jegliches Verbrechen verbannt werden könne. Doch erweist sich diese Ideologie schon so lange überholt, seit es die Todesstrafe gibt.

Das Thema „Sterben auf Verlangen", das in unseren Tagen immer wieder diskutiert wird, habe ich mit den Schülern bewusst nicht besprochen, weil ich denke – und ich kann mich auch irren – dass ein junger Mensch in der Hoffnung und Vorfreude auf sein langes zukünftiges Leben, noch keinen wirklichen Zugang zu diesem Thema entwickeln kann. Die Entscheidung im Hinblick auf diese Frage fällt selbst Experten schwer. Daher sollen meine Schüler nur informiert, aber nicht zur Diskussion aufgefordert werden.

Leiden, Verletzungen, Krisen etc. kennen meine jungen Leute sehr gut. Sie lernen, ja müssen lernen, damit umzugehen. Leiden provoziert im Augenblick des Geschehens emotionalen Widerstand. Wir vermeiden Leiden und Schwierigkeiten, wann und wo immer es geht. Um den Anteil der Krisen in unserem Leben möglichst gering zu halten, wird eine gewaltige Anstrengung unternommen, um uns mit allen Dingen, die das Leben scheinbar „einfacher" und „lebenswerter" machen, zu versorgen. Neben der materiellen Ausstattung mit nötigen und unnötigen Dingen wird eine alles umfassende Unterhaltungsindustrie entwickelt, die uns von einer kritischen Auseinandersetzung mit uns selbst wirksam ablenkt.

Kein Mensch denkt daran, dass Krisen zu unserem Leben gehören und uns wachsen lassen, egal ob wir es merken oder nicht. Das ist eine traurige Tatsache. Zum Nichtwahrnehmen von augenscheinlich unwiderlegbaren Sachverhalten – zum Sich-Hinwegsetzen über grundlegende menschliche Erfahrungen, gehört schon eine bewusst eingesetzte Blindheit, die heute unser soziokulturelles Umfeld prägt.

Doch Manipulation hin oder Manipulation her, letztlich hat man, so wie einer meiner Schüler bemerkte: *„aber alles im allem hat man immer die Wahl, sofern man es merkt/ oder nicht, dass man manipuliert wird."* (Schüler 16, J.)

Ein gegen mich gerichteter Vorwurf, dass ich mehr fragend als lehrend an die Kinder herangehe, trifft in vollem Umfang zu. Da es in meinem Fall nicht nur um Kenntnisse, sondern um das Handwerkszeug für eine Lebensbewältigung nach christlichen Grundsätzen geht, muss ich Methoden finden, diese zu vermitteln.

Daher frage ich mich immer wieder, wie ich das ehrliche Interesse der Schüler gewinnen könnte, ein Interesse, dass in ihrem jetzigen Leben wurzelt.

Bei Tötungsdelikten müssen wir immer davon ausgehen, dass nur der Stärkere den Schwächeren zu Tode bringen kann. Zweifellos eine Binsenweisheit, aber in Bezug auf das Thema Abtreibung, sehr virulent. Mitten in unserer aufgeklärten Gesellschaft, in unserem eigenen Land, wo Verhütungsmittel unterschiedlichster Art propagiert werden, erfolgen jährlich 20.000 bis 30.000 Abtreibungen. Anders ausgedrückt, werden pro Tag etwa 85 Föten aus dem Mutterleib künstlich entfernt. Zwei Drittel der Frauen sind bereits Mütter von Kindern. Diese Zahlen sind mehr als erschreckend, und man fragt sich, was aus den hochgelobten Verhütungsmitteln geworden ist? Warum versucht man die unerwünschte Schwangerschaft nicht zu verhüten? Welche Motive lassen sich hinter diesem Verhalten vermuten? Diese sind bis heute nahezu unbekannt, weil es keine Studien dazu gibt und keine Umfragen möglich sind. Damit wird offensichtlich, dass Abtreibung als Tabuthema gilt.

„Schwangerschaftsabbruch" – schon dieser Begriff suggeriert einen Sachlichkeitsanspruch, der dem keimenden Leben völlig inadäquat ist. Das erkennen auch meine SchülerInnen in der vierten Klasse, die ich mit dem Thema konfrontiere und bitte, ihre Gedanken dazu festzuhalten.

Oberflächlich betrachtet, lässt sich in den notierten Überlegungen zwischen Mädchen und Burschen kein

Unterschied feststellen. In beiden Gruppen plädiert man für Abtreibung im Falle von Vergewaltigung, wenn die Mutter zu jung ist oder die Gefahr besteht, dass das Kind schwerstbehindert sein wird. Wenn ein junges Mädchen noch keine abgeschlossene Ausbildung habe, wenn ihr Freund sie verlässt, wenn die Verhütungsmittel versagen und das junge Mädchen das Kind aus finanziellen Gründen nicht behalten kann, dann stimmen die Mädchen einer Abtreibung zu. Im Gegenzug argumentieren sie, dass Abtreibung, mag man es wenden, wie man will, dennoch Mord sei.

Bei den Burschen bekam das Thema „Behinderung" mehr Gewicht, weil man dem Kind und den Eltern dadurch großes Leid „ersparen könne". Von zwei Schüler wird dazu allerdings vermerkt, dass es auch für ein behindertes Kind eine Lebenschance geben müsste. Dass eine Abtreibung eine psychische Belastung für die Mutter darstelle, *weil sie ihr Gewissen anklagen werde*, darüber sind sich beide Gruppen einig.

Als Lösung schlagen sie mehrheitlich eine brauchbare Verhütung vor. Ein Mädchen dazu: *Ich würde nie abtreiben – meine Eltern würden mir sicher helfen.* Von den Burschen kommt auch der Vorschlag der Adoption, die bei jungen Mädchen als Lösung zwar angedacht – aber nicht unproblematisch sei – aber doch besser wäre als die Tötung des Kindes: *…, denn auch das Baby hätte ein Recht auf Leben.* (Schülerin, 14 Jahre)

Sex nur mit jemandem, mit dem man leben will! erscheint mir als eine Überlegung, die den Kern der Sache trifft; und nur von dem Gedanken übertroffen wird, *dass ein Menschenleben doch mehr wert sei, als Beruf und Karriere,* wie es ein Mädchen auf den Punkt bringt.

Sie haben es sich nicht leicht gemacht, meine SchülerInnen aus den vierten Klassen. Engbeschriebene Zettel sind auf meinen Schreibtisch geflattert. Das

Thema brennt. Es ist eng gekoppelt mit ihrer erwachenden erotischen und sexuellen Neugier. Obwohl es noch ziemlich theoretisch hergeht, erstaunt mich die Reife, mit der sie das Thema behandeln. Noch sind sie ungeübt im Relativieren und Vertuschen. Sie nennen Abtreibung noch Mord, was in der Oberstufe wohl nur von den radikalen Denkern ohne „Mädchenbeziehung" zu erwarten ist.

Bitte bleibt offen gegenüber euren Emotionen, meine Kleinen, die ihr noch Baby sagt, statt Fötus, und den Terminus „Schwangerschaftsabbruch" noch nicht verwenden könnt. Ich wünschte mir, dass ihr nicht zu träge werdet, euch durch Verhütungsmittel vor der schwierigen Situation zu retten, die eine ungewollte Schwangerschaft mit sich bringt. Versucht auch in der sexuellen Liebesbeziehung euren Verstand zu bewahren, um euch davor zu bewahren, was ihr jetzt noch Mord nennt.

6. Gebot: Du wirst nicht die Ehe brechen...

Siebente Klasse

Dieses Gebot umfasst in seiner Tiefe das Leben und den Schutz der nachfolgenden Generation. Die Kinder werden zwar noch immer von Mann und Frau gezeugt, in der modernen Gesellschaft wird die Fürsorge für die Kinder aber zugunsten der „Selbstverwirklichung" der beiden Ehepartner oft nachgereiht. Gewiss gibt es Beziehungen, die vielleicht schon von Beginn an zum Scheitern verurteilt sind. Doch sprechen die hohen Scheidungsziffern eine andere Sprache. In diesen Zahlen drückt sich meiner Ansicht nach, ein hohes Maß von Selbstbezogenheit aus, das Bestreben nach der eigenen Fasson zu leben und den anderen so umzumodeln, dass er die eigenen Bedürfnisse erfüllt. Da es oft auf beiden Seiten um dasselbe geht, und die Partner erwachsene

Menschen sind, muss diese Erziehungsabsicht naturgemäß scheitern.

Um dem Thema nahezukommen, übergab ich meinen
SchülerInnen in der siebenten Klasse einen Zettel mit
der Bitte, ihre Gedanken zum Thema Heiraten
aufzuschreiben.

Das wichtigste Motiv, das meine Schülerinnen in der
siebenten Klasse zum Heiraten bewegen könnte, ist ihr
Wunsch mit dem geliebten Partner für immer zusammen
zu bleiben: ... *heiraten, wenn ich dem anderen vertrauen
kann, wenn ich ihn liebe, wenn er es auch ernst meint,
wenn ich mich bei ihm geborgen fühle, Spaß haben kann
und alles andere auch passt.* (Schülerin, 16 J.)

Die Liebe zum anderen bleibt das bestimmende Motiv,
obwohl fast immer einschränkend dazugefügt wird, dass
man diesen „anderen" auch finden muss, was gewiss
nicht einfach sei. Doch wollen die Mädchen ihre
Verantwortung ernst nehmen, wenn sie sich eines Tages
zur Heirat entschließen sollten. Dazu gehört nicht nur
eine innige Liebe von beiden Seiten, sondern auch die
Akzeptanz des anderen in seiner Eigenständigkeit und
Freiheit.

*Für mich ist es nun mal so, dass, wenn ich mein
Treuegelübde abgebe, mich verpflichtet fühle, alles zu
tun, dass die Ehe hält. Wenn ich einmal heirate, dann
sollte mir das aber auch bewusst sein und es leicht für
mich sein, mich daran zu halten. Es kann in der Ehe
auch schlechte Zeiten geben, aber da muss man durch.
Echte Liebe bedeutet für mich, dass man alles schaffen
und überstehen kann.* (Schülerin, 17 J.)

*Ich verbinde mit „heiraten" tiefe, ungezwungene Liebe,
die über allem steht, die eigentlich niemand stoppen
kann. Die Ehe ist mehr als Beziehung, sie lässt das
Leben bzw. die Herzen zweier Menschen verschmelzen,
so dass sie füreinander leben.*

... Doch trotz der Verschmelzung miteinander, muss jeder Partner sein eigenes Leben mit den Dingen, die ihm persönlich wichtig sind, aufrechterhalten dürfen, ja mehr noch, jeder ist dem anderen gegenüber „verpflichtet", seine Werte, Anschauungen und Hobbies zu akzeptieren und ihn/sie in ihrem Tun und ihren Problemen zu unterstützen. (Schülerin, 16 J.)

Neben ihren zweifellos idealistischen Vorstellungen – und Gott sei Dank haben sie diese noch – sind die Mädchen aber sehr hellhörig, im Hinblick auf die sozialen Umstände, die heute zu den hohen Scheidungsziffern führen.

Ich glaube durch den generellen Freiheitsdrang der Gesellschaft wünscht man sich auch auf dieser Ebene Freiheit und Ungebundenheit, sozusagen ‚Ungebundenheit' in Gebundenheit, wodurch die Gebundenheit eine scheinbare wird. – Ich glaube das ist auch ein Problem in der heutigen Gesellschaft. Die Menschen möchten unabhängig bleiben und sich alle Optionen offenhalten!!! (Schülerin, 16 J.)

Meine männlichen Schüler denken ähnlich wie ihre Kolleginnen, doch mit größerem Vorbehalt. Ihnen ist Beruf und Karriere momentan wichtiger als eine lebenslange Partnerschaft. Doch wollen sie auch heiraten, aber erst viel, viel später, wenn sie sich ausgelebt haben. Das bedeutet, dass sie sich die Ungebundenheit als Option für die nächste Zukunft offenlassen – was irgendwie verständlich ist, aber doch auch voll dem Zeitgeist entspricht. Dennoch wird ebenso von den Burschen der Ernst des Treueversprechens erkannt und ihm auch zugestimmt.

Eigentlich ist das Heiratsversprechen doch etwas Schönes – auf ewig verheiratet sein, bis der Tod einander trennt. Aber sich darüber Gedanken zu machen ist als 17-Jähriger, glaub ich, noch zu früh. Doch habe ich wirklich vor einmal zu heiraten. Und sobald ich jemanden die ewige Treue und Zuneigung schwöre, möchte ich sie auch bis zu meinem Tode halten!!! (Schüler 16 J.)

Die Ehe bringt speziell im höheren Alter ein Gefühl der Sicherheit. Man lernt dadurch vermehrt füreinander zu sorgen und füreinander da zu sein. Es ist ein Pakt zweier Individuen, die sich entschieden haben, ihr Leben gemeinsam zu verbringen und füreinander zu sorgen

Die Ehe ist die Basis für das Kinderkriegen. Nur dann sind die Kinder relativ sicher, dass sie auch in einer funktionierenden Familie leben, was eine der wichtigsten Grundlagen des menschlichen Lebens ist. (Schüler 16 J.)

Danke Sebastian, dass du eines der wichtigsten Motive der Ehe auf Dauer angesprochen hast: das Wohl der Kinder. Erfahrungsgemäß ist in der Natur und im natürlichen menschlichen Leben alles mehr oder minder auf Harmonie ausgerichtet. Wird ein Element überdurchschnittlich begünstigt, dann gerät das ursprüngliche Gleichgewicht in Gefahr. Wenn also heute in den modernen Ehen und Familien die Selbstverwirklichung der beiden Partner im Vordergrund steht, dann sind die Kinder die Leidtragenden. In der Regel braucht es Geduld und wieder Geduld, und zwar von beiden Seiten, um im Ehealltag zu bestehen und wie es der HL. Pater Pio[14] immer wieder betont, das Gebet.

---

[14] Pater PIO (1887/1968) lebte als Mönch im Kapuzinerkloster in San Giovanni Rotondo - Italien. 1918 erschienen auf seinem Körper plötzlich die fünf Wundmale Christi, die ihn zum ersten stigmatisierten Priester in der Geschichte der katholischen Kirche machten, und die bis zu seinem Tod sichtbar blieben. Er wurde als Beichtvater zum "Apostel des Beichtstuhls". Seine prophetische Gabe und Heilungen, die auf seine Fürbitte hin erfolgten und seine gleichzeitige Anwesenheit an zwei verschiedenen Orten, bestätigten ihn als wohl größten Mystikern des 20. Jahrhunderts, der sich der aktuellen Nöte der modernen Menschen in Wort und Schrift immer wieder annahm.

Eine Familie die miteinander beten kann, steht unter dem besonderen Schutz Gottes und wird trotz Schwierigkeiten zusammenbleiben.

In einer Gesellschaft, in der diese Eigenschaft durch „alles sofort und um jeden Preis" ersetzt wird, müssen die Schwächsten den Preis zahlen, und das sind die Kinder. Dass familiäre Geborgenheit nicht durch materielle Dinge ausgeglichen werden kann, hat sich bereits herumgesprochen; man hat sich schon irgendwie an den Gedanken gewöhnt. Aber handeln danach, wirkliches Verzichten, um das Wohl der Kinder willen, das scheint wohl zu viel verlangt. Also einfach weiter im alten Trott, oder doch nicht, meine jungen Freunde?

8. Gebot: Du wirst kein falsches Zeugnis ablegen...

Siebente Klasse

Die Problematik der Themen, die mit dem Gebot: „Du sollst kein falsches Zeugnis geben!" zusammenhängen, wird von den SchülerInnen der siebenten Klassen sehr gut erkannt, und zwar von allen. Die Begriffe Schwindeln, Lüge, Manipulation, Verleugnung und Verleumdung ordnen sie nach dem Grad der Schwere in eben diese Reihe. Allerdings muss die Frage offenbleiben, inwieweit die Manipulation nicht einen Grad erreichen kann, der die negativen Wirkungen der Verleumdung nahezu erreicht.

In den Reflexionen der Schüler tauchen dazu unterschiedliche Muster auf. Beim Thema Schwindeln beziehen sie sich sofort auf dessen Harmlosigkeit und Verzeihbarkeit und dass es eigentlich zum Alltag gehört. Man schwindle bei Schularbeiten und manchmal, weil man angeben und besser dastehen wolle. Auch diene das Schwindeln manchmal dazu, um sich oder andere zu schützen. Dennoch bedeute Schwindeln eine Vortäuschung von Tatsachen und sei daher moralisch nicht korrekt. Zu dieser feinen Differenzierung gelangen nur zwei meiner Schüler, d.h. dass sie sich von ihrer vordergründigen Selbstbeschwichtigung lösen und auch das Schwindeln sachlich betrachten können.

Während die Schüler das Schwindeln gleichsam mit „leichter Hand" behandeln, wird das Lügen ernster analysiert. Als wichtigste Erfahrung erweist sich zunächst, dass Lügen nicht wirklich helfen, weil die Wahrheit doch meistens ans Licht kommt. Manchmal seien aber Notlügen unvermeidlich. Die Folgen von entdeckten Lügen seien manchmal sehr bedenklich, weil sie das Vertrauen zwischen Menschen schwer beschädigen können. Die Angst vor den Konsequenzen, wenn man Fehler macht, sowie mangelndes Selbstwertgefühl, diagnostizieren sie als häufigsten Grund ihrer eigenen Lügen. *Manchmal müsste man auch lügen, um jemanden anderen zu schützen.* (Schülerin, 16 J.)

Mit Manipulation verbinden die Schüler das Durchsetzen eigener Interessen bei einem anderen, und zwar unter Druck. Manipulation geschehe immer absichtlich, indem man z.b. eine höhere Stellung ausnützt oder nur die positiven Seiten einer Sache darstellt, wie es in der Werbung geschieht. Auch könne man den anderen so lange verunsichern, bis er an seiner eigenen Meinung zu zweifeln beginnt. Insgesamt sei absichtliche Manipulation zu verurteilen und als wirklich schlechte Handlung zu werten. Völlig anders erlebt man die Manipulation, die bei Liebespaaren oft vorkommt: ... *in der Liebe kann jeder noch so realistisch denken – man lässt sich gerne manipulieren – man macht Blödsinn. – Aber alles in allem hat man immer die Wahl – sofern man es merkt/oder nicht.* (Schüler, 16 J.)

Das Thema Verleugnung ist rasch abgehandelt: *In der Liebe und bei Freunden ist es unerträglich – wenn jemand nicht hinter dir steht.* Die meisten Schüler haben schon Erfahrung damit. Warum es immer wieder geschieht? Darüber haben sie sich auch schon Gedanken gemacht und meinen, dass es das Selbstbewusstsein ist, an dem es den Freunden mangelt, um auch in schwierigen Situationen zu uns zu stehen. Einige meiner Schüler sind schon gut unterwegs, wenn es um psychologische Dinge geht...

Die Verleumdung erscheint den SchülerInnen als die schlimmste Verletzung im Sinne des achten Gebotes (*„Du sollst kein falsches Zeugnis geben wider deinen Nächsten!"* Ex10,16), die auch nicht mehr rückgängig gemacht werden kann. Wenn man abträgliche Gerüchte verbreitet, die nicht stimmen, dann kann daraus sehr viel Leid entstehen. *Es sei die schlimmste Form, um einen Menschen zu demütigen; kann dem Betroffenen schwer zu schaffen machen; kann zu schwerer Verletzung führen; kann das Leben eines Menschen ruinieren; ja, kann bei bestimmten Menschen bis zum Selbstmord führen.* (Schülerin, 16 J.)

Man sieht, dass sie bei Verleumdungen sehr drastische Folgen vorhersehen, d.h., dass die SchülerInnen, von einer bewussten, absichtlichen und groben Schädigung eines anderen ausgehen.

Sachlich werden die Themen sehr breit abgehandelt, und ich könnte zufrieden sein. Mir geht es aber um mehr. Ich möchte ihre Bereitschaft zur inneren Wahrhaftigkeit stärken. Sie sollen sich fragen lernen, ob sie sich nicht selbst belügen: Ob sie in schwierigen Situationen die Schuld immer beim anderen suchen oder bereit sind, auch sich selbst zu hinterfragen. Sie sollen lernen, die bequeme Lösung zu verwerfen und den schwierigen Weg der Selbstdisziplin zu gehen. Um die SchülerInnen auf diesen Weg zu führen, braucht es aber nicht nur ein paar Stunden, sondern ein ständiges Üben, das ich all die Jahre für mich als Unterrichtsziel definierte.

Ähnliches gilt für den anerkannten Volkssport, über andere herzuziehen und kein gutes Haar an ihnen zu

152

lassen. Obwohl ich als Grundmotiv für dieses Verhalten ein mangelndes Selbstwertgefühl gelten lassen kann, wäre es doch wichtig zu fragen, ob es wirklich notwendig ist, mich durch Kritik an den wirklichen oder vermeintlichen Schwächen und Fehler der anderen selbst zu erhöhen. Dazu kommt, dass negatives Gerede über eine Person meinen Gesprächspartner auch negativ beeinflusst. Das kann ich gar nicht verhindern, weil ich ja besser dastehen will auf Kosten der kritisierten Person. Diese ewigen Tratschereien gehören zum achten Gebot – ohne Zweifel. Doch nützt es wenig, wenn man das Thema einmal erarbeitet, daher gilt auch in diesem Fall nur üben, üben, üben. Doch ich lasse nicht locker – immer wieder bringe ich das Gespräch auf die Liebe, die notwendig ist, um die Fehler der anderen zu entschuldigen – so wie ich selbst auch gern vor übler Nachrede geschützt sein will. Ob es langfristig nützt? Ich hoffe es. Ich kann sie nur bitten, immer wieder innezuhalten, bevor etwas Abwertendes über ihre Lippen kommt. Ganz werden wir das wohl kaum schaffen, aber hin und wieder die Zunge im Zaum zu halten, das wäre schon ein Beginn, um diesem wertvollen Ziel nahezukommen.

VORBEREITUNG AUF OSTERN

Fastenzeit

Um dieses Thema den Schülern und Schülerinnen nahe zu bringen, überlege ich jedes Jahr neu, wie ich beginnen soll. Welche Impulse ich setzen könnte, um eine sinnvolle Diskussion einzuleiten. In den Unterstufen ist es einfacher. Hier genügt es, den Übersichtsplan vom Kirchenjahr herauszuholen und die formalen Details der Fastenzeit zu besprechen und einzutragen. Das Gespräch ergibt sich dabei von selbst. So murmelt der eine oder andere Wichtigtuer vor sich hin, worauf er

NICHT verzichten könnte. Ein Mädchen meint dazu, dass ihr Vater in der Fastenzeit aufs Rauchen verzichte und dadurch unleidlich werde. Eine andere schließt sich an und meint, dass das Fasten der Eltern für die übrige Familie zu einer harten Prüfung werden kann. Alles in allem verdichtet sich die Diskussion nicht selten zu einer PR-Stunde für das „Nichtfasten". Denn eines haben meine Kleinen schon erkannt, dass Fasten und ein liebevoller Umgang mit den Anderen unbedingt zusammengehören.

Nach Ausflügen in die Erzählungen der Bibel, wo immer wieder vom Fasten die Rede ist, landen wir wieder bei uns selbst. Überlegungen werden laut, worauf man noch am ehesten verzichten könne. Fazit, vielleicht ein oder ein paar Mal, aber nie sechs Wochen lang! Schließlich einigen wir uns darauf, dass wir versuchen wollen, im Augenblick bewusst auf etwas zu verzichten – sprich: Die Automatik des Zugreifens auf Leckereien, das automatische Einschalten des Fernsehapparates, der Spielkonsole ... einmal, bzw. heute, zu unterbrechen. Auch wollen wir uns überhaupt anschauen, ob wir selbst es sind, die essen und trinken, sich amüsieren und spielen wollen oder unsere Gewohnheiten. Dem letzten Satz ging naturgemäß eine lange und intensive Auseinandersetzung mit dem Thema voraus. Doch ich bin glücklich, weil sie zumindest heute und jetzt einsehen lernen, wie sehr sie von ihren Gewohnheiten abhängig sind.

Auch bin ich sicher, dass sie eifrig auf jene Dinge verzichten werden, die ihnen ohnehin nicht sehr wichtig sind. Dennoch will ich nicht müde werden, sie immer wieder zu fragen, welche Fastenübung sie sich vorgenommen haben und ob sie erfolgreich waren. Allein, dass ich an ihren Fortschritten interessiert bin, wird einige motivieren, daran zu denken, und das ist gut so.

In den Oberstufen begegnet mir nicht selten eine müde frustrierte Abwehrhaltung, wenn ich das Thema anschneide. Manche Mädchen haben Fastenerfahrung, weil sie schlanker sein wollen. Auch gibt es einige, die während der ganzen Fastenzeit auf Süßigkeiten oder Alkohol verzichten, einfach so, weil sie sich selber prüfen wollen.

Ich bemühe mich heuer das Thema „Unersättlichkeit – immer mehr und immer mehr" in den Mittelpunkt der Fastendiskussion zu stellen und die ganze Umweltproblematik an der Ungenügsamkeit des Menschen festzumachen. Ich weiß natürlich, dass die Schüler meiner achten Klassen äußerst geschickt sind im Argumentieren, dass sie verbal alle Möglichkeiten ausloten können, die ein wirksamer Umweltschutz verlangt. Aber ich weiß auch, dass kaum eine/r von ihnen daran denkt, im alltäglichen Leben so zu reagieren, dass z.b. Energie nicht sinnlos verbraucht werde. Schon allein das Darandenken kostet Energie – und sich zusätzlich anzustrengen, eine disziplinierte Haltung einzuüben – das sei fern von uns. Wolfgang packt das Gespräch zusammen und meint dazu, dass es immer das gleiche sei: reden, reden, reden – aber nichts tun. Das gilt für die Politik, die Industrie, den Flugverkehr und jeden Autofahrer – alle sind sich einig, dass etwas geschehen müsste, aber niemand will damit anfangen.

Dazu kommt, dass alle Mühe des Einzelnen nutzlos scheint. Daher lautet die Losung, wenn die anderen nichts tun, dann nützt es auch nichts, wenn ich mich für Umweltschutz einsetze. Damit bleibt alles beim Alten, und wir steuern weiter auf die Katastrophe zu – spätestens dann werden alle klagen – „*hätt i, tät i, warat i,* ..."

Fasten ist eine Übung, die weit in die Vergangenheit zurückreicht. Im Grunde kennen alle Religionen Zeiten des Fastens, um den Körper zu erziehen, ihn frei zu machen von der Trägheit, die aus Sattheit entsteht.

155

Diese Freiheit sollte Raum für geistige Erfahrungen schaffen, die in der Schlaffheit unseres normalen Lebens untergehen oder – wie es bei Jesus, bei Paulus und bei Franziskus der Fall war, auf eine große Aufgabe vorbereiten.

Diese Gründe nehmen meine Großen zwar zur Kenntnis, aber nur als historisches Faktum, das mit ihnen nichts zu tun hat. Damit könnte ich als Lehrerin eigentlich zufrieden sein. Doch die „Relilehrerin" in mir will mehr. Ich möchte, dass sie diese vierzig Tage als Vorbereitung für Ostern begreifen. Ich möchte, dass sie verstehen, dass Jesus in dieser Zeit, kurz vor seinem schrecklichen Martertod, auf uns, als BegleiterInnen, rechnen kann. Ich möchte, dass unser Fasten, unsere Disziplin ausgerichtet ist auf ein Mittragen seiner Angst, seiner Opferbereitschaft und seines furchtbaren Sterbens. Wir sollen erkennen, dass wir aus Liebe zu unserem gekreuzigten Gott unser bequemes Leben ein wenig einschränken könnten. Auch sollten wir aufhören zu fragen, „*Was bringt es mir, wenn ich faste?*", sondern uns einüben in die Verantwortung für die Anderen, was uns durch unser Fasten leichter gelingt.

Karwoche

Zweite Klasse

Wir lesen gemeinsam einen einfachen Kinder-Kreuzweg und wiederholen anschließend die einzelnen Stationen des Kreuzweges Jesu. Ich notiere die Stationen an der Tafel und gebe jedem Kind ein quadratisches Stück Packpapier. Dann lasse ich sie auswählen, welche der Stationen sie zeichnen wollen. Ich vertraue auf ihre Vorkenntnisse aus der Volksschule und hoffe auf Zeichnungen, wie man sie in der pädagogischen Fachliteratur immer wieder zu sehen bekommt. Doch die Ergebnisse aus meinen Klassen ähneln diesen

Vorbildern nur sehr entfernt. Aber die Kleinen malen eifrig und hingebungsvoll, und das ist das Wichtigste. Schließlich sind sie am Ende der Stunde mit ihren Arbeiten halbwegs zur Rande gekommen und versprechen mir, die Zeichnungen zu Hause fertig zu machen. Da ich aber auf leidvolle Erfahrungen mit „dem zu Hause fertig machen" zurückblicke, sammle ich die Werke meiner Kleinen ab, um sie nächste Stunde das „begonnene Werk vollenden zu lassen". Das Ergebnis reicht von sehr einfühlsamer bis surrealistischer Wiedergabe der einzelnen Szenen. Doch das macht nichts. Schließlich klebe ich die Einzelwerke zu einem Bildteppich zusammen und befestige diesen an der Seitenwand der Klasse. Mit der Wurstsemmel in der Hand stehen sie in der anschließenden Pause vor ihren Werken und sind sichtlich erbaut von ihren zeichnerischen Schöpfungen. Leider oder Gott sei Dank gab es damals noch kein allgegenwärtiges fototaugliches Handy, um diese Szene festzuhalten. Doch sind einige dieser Zeichnungen erhalten geblieben und sollen im Folgenden vorgestellt werden.

Entwürfe der Schüler der ersten Klasse zum Thema Kreuzweg

Kreuztragen

Dritte Klasse

In den Tafeldiskussionen versuche ich die ganze Klasse in schwierige Fragestellungen hereinzuholen. Gewöhnlich notiere ich das Thema in die Mitte der Tafel und bitte die Schüler, die damit etwas anfangen können, ihre Gedanken an die Tafel zu schreiben. Diese Methode bewährt sich vor allem bei Themen, mit denen sich die Kinder nicht unmittelbar identifizieren können. Das

Thema „Kreuztragen" ist zweifellos ein solches Thema. Dennoch erarbeiten sie eine Reihe von Inhalten, die erstaunlich gut den Begriff erläutern. In der folgenden Grafik finden sich einige Begriffe wieder, die sie mir unmittelbar aus ihrem Gedächtnis lieferten:

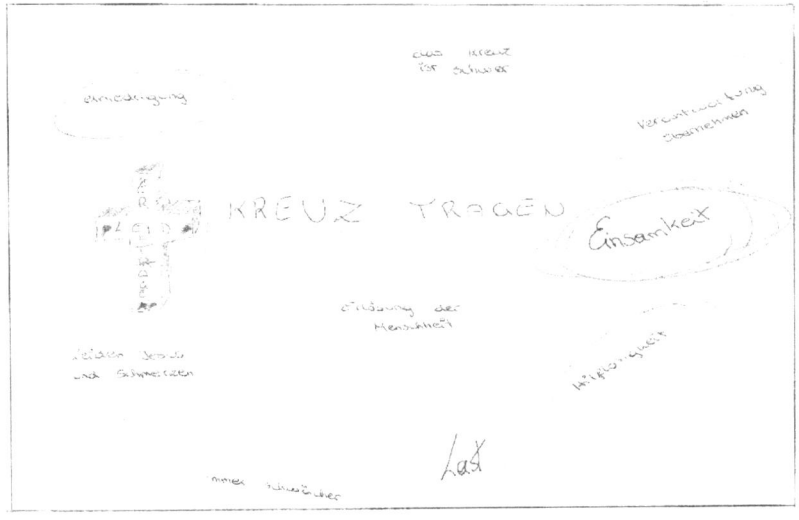

Assoziationen der Schüler zum Kreuztragen

Um das Thema „Kreuztragen" zu vertiefen, bete ich jedes Jahr in der Mittel- und Oberstufe den Text des Kreuzweges aus dem Gotteslob. Dieser Text korrespondiert mit den Kreuzwegstationen, die in allen katholischen Kirchen zu finden sind. Damit eröffnet sich eine gute Gelegenheit, den Inhalt des Unterrichts mit dem Leben in der Pfarre zu verknüpfen, was ohnehin nur ganz selten möglich ist. Da sie gewohnt sind, meine Wünsche zumindest hin und wieder zu respektieren – weil sie mich gernhaben und mich nicht enttäuschen wollen – beten sie ohne Murren die Stationen des Kreuzweges mit.

Vielleicht wäre hier wieder ein Einschub angebracht, der sich mit dem Grundanliegen jeder Religion beschäftigt, dem Gebet. *„Was in der Philosophie das Denken leistet –*

das bedeutet das Gebet für die Religion!" Mit dem Werkzeug des Gebetes können wir alle menschlichen Probleme große, wie kleine, lösen. Wir können unsere Anliegen vor Gott hintragen und sicher sein, dass jede vernünftige Bitte erfüllt wird. Dem, der ehrlich darum bittet, werden die Hindernisse aus dem Weg geräumt. Bei Gott ist alles sicher. Jede Anstrengung bekommt ihren Lohn. Alles wird zum Guten geführt, Gesundheit, Krankheit, Armut, Reichtum. Letztlich kann der gläubige Mensch aus allem, egal ob etwas gut oder böse zu sein scheint, etwas für sein Leben gewinnen. Wir müssten nur darauf vertrauen und mit dem Gebet ernst machen.

Das Thema „Gebet" ist für die Schüler während ihrer Unterrichtsjahre gleichsam immer präsent. Ich bete mit ihnen vor jeder Unterrichtsstunde und beziehe mich auch im Unterricht immer wieder auf das Gebet, das unsere Beziehung zu Gott trägt und hält. Wenn sie mir ihre Probleme und Sorgen erzählen, dann verspreche ich ihnen für sie zu beten, sie einem Heiligen besonders zu empfehlen – einfach so. Und vielleicht spüren sie manchmal die Gegenwart Gottes, die sie tröstet und einhüllt in eine Geborgenheit, die mehr kann als meine kleine Gegenwart.

Passionsgeschichten

Bei der Vorbereitung auf die Karwoche vertraue ich voll und ganz auf den Text der Hl. Schrift. In der ersten Klasse lesen wir das Markusevangelium, das mit klaren und festen Strichen die Ereignisse umreißt. Dann kommt Lukas. In der dritten Klasse lesen wir den Matthäustext und in der vierten, wenn es irgendwie geht, die Leidensgeschichte nach Johannes. Zur Interpretation und Vertiefung der Texte gibt es viele pädagogische Wege, die ich über die Jahre immer wieder zu gehen versuche.

Doch letztendlich hängt die Wahrnehmung des Geschehens davon ab, ob die Schüler bereit sind, das Leid und den unbegreiflichen Einsatz von Jesus auf sich wirken zu lassen oder nicht.

Ich fragte mich oft, ob man von einem Klassenraum, in dem jegliche Atmosphäre fehlt, um sich emotional und vertrauensvoll auf so schwierige Inhalte einzulassen, es überhaupt Sinn macht, die Leidensgeschichte unmittelbar an die Schüler heranzutragen.

Doch überraschenderweise gelingt es den Texten von sich aus, die jungen Leute in ihren Bann zu ziehen. Sie üben einen geheimnisvollen Sog aus, dem sich die SchülerInnen kaum entziehen können, egal, ob sie kirchlich sozialisiert sind oder nicht. Ob diese Gnadenmomente dann auf fruchtbaren Boden fallen? Das steht auf einem anderen Blatt...

Wenn man das Gewicht der Texte im Neuen Testament genauer betrachtet, dann fällt auf, dass über das Leiden Jesu und sein Sterben wesentlich genauer berichtet wird als über alle anderen Ereignisse seines Lebens. Überhaupt sind die Evangelisten zu unserem Leidwesen sehr sparsam mit biographischen Details. Das liegt vor allem daran, dass die Evangelien, ihrer Natur nach, die christliche Religion begründen sollen. Im Mittelpunkt der überlieferten Texte stehen daher Jesu Predigten und die Ereignisse mit zeichenhaftem Charakter (Wunder), die über seine göttliche Herkunft belehren. Dadurch wird der „historische Jesus"[15] in den Mantel der Deutung gehüllt und seine Gestalt der unmittelbaren Begegnung entzogen.

---

[15] *Historischer Jesus* ist ein *terminus technicus* in der Literatur, wenn es darum geht, reale Lebenssituationen des Menschen Jesus zu beschreiben und zwar auf der Basis des Neuen Testamentes.

Nur der Apostel Johannes erzählt einige Begebenheiten, an die er sich noch als alter Mann erinnert, ziemlich genau. Man erinnere sich nur an die Erzählung von der Hochzeit zu Kanaan. Ich denke, dass er sich noch als alter Mann an den Geschmack des Weines zurückerinnern kann, den er damals zu trinken bekam: Der Geschmack eines Weines, der wohl aus himmlischen Trauben gekeltert war.

Bei der Erarbeitung der Passionsgeschichten kann ich auf ein Vorwissen aufbauen, das von der Kinderbibel und dem Volksschulunterricht vermittelt wurde. Zwar gibt es große Unterschiede zwischen den Klassen, aber die wesentlichen Ereignisse sind ihnen geläufig. Von ihren Fragen ausgehend, die sich manchmal auf halbvergessene Details oder filmische Umsetzungen beziehen, erkläre ich ihnen die Ereignisse und versuche, sie ein wenig in das geheimnisvolle Geschehen auf Golgotha zu führen.

Künstlerische Passionsdarstellungen

Da es eine Fülle von künstlerischen Darstellungen gibt, in denen die Passion Jesu thematisiert wird, kann ich jedes Jahr neue Bilder auswählen, womit wir uns gedanklich und meditativ befassen. Und es ist immer wieder eine große Freude für mich, wenn die Schüler an Bilddetails hängen bleiben und ihre Eindrücke in Worte zu fassen versuchen.

Lorscher Sakramentar 11.Jh. Darstellung mit Sonne und Meer

Bei gotischen Kreuzesdarstellungen vermissen die Schüler zumeist die realistische Form der Darstellung. Um dieses Bild zu „verstehen", müssen sie erst die Symbolsprache der Farben, die abgebildeten Gesten verstehen lernen und sich einlassen auf deren Bedeutung. Was die Abbildung der Sonne und des Mondes auf dem Kreuzigungsbild zu suchen hat, das können sie bald erklären, zumindest der eine und die andere.

Der sogenannte *Isenheimer Altar* von Mathias Grüne-wald fordert den Betrachter heraus. Es ist eines der tiefsten und ausdruckstärksten Gemälde der europäischen Kunst. Ursprünglich für eine Krankenhaus-Kapelle gemalt, versuchte der Maler, das Leiden Jesu besonders eindrücklich darzustellen.

Mathis Gothart Grünewald: Kreuzigung (Isenheimer Altar 1515)

Jesus ist schon tot. An seinem Leib, der unnatürlich verrenkt wirkt, ist alles dramatisch überformt. Die Farbe der Haut, die Wunden der Geißelung, in denen noch Dornen stecken, die überdimensionierte Dornenkrone, die nach oben geöffneten, verkrampften Hände, die verkrüppelt wirkenden Beine und Füße. Alle Details wirken überzeichnet und vermitteln überwältigenden Schmerz und Leid. Ergänzt wird die Szene durch die weißgekleidete Muttergottes, die ihn Ohnmacht fällt und von Johannes gehalten wird, weil sie den Schmerz um den Tod ihres Sohnes nicht mehr erträgt, während Maria von Magdala ihre Hände zum Himmel ringt. Rechts steht als symbolische Gestalt, Johannes der Täufer, zu seinen Füßen ein Lamm, aus dessen Hals Blut in einen Kelch rinnt. Die ganze Szene wird umrahmt von einem düster dunklen Hintergrund.

Diese Darstellung gefällt den Schülern nicht – die symbolische Überzeichnung steht in zu krassem Widerspruch zu ihren Sehgewohnheiten. Vor allem stört sie die „unnatürliche" Hautfarbe des toten Körpers von Jesus. Dazu kommen die verrenkten Glieder und der furchtbare Ausdruck des offenen Mundes. Diese Details sind schrecklich anzuschauen und verstörend, obwohl gerade dieses Gemälde dem Ereignis der Kreuzigung sehr nahekommt. Die völlige Hingabe des göttlichen Menschensohnes an seine Aufgabe, die alles Leid, allen Schmerz und den Tod jedes Menschen in seinem furchtbaren Sterben umfängt.

Diese Botschaft wird überdeutlich auf diesem Altarbild sichtbar. In seinem toten Antlitz spiegeln sich alle Gesichter der Menschen, die gewaltsam ihr Leben lassen mussten. In seinem verrenkten Leib finden sich alle Menschen wieder, die durch Krankheit und Leiden ihre körperliche Harmonie verloren haben. Er, der aus der Herrlichkeit seines göttlichen Daseins zu uns herabgestiegen ist, sammelt in der Stunde seines Leidens und seines Sterbens alle Menschen in seiner Göttlichen Seele, um sie aus der Macht der Finsternis zu retten. Sein geschundener Leib, den Grünewald uns so überdeutlich vor Augen führt, wird zum Garanten seines

Versprechens, dass er die Macht der Finsternis und des Todes tatsächlich vernichten konnte[16].

Diese Überlegungen kann ich nur stückweise und in angemessenen verständlichen Worten den Schülern weitergeben. Manche verstehen, andere nicht. Doch das macht nichts. Vieles, was sie im Unterricht nur so halb mitbekommen, wird vielleicht später wieder auftauchen. Wichtig ist mir nur, dass sie in dem Chor der materialistisch konsumorientierten Stimmen auch noch eine christliche Stimme hören, eine Stimme, die von einer anderen Wirklichkeit ausgeht, die Leid und Schmerz, Krankheit und Tod überwindet. Aller innerirdischen Angst begegnet Jesus Christus mit dem tröstlichen Wort, das für uns alle gilt: *In der Welt seid ihr in Bedrängnis; aber habt Mut: Ich habe die Welt besiegt.* (Joh16,33)

---

[16] Joh 12,3-32 Jetzt wird Gericht gehalten über diese Welt; jetzt wird der Herrscher dieser Welt hinausgeworfen werden. Und ich, wenn ich über die Erde erhöht bin, werde alle zu mir ziehen.

Diego Velázquez: Kreuzigung 1632

Der oben abgebildete gekreuzigten Heiland von Velasquez ist eines meiner liebsten Bilder. Jesus ist auf diesem Gemälde nahezu in Lebensgröße abgebildet. Sein Körper, gestaltet nach dem antiken Kanon von männlicher Schönheit, trägt keine Geißelwunden und ist nahezu unverletzt. Umso eindrucksvoller wirken die blutenden Wunden an Händen und Füßen. Die eigentliche Kraft der Darstellung, die den Betrachter in ihren Bann zieht und kaum mehr loslässt, geht aber von seinem Haupt aus. In dem geneigten Haupt hat Velasquez sein inneres Erleben in einer überwältigenden Geste zum Ausdruck gebracht. Es sind nur einige Details: eine dünne Dornenkrone, über die dunklen langen Haare gelegt, das nach unten gerichtete Antlitz, das nur zur Hälfte sichtbar ist, während die andere Hälfte von den blutverklebten Haaren verdeckt wird. Und diese nach unten hängenden blutverklebten Haare sind es, die seinen Tod und sein Ausgeliefertsein in sparsamster Weise zum Ausdruck bringen, aber der Schönheit des göttlichen Antlitzes nichts anhaben können.

Ich stelle die beiden Meisterwerke gegenüber, weil sie mir als äußerste Eckpunkte einer Gestaltung erscheinen, die immer wieder versucht wurde, um dem Phänomen des gekreuzigten Menschensohnes nahe zu kommen.

Wie bereits erwähnt, habe ich über die Jahre die unterschiedlichsten künstlerischen Deutungen der Passionsgeschichte an die Schüler herangetragen. Ich habe Reihen von Dias gesammelt, die jetzt im Keller irgendwo vergammeln. Es war mehr als mühsam, mit dem Diaprojektor an den ursprünglich weißen, durch Fußabdrücke oder Reste von Apfelschlachten etc. verdreckten Klassenwänden meine Dias zu projizieren. Auch fehlten weitgehend Verdunkelungsmöglichkeiten, weil die Jalousien entweder klemmten oder nur halb zu schließen oder die blickdichten Vorhänge zerfetzt waren. Dies alles klingt vielleicht übertrieben, aber es war wirklich so. Nur wenige Klassen eigneten sich für eine sinnvolle Projektion. Doch ich gab nicht auf, sondern versuchte mit meinen Schülern in jene Klassenräume zu übersiedeln, wo die Verdunkelung noch möglich war.

Abgeschnitten von der Möglichkeit, sich mit dem eigenen Bankfach zu beschäftigen, blieben die Jugendlichen vor den Bildern sitzen und sinnierten und träumten in den fremden Räumen vor sich hin. Doch manchmal begannen sie auch von sich aus über die gezeigten Bilder zu diskutieren, weil sie, emotional gepackt, darüber sprechen wollten. Das waren dann Sternstunden meines Unterrichts, weil ich merkte, dass vieles, was ich ihnen im Laufe der Zeit zu vermitteln suchte, doch Wurzeln geschlagen hatte.

OSTERN - AUFERSTEHUNG DES HERRN

Am Thema Auferstehung zerschellt unser menschlicher Verstand gnadenlos. Schon die Apostel, die dem auferstandenen Herrn wirklich begegnet sind, hatten massive Schwierigkeiten, zu akzeptieren. Das wissen wir bestimmt, weil Christus, als Auferstandener, sie immer wieder zu überzeugen versuchte. Denken wir nur an Thomas (Joh20,24-29) oder die Begegnungen am See Genezareth (Joh21), wo der Auferstandene mit den Jüngern gemeinsam isst und trinkt. Er ließ nichts unversucht, um die Jünger zu überzeugen – und schließlich auch uns, die wir auf das Zeugnis der Jünger angewiesen sind.

Dennoch steht und fällt unser christlicher Glaube mit der Auferstehung Jesu. Im ersten Brief an die Korinther erläutert Paulus dazu: *Wenn wir unsere Hoffnung nur in diesem Leben auf Christus gesetzt haben, sind wir erbärmlicher daran als alle Menschen. Nun aber i s t Christus von den Toten auferweckt worden als der Erste der Entschlafenen. Da nämlich durch e i n e n Menschen der Tod gekommen ist, kommt durch e i n e n Menschen* auch die Auferstehung von den Toten. Denn wie in Adam alle sterben, so werden in Christus alle lebendig gemacht werden.

Es gibt aber eine bestimmte Reihenfolge: Erster ist Christus; dann folgen, wenn Christus kommt, alle, die zu ihm gehören. Danach kommt das Ende, wenn er jede Macht, Gewalt und Kraft vernichtet hat und seine Herrschaft Gott, dem Vater übergibt.

Denn er muss herrschen, bis ‚Gott ihm alle Feinde unter die Füße gelegt hat.' Der letzte Feind, der entmachtet wird, ist der Tod. (1.Kor15,20-26)

Fra Angelico: Noli me tangere!"Der Auferstandene und Maria von Magdala

Wenn wir versuchen, unser Leben nach christlichen
Grundsätzen zu gestalten, so Paulus, wenn wir unseren
Egoismus im Zaum halten, wenn wir uns für Gerechtig-
keit einsetzen und für andere eintreten, wenn wir die
Mühen eines rechtschaffenen Lebens auf uns nehmen,
um schließlich als leckere Mahlzeit für Bakterien zu
enden, dann sind wir wirklich betrogen. Dann wären die
Heiligen und alle, die uns durch ihren selbstlosen

Einsatz für die Armen und Benachteiligten imponieren, einfältige Narren.

Doch für den gläubigen Menschen und schließlich für die ganze Menschheit gilt das Versprechen der persönlichen Auferstehung, die mit Christus begonnen hat. Der sterbliche Mensch wird durch die Kraft des Hl. Geistes als unsterbliches Wesen mit Leib und Seele auferstehen, nach dem Vorbild von Jesus Christus, und zwar am Jüngsten Tag. *Gott wird alle Tränen von ihren Augen abwischen: der Tod wird nicht mehr sein, keine Trauer, keine Klage, keine Mühsal. Denn was früher war, ist vergangen.* (Off 21,4)

Paulus entwirft in seinem Korintherbrief eine Zukunftsschau, die von der Offenbarung des Johannes Jahre später bestätigt wird. Damit wäre die Frage nach der Bedeutung der Auferstehung Jesu für uns Menschen eindrücklich zusammengefasst.

Von den SchülerInnen meiner siebenten Klassen habe ich eine kleine Auswahl von ihren Überlegungen zusammengestellt, die im Anhang nachzulesen sind. Ihre Gedanken reichen dabei von deutlicher Skepsis bis zu klarer Anerkennung des Geschehens. Bei den Skeptikern dominiert die „vernünftige" Auffassung, dass die Auferstehung Jesu klar gegen Naturgesetze verstößt. Da sie sich aber mit dem Phänomen auseinandersetzen wollen, suchen sie nach Erklärungen.

Ein Schüler meint z.B., *dass Jesus den Aposteln geistig erschienen sei. Da sie damit den Tod Jesu „verarbeitet" hätten und so wie alle Menschen nach dem Tod eines nahestehenden Menschen noch länger an denjenigen denken und Lebenssituationen mit dem verstorbenen Menschen in Verbindung bringen. Im Laufe der Zeit habe sich dann dieser „Mythos" der Auferstehung entwickelt.* (Schüler, 17 J.)

***

Es wäre allerdings falsch zu behaupten, dies alles sei Lüge; denn das wird man nie genau wissen, beziehungsweise belegen können. Wir sind in dieser Hinsicht auf eine Sammlung von Schriftstücken angewiesen, von denen niemand sagen kann, ob sie der Wahrheit entsprechen. Folglich kann sich auch alles, was sich auf diese Schriften bezieht, auf Wahr- oder Unwahrheiten zurück-führen lassen, und hier kommt der Glaube ins Spiel. (Schüler, 16 J.)

Eine Schülerin, die der Auferstehung zustimmt, schreibt dazu:

Die Auferstehung Jesu war ein einmaliges Erlebnis in der Geschichte des Christentums. Wir glauben daran – es ist der Grund unseres Christentums! Aber so etwas wie einen Beweis gibt es dafür nicht! – Das ist Glaube! (Schülerin, 16 J.)

***

Für die Jünger war es ein Schock, als Jesus gekreuzigt wurde. Zwei von ihnen hatten Jesus nicht einmal erkannt, als sie ihm auf dem Weg nach Emmaus begegneten. Ich glaube, dass keiner der Jünger wirklich daran geglaubt hat, dass Jesus jemals auferstehen wird. Das beste Beispiel ist der Thomas, der erst dann an seine Auferstehung glaubte, als er Jesu Wundmale sah und berührte.

So schreibt einer der sechzehnjährigen Schüler.

Rembrandt Harmensz van Rijn: Jesus und die Emmausjünger

Die Frage der Bedeutung der Auferstehung Jesu für unser eigenes Leben wird von den Schülern auch angeschnitten:

Mir stellt sich die Frage, wie die Auferstehung jedes Einzelnen aussieht oder sein könnte (Haben alle die gleiche Auferstehung? Ist es verschieden bei jedem? Ob es vom jeweiligen Leben abhängt? Erfüllung des Lebensziels? Körperlich auferstanden? Geistig auferstanden?) (Schüler, 16 J.)

***

Einer der Schüler zeichnet eine Graphik, die ich im Folgenden mit Worten wiedergebe: *Auferstehung bedeutet ewiges Leben. Weil wir einstmals aus dem Nichts gekommen sind und geboren wurden und wieder zum Nichts zurückkehren (sterben im modernen Sinn), dann ist der Sinn unseres Lebens gleich Null. Wenn wir aber auferstehen, dann gehen wir ein in das ewige Leben, was unserem jetzigen Leben Sinn gibt.* (Schüler, 16 J.)

Allerdings meldet auch er seine Zweifel an, inwiefern wir mit einem Körper im Himmel leben sollen…

In ihren Texten berühren die Schüler alle strittigen Fragen, die im Zusammenhang mit der Auferstehung Jesu und auch unserer eigenen, entstehen können. Obwohl im Neuen Testament sehr feine Details berichtet werden, um unsere Zweifel zu zerstreuen, (Jesus isst mit seinen Jüngern, er zeigt ihnen seine Hände und Füße und meint dazu „…*kein Geist hat Fleisch und Knochen.*" *Lk24,39b),* fällt es uns allen sehr schwer, wirklich zu glauben, dass er körperlich auferstanden ist.

Noch schwieriger wird es, wenn wir uns unsere eigene Auferstehung vorstellen sollen. Wenn wir an die Skelette und kahlen Totenschädel denken, die uns z.B. in Hallstatt angrinsen, dann fällt es uns schwer zu glauben, dass aus diesen Gebeinen neue Menschen entstehen sollen. Doch das ist genau der Punkt, wo sich unser irdischer Verstand verabschieden und tapfer anerkennen müsste, dass er über die Gesetze der transzendenten Welt nichts wissen kann. Bei der Auferstehung der Toten wird es sich wahrscheinlich um eine Neuschöpfung handeln, die mit dem irdischen Leib nicht wirklich etwas zu tun hat. Unser Leib kann sich gut und gern in seine molekularischen Bestandteile auflösen, das tut nichts zur Sache. Wichtig ist unser seelisches Gerüst, das sich in unvorstellbarer Weise einen neuen Körper bauen wird. Wie das geschehen soll? Das bleibt IHM überlassen, der uns eine so wunderbare Welt geschenkt hat, die wir jetzt im Begriff sind, von Grund auf zu zerstören.

Wer ist Jesus Christus für dich?

Dazu habe ich in der Oberstufe mit der bewährten Methode der Selbstreflexion ein wenig Aufschluss erhalten, indem ich Aufsätze sammelte, die das persönliche Jesusbild der Schüler wiedergeben.

Das Bild, das junge Leute von Jesus in ihr Leben mitnehmen, ist sehr differenziert. Man könnte fast sagen, dass jeder von ihnen ein ganz eigenes und besonderes Bild von Jesus in seinem Innern trägt.

Als durchgehender Zug ihrer Beschreibung erweist sich aber seine „übermenschliche Güte", sein unbedingter Wille, den Menschen, denen er begegnet, zu helfen, ohne an sich selbst zu denken. Dieser Wille gipfelt in seiner Hingabe am Kreuz.

Dass sein Tod eine Art Sühneleistung für die gesamte Menschheit bedeutet, wird zwar einige Male angesprochen, aber in seiner Tragweite kaum verstanden. Sehr fein zeigt aber der nächste Text, wie sich die Gnade Gottes einem jungen Menschen auch heute noch mitteilen kann: *Besonders stark fühle ich mit Jesus zu Ostern. Vor zwei Jahren, als ich am Karfreitag in der Kirche war, habe ich, glaub ich, zum ersten Mal wirklich begriffen, was damals passiert ist. Ich wurde richtig traurig und fühlte mit Jesus. Zum ersten Mal wurde mir bewusst, wie er, der ja ein Mensch war, gequält und misshandelt wurde, und ich war richtig bestürzt. ... dieses Erlebnis, seinen Tod so sehr „mitzuerleben" hat mich, glaube ich, irgendwie Jesus nähergebracht.* (Schülerin, 17 J.)

Naturgemäß wird in der Volksschule und in der Unterstufe die „übermenschliche" Dimension der Gestalt Jesu in den Vordergrund gerückt. Seine emotionalen und körperlichen Grenzen werden den Schülerinnen aber erst in der Oberstufe bewusst:

Jesus ist aber auch Mensch, gekennzeichnet eben durch Menschliches, wie Zorn, Frust, Gefühlsausbrüche, Erschöpfung, Angst, Verzweiflung. (Auch Gott ist zornig – erschöpft und ängstlich aber sicher nicht!)

Dieses „Menschsein" macht Jesus für mich angreifbar (im Sinne von vorstellbar) und daher konkreter in der Vorstellung und wichtiger, als der Hl. Geist und Gott. So habe ich mir aus der Bibel ein wirklich genaues (für mich genaues) Bild von Jesus machen können, wogegen ich keine Vorstellung vom Hl. Geist habe und wenig Vorstellung von Gott. (Schülerin, 17 J.)

***

Für die Jünger war es ein Schock, als Jesus gekreuzigt wurde. Zwei von ihnen hatten Jesus nicht einmal erkannt, als sie ihm auf dem Weg nach Emmaus begegneten. Ich glaube, dass keiner der Jünger wirklich daran geglaubt hat, dass Jesus jemals auferstehen wird. Das beste Beispiel ist der Thomas, der erst dann an seine Auferstehung glaubte, als er Jesu Wundmale sah und berührte. (Schüler, 17 J.)

***

Jesus ist ein bewundernswerter tapferer Mensch, der sich für alle Menschen (unter großen Qualen) aufgeopfert hat. Manchmal erscheint er mir einfach nur als Vermittler zwischen Gott und den Menschen, und ich denke, dass das auch der Hauptgrund ist (neben der Auferstehung), warum er geschickt worden ist. Sicher hat jeder eine andere Vorstellung von Jesus und vielleicht wird sich meine auch immer wieder ändern. Ich weiß es nicht ...

Ich habe einfach Mitleid mit Jesus und denke, dass wir ihm unendlich dankbar für alles sein sollten. (Schülerin, 17 J.)

Ein zweiter Zug, der sich sehr deutlich in den Schülertexten abbildet, ist Jesus als geistigen Begleiter, den sie immer anrufen können, der ihnen hilft und ihnen Halt gibt, sie tröstet und mit dem sie immer wieder in inneren Dialog treten können:

Ich selbst und auch viele andere können sich unter Jesus viel mehr vorstellen als unter Gott. Ich weiß nicht genau, warum das so ist, aber ich denke einfach, dass man sich Jesus einfacher vorstellen kann, da er ein „Leben, wie du und ich" hatte. Er wurde geboren, führte ein Leben und ist gestorben. – In Jesu Leben und Wirken sehe ich auch die Stärke Gottes. Jesus bringt mich Gott näher. Ohne Jesus wäre die Beziehung zu Gott sehr unpersönlich. (Schülerin, 17 J.)

***

Jesus ist für mich der Fels in der Brandung. Er ist immer da, wenn es mir schlecht geht, wenn ich ihn brauche. Aber er ist auch da, wenn ich mich freue – dann freut er sich mit mir. – Ich bin sehr froh, dass ich ein gläubiger Mensch bin. Ich brauche das Gespräch mit Gott, mit Jesus. Denn das Gespräch ist kein Monolog – es ist ein Dialog zwischen Gott und mir. Es ist wunderbar, einen so guten Freund, wie Jesus zu haben. (Schülerin, 17 J.)

Ganz selten, aber doch, wird der Gedanke formuliert, dass Jesus überall gegenwärtig ist, also auch in der Seele des Mitmenschen.

Damit wäre der Kreis eigentlich umschritten, der die heute geltende Theologie über die Person Jesu enthält. Gemeinsam haben es meine Schüler geschafft, alle Aspekte um den menschgewordenen Gottessohn zu beschreiben, die Worten überhaupt zugänglich sind.

Jesus macht für mich unsere Religion aus. Denn die Quintessenz des Christentums, das „alles Entscheidende" wird für mich in Jesu Leben (und nur dadurch) dargestellt: Nächstenliebe, Eucharistie (Letztes Abendmahl) und Auferstehung. (Schüler, 17 J.)

Die für mich wichtigste Aussage Jesu war, dass jeder Mensch sein Kreuz zu tragen hat. Dieser Überzeugung bin ich auch, und ich spüre schon jetzt ein bisschen, dass ich eine Aufgabe auf dieser Welt zu erfüllen habe. (Schülerin, 17 J.)

Mein Glaube ist ein ständiger Kampf zwischen Welt und Transzendenz, zwischen Gefühl und Vernunft. Ich weiß, wie er ausgehen wird, will es mir momentan aber noch nicht eingestehen. Gottes Weg ist schwer. (Schüler, 17 J.)

Ich denke, dass SEINE bedingungslose Selbsthingabe meine Schüler bis heute fasziniert und sie ziemlich genau wissen, warum sie Christen sind und SEINEN Fußstapfen folgen wollen, auch wenn es ihnen nur sehr mangelhaft gelingt. Andererseits fühlen viele seine göttliche Gegenwart in sich, der sie sich immer wieder anvertrauen und in schwierigen Situation Rat und Zuflucht suchen können.

WIEDERKEHRENDE EREIGNISSE IM SCHULALLTAG

Sportwochen / Skikurse

In meinen Aufzeichnungen fehlen noch viele Ereignisse, die sich im Laufe eines Schuljahres aneinanderreihen. Doch nun soll es gut sein. Im Grunde geht es auch während der Skikurse, der Sportwochen und der Wandertage immer um das eine, um Nähe, Freundschaft und Beziehung.

Durch ihre sportlichen Aktivitäten abgelenkt, sind die Burschen auf den Sportwochen immer sehr angenehm im Umgang. Am Abend sind sie meistens beim Tischtennis oder im Turnsaal, d.h. dass ihr Bewegungsdurst endlich einmal gestillt wird. Allerdings darf ich mich nicht an ihr Verhalten bei den Mahlzeiten erinnern. Diese Erlebnisse habe ich absichtlich vergessen.

Ganz anders verhalten sich die Mädchen, vor allem die 13- bis 15-Jährigen. Ihre Erwartungen an die Tage, gemeinsam mit ihren Freundinnen, sind oft sehr hoch. Glücklich einmal von zu Hause weg zu sein, toben sich die einen aus, indem sie nicht genug bekommen, alle Zimmer abzugrasen auf der Suche nach Abenteuer. Neugierig und immer auf den Sprung, um möglichst nichts zu versäumen, nerven sie uns, weil wir „Alten" nicht verstehen können, was in den Zimmern der Freunde und Kameraden so interessant sein könnte. Eine andere Gruppe von Mädchen will liebgewordene Gewohnheiten auch in der Gemeinschaft nicht aufgeben. Diese Mädchen sind mit allen Bequemlichkeiten versorgt, der vom eigenen Polster bis zum eigenen Fernsehgerät reichen. An ein Fernsehgerät erinnere ich mich noch gut. Es stand mitten im Zimmer, bedeckt mit einem Spitzendeckerl, aber ohne Ton und Bild. Ich denke, dass das Mädchen wohl kaum seine Lieblingssendung gesehen hat, weil sie vermutlich auch von Zimmer zu Zimmer getobt ist. Da sich Kinder auch nach einem anstrengenden Tag unglaublich rasch erholen, finden die Mädchen genug Zeit, um ihre Sehnsucht nach Beachtung und Beziehung auszuleben. Meist sind es die stillen Mädchen, die in diesen Tagen herb enttäuscht werden. Wie oft sitze ich noch spät in der Nacht mit weinenden Mädchen zusammen und suche sie zu trösten, weil er, der Herrlichste von allen, ihr die kalte Schulter gezeigt hat. Ich lasse sie weinen und reden und schicke die neugierigen MitschülerInnen aus dem Zimmer, die sich einerseits von ihrem Unglück Unterhaltung versprechen und auch die anderen, die sie mit gutgemeinten Ratschlägen gleichsam übergießen. Schließlich kommt aber jeder Skikurs und jede Sportwoche zu einem guten Ende. Die Tage vergehen, und am Schluss ist das emotionale Leid durch

Ablenkung und Tollerei mit den Kameraden gelindert oder sogar verschwunden.

Schwierige Situationen entstanden ein, zwei Mal bei Skikursen, wenn viele der Schüler erkrankten und ein Teil der Lehrermannschaft gleich dazu. Dann wurde es eng, weil die wenigen „Überlebenden" mit Gruppen von sehr unterschiedlichem Können unterwegs sein mussten, und es Kollegen gab, die sich diesen Krampf nicht antun wollten. Ich selbst habe mir in diesem Fall die Gruppen nach Sympathie zusammengestellt – d.h. dass sich die Schüler aussuchen konnten, mit wem sie in der Gruppe zusammen sein wollten, ohne Rücksicht auf das Fahrkönnen. Dadurch war klar, dass es zu keiner Jammerei kommen konnte, weil jeder auf den anderen Rücksicht nehmen musste. Wahrscheinlich erinnern sich noch einige meiner Ehemaligen an den Skikurs am Nassfeld. Es war schon spät im Jahr und nach etwa 13 Uhr war der Schnee so nass, dass man nur mit Schussfahrten überhaupt weiterkam. Daher setzten wir uns einfach in die Sonne und plauderten. Und ich erinnere mich noch genau, wie einer der fremden Schüler meinte, ihr vom „Reliunterricht", ihr habt es gut ...

Elternsprechtag

Dieser Tag soll es den Eltern erleichtern, einen Überblick über die schulischen Leistungen ihrer Sprösslinge zu gewinnen. Dabei werden anfangs die Professoren der Hauptgegenstände geradezu belagert – später wandern die Eltern zu den Lehrern der übrigen Lerngegenstände und am Nachmittag zu mir. Die einen wollen hören, dass ihr Kind sich ordentlich aufführt; die anderen, dass der/die Kleine eine gute Note erwarten kann. Aber kaum jemand will wissen, wie sich die jungen Leute in der Klassengemeinschaft fühlen: wie sie als Freunde dastehen, ob sie Schwierigkeiten haben mit den Mitschülern, ob sie beliebt sind oder um sich schlagen ...

Die soziale Kompetenz ihrer Kinder ist für die Eltern in der Regel kein Thema, solange die Burschen und Mädchen keine Schwierigkeiten machen oder haben. Wenn es zu gröberen Auseinandersetzungen kommt, dann sind sie meistens völlig überrascht, weil sie die Schule als sozialer Raum kaum interessiert.

Wenn Eltern zu mir kommen, dann lasse ich sie gewöhnlich von ihren Erfahrungen bei den Kollegen erzählen und erläutere ihnen danach die soziale Situation ihrer Kinder. Ob sie mir zuhören oder nur so tun aus Höflichkeit, lässt sich nicht immer feststellen. Obwohl es sehr anstrengend und vermutlich nicht sehr wirkungsvoll scheint, versuche ich den Eltern auch immer wieder zu erklären, dass sie bei ihren Söhnen und Töchtern mit Fragen viel mehr ausrichten könnten als mit Befehlen und Anordnungen. Gewiss brauchen diese Grenzen und Regeln. Doch viel wesentlicher erscheint mir, dass Eltern erfahren, WIE ihre Kinder denken, was sie erwarten, was sie mitunter quält, was ihnen Freude macht. Kinder sind keine Wasserkrüge, worin man seine eigenen Gedanken einfüllt und später wieder heraus-holen kann. Kinder sind von Natur aus fragende Lebewesen mit einem Vorwissen, das sie aus sich selbst schöpfen und womit sie die Erfahrungen mit der Welt und den anderen Menschen in sehr persönlicher Weise abwandeln. Dadurch entsteht eine neue Betrachtung der Welt, die nur dem jungen Menschen gehört und von uns Erwachsenen nur durch Zuhören nachvollziehbar wird.

Ich bemühte mich, diese grundsätzlichen Erkenntnisse immer wieder ins Gespräch einfließen zu lassen und hoffte dabei, dass der eine oder andere Elternteil zumindest manchmal versucht, sich ehrlich um die Befindlichkeit seiner Sprösslinge zu kümmern.

Ein wirklich schwieriges Thema ist der Versuch einzelner Unterstufenjünglinge durch schlechte Leistun-gen das Interesse der Eltern zu ergattern. So nach dem

Motto: „*Zurecht sollen mir die Finger erfrieren, wenn mir der Vater keine Handschuhe kauft!*" Dieses Verhalten ist typisch für vernachlässigte Buben, die sich nicht anders zu helfen wissen als zu verweigern. Dass ihnen persönlich diese Verweigerung zur Falle werden kann, das können sie nicht abschätzen, weil sie gleichzeitig sicher sind, dass sie jederzeit die entsprechenden Leistungen erbringen können. Dass sich die Eltern sorgen, schimpfen und herumnörgeln, erscheint ihnen aber wesentlich angenehmer als ein stilles Funktionieren, das von den Eltern im Alltag erwartet wird. Kinder greifen zu den Waffen, die ihnen zur Verfügung stehen, ob sie sich dabei selbst verletzen, das fragen sie nicht …

Meist bin ich eine der Letzten, die am Sprechtag ihre Sachen packt und ins Raucherzimmer wandern darf – müde – aber glücklich, dass ich für die mir Anvertrauten um mehr Verständnis kämpfen durfte.

Flohmarkt

Nette Erinnerungen verbinden sich für mich mit dem jährlichen Flohmarkt. Dazu werden in der großen Aula, wo sich in den Pausen die jüngeren Schüler immer wieder Gefechte liefern, Tische aufgestellt. Die Flohmarktware wird von den Schülern mitgebracht und mit Eifer und Verve verhökert. Da die Erlöse karitativen Zwecken dienen, muss man annehmen, dass schon das Gefühl des Verkaufens die Schüler beflügelt, ihre manchmal auch sehr dürftigen Waren immer wieder anzubieten, zu loben und zu preisen.

Warenangebot beim Flohmarkt

Ich liebe die Atmosphäre des Flohmarktes, die Inbesitznahme und Verwandlung der Aula in einen Basar, die Auflösung der üblichen Ordnung, den Eifer der Kinder, die Lust am Verkaufen und Kaufen …

Rundblick über die Aua in Flohmarktstimmung

Maturavorbereitung

Ein besonderes Kapitel im Leben eines Schülers/einer Schülerin der AHS betrifft die Matura, offiziell Reifeprüfung genannt. Die Reifeprüfung wirft lange Schatten voraus – nahezu bis in die fünfte Klasse. Jeder der Lehrer und der Lehrerinnen bezieht sich immer wieder auf die Matura, wenn die Jugendlichen stöhnen „unter der Last der Aufgaben" oder einfach ihre Ruhe haben wollen. Mit dem Vorrücken in der Oberstufe wird die Matura immer mehr zum Schreckgespenst hochstilisiert, einmal von den SchülerInnen selbst, ein anders Mal von den LehrerInnen. „Ihr macht euch gern selber fertig? Ist es nicht so?" – frage ich zum wiederholten Mal in die Oberstufenklassen hinein – aber es nützt nichts. Sich fürchten vor der Matura und sich gleichzeitig mit dem Nötigsten an Arbeit zufriedengeben – das ist die Devise. Nicht bei allen, aber bei vielen. Doch Zureden und guter Rat ist in diesen Zeiten der höchsten Nervosität vergebliche Liebesmühe. Daher versuche ich, wie ein Mantra zu wiederholen: Glaubt mir, wenn ihr erfolgreich bis in die achte Klasse gekommen seid, dann werdet ihr auch die Reifeprüfung schaffen, wenn nicht jetzt, dann eben später. Versucht euch zu beruhigen. Aber wie beruhigt man eine Gruppe von jungen Leuten, die gar nicht ruhig werden will?

Schließich haben alle mir anvertrauten Klassen ihre Matura erfolgreich bestanden. Einige wenige mussten einen Termin später bestimmte Prüfungen nachholen – das war aber schon alles.

Mündliche Matura

Die Vorbereitung für die Reifeprüfung mit SchülerInnen, die bei mir antreten wollten, war immer eine schöne Zeit. Wenn wir den Lehrstoff kapitelweise wiederholten, dann kamen wir oft ins Diskutieren, ins „Geisteln", wie ich es nenne, und die Zeit war im Nu verflogen. Spätestens in den Vorbereitungswochen zur Matura wurde deutlich, wie wichtig Kenntnisse sind, um spielerisch damit umzugehen. Jetzt erst wäre ein weiterführender Unterricht möglich geworden – das wurde uns allen bewusst. Aber nun war es zu spät. Zu spät? „Wahrscheinlich werden wir in unserem Leben kaum mehr so über Religionsfragen hören und diskutieren können, Frau Professor!" – „Aber ihr könnt versuchen, in Büchern Antworten zu finden. Ihr könntet in Gemeinschaft mit anderen religiösen Fragen anschneiden und durchdiskutieren. Habt Mut! Das Rüstzeug steht euch schon zur Verfügung! – Und für euch selber vergesst nicht das Gebet. Das Gebet ist der Schlüssel zu allem, was Religion (lat. religare = anbinden) umfasst".

Beten fühlt sich für mich wie ein geistiges Frisieren an. Alle Verwirrung wird durchsichtiger – Fragen erhalten Antworten. Und wenn keine direkten Probleme anstehen – was sehr selten vorkommt, weil ich für sehr viele Menschen bete, denen ich nicht unmittelbar helfen kann – *dann bin ich einfach mit Gott zusammen wie mit einem Freund, von dem man weiß, dass er uns liebt.* (nach Teresa von Avila)

Auch das Beten muss man üben. Es gelingt nicht immer. Und oft schweifen die Gedanken in alle Richtungen, und man ist nicht imstande, sie einzufangen. Diese Stunden erlebe ich als sehr hart. Doch bei Gott gilt nicht das Gelingen, sondern vor allem die gute Absicht. Dazu kommt die Treue. Wenn ich mich im Gebet nicht konzentrieren kann, dann muss ich es immer und immer wieder versuchen. Ich darf nicht aufhören. Das gilt auch im Sport und vielen anderen Disziplinen. Wenn ich nicht übe, dann geht nichts weiter. Als Jesus über die Erde ging, verbrachte er ein Drittel seiner Zeit bei seiner Arbeit, d.h. beim Heilen von Kranken, ein Drittel beim Predigen und im Gespräch mit seinen Jüngern und ein Drittel im Gebet, d.h. im Gespräch mit seinem Vater. Und wir?

Doch ich bin guten Mutes. Ich denke, dass die Mehrheit meine Schüler liebende Menschen sind und dass sie ihr

Leben auf die Reihe bringen werden, auch wenn schwere Krisen drohen und überwunden werden müssen. Krisen sind die Stufen zur menschlichen Größe. Jede Krise lässt uns stärker zurück, weil das Leid und der Schmerz mit der Zeit in den Hintergrund treten und uns die Kraft bleibt, die wir zur Bewältigung der Krise geschenkt bekamen. ER lässt uns nie im Stich, und oft spüren wir seine Hilfe unmittelbar. Bitten wir IHN, dass er uns hilft, IHM dankbar zu sein für all das Gute, das uns jeden Tag umgibt.

Ich danke euch, meine lieben Schüler und Schülerinnen, die ihr heute erwachsen seid und eurer Wege geht. Ich danke euch für die wunderschöne Zeit. Ich bete fast jeden Tag für euch und meine KollegInnen in der täglichen Eucharistiefeier, die im Karmeliten-Kloster in der Silbergasse um neun Uhr gefeiert wird. Ich schenke euch meine Gebete und hoffe, dass sich eure Freundschaft mit Jesus Christus immer mehr vertieft. Gott schütze und segne euch!

Abschied vom Raucherzimmer

An dieser Stelle möchte ich allen meinen Kollegen, Kolleginnen und meinem Direktor Ernst Worlicek aus ehrlichem Herzen danken für die Jahre unserer gemeinsamen Arbeit. Ich danke dir, lieber Ernst für deine Unterstützung ebenso, wie für die Freiheit, unsere „Projekte" durchführen zu können.

Hier noch ein kurzer Blick auf unser Pausenleben im Raucherzimmer. Ja, wir hatten noch ein Raucherzimmer! Ungesund für den Körper, aber unendlich wohltuend für unser Gemüt und unsere Seele. Es war etwa ein Fünftel so groß wie das allgemeine Konferenzzimmer. Es enthielt eine kurze Küchenzeile, einen Kühlschrank, zwei Filtermaschinen für Kaffee und einen Geschirrspüler. Die Sitzgelegenheiten waren gut gewählt. Niedrige Polstersessel, die nebeneinandergereiht eine Sitzbank bildeten und kleine dazu passende Tische. Der Bezug der Sitze war in dunkelbraun, grottenhäßlich, aber sehr praktisch, weil darauf keine Flecken zu sehen waren. Hier in diesem kleinen Raum versammelten sich in jeder Pause die Raucher zum Entspannen und Kaffeetrinken. Natürlich roch es schlecht in diesem Raum. Doch gab es ein großes Fenster, das von bestimmten Leuten immer wieder geöffnet („aufgerissen" – böse formuliert) wurde, nachdem sie festgestellt hatten, dass es „Hier stinkt!".

Doch die Gespräche in diesem Raum waren legendär. Im Grunde war hier das Allgemeinwissen der europäischen Kultur in eins zusammengeführt. Es waren lebendige Menschen, die über das unterschiedlichste Wissen verfügten. Wenn einer aus einem Fachgebiet über das eines anderen etwas wissen wollte, dann war diese/er sofort bereit zu antworten und zu erklären. Wie zu erwarten, wurden hier auch sehr häufig Probleme mit und von Schülern behandelt. Man holte die Meinung der anderen ein und versuchte, konstruktive Lösungen zu finden, was nicht immer einfach war. Es wurde viel gelacht und immer wieder „saß der eine oder andere bildlich auf der Schaufel".

Der gegenseitige Respekt – das Fehlen von abträglichen Bemerkungen hinter dem Rücken eines Kollegen – machte die Rauchercrew zu etwas ganz Besonderem. Ich kann mich auch bei den anderen Kollegen an keine weiter reichenden negativen Kritiken erinnern. Aber im Raucherzimmer herrschte eine Atmosphäre des gegenseitigen Wohlwollens, die zweifellos nicht selbstverständlich war. Jahrelang saßen wir hier zusammen. Und weil wir alle ungefähr gleich alt waren, kamen nur selten „jüngere" dazu, die sich gern und gut an den allgemein üblichen Stil anpassten und diesen vielleicht auch jetzt noch weitertragen.

Das Ende des Raucherzimmers – allgemeines Rauch-
verbot in öffentlichen Gebäuden – vertrieb uns aus der
Gemütlichkeit in den Pausenhof. Nun standen verein-
zelte RaucherInnen mit den „großen" Schülern gemeinsam in einer Ecke und gaben damit ein schlechtes
Beispiel für alle anderen. Diese traurige Situation
endete schließlich mit unserem Abschied von der
Unterrichtsarbeit ...

Danke liebe Kolleginnen, liebe Kollegen, dass ich mit
euch zusammen meinen Berufsalltag verbringen durfte
– danke euch allen. Möchte auch nicht die Schulwarte
vergessen, die immer wieder mit großer Geduld unsere
hektisch vorgebrachten Wünsche zu erfüllen suchten.
Manchmal brummend und manchmal mit dem Hinweis
– quasi als Fußnoten zu dem Geschehen: „Ocht ... Jahre
no, dann sitz i in mein Schrebergoarten..."

Abschließende Gedanken

Eigentlich sitze ich jetzt schon viele Jahre in meinem
„Schrebergarten". Doch vermisse ich das Schreber-
gartengefühl, das mir unser Schulwart so plastisch zu
vermitteln suchte. Ich kann mich einfach nicht daran
gewöhnen, den Tag zu durchleben, ohne für jemanden
„da zu sein". Daher habe ich begonnen, in Ergänzung zu
meinem konkreten Religionsunterricht, Lebensbe-
schreibungen von Heiligen zusammenzutragen und in
Kurzbiographien vorzustellen.

Diese bunte Sammlung sollte ein bleibendes
Abschiedsgeschenk an alle meine Schüler werden.
Christliches Leben ist keine theoretische Angelegenheit,
sondern eine innere Erkenntnis, die sich durch mein
konkretes Leben bewahrheiten muss. Meine innere
Bindung an Gott soll mich befähigen für den Anderen da
zu sein, jederzeit, und sehr oft auch unter Hintansetzung
meiner eigenen Bedürfnisse.

Das Richtmaß für die Liebe zum anderen ist der Einsatz des menschgewordenen Gottessohnes für die Erlösung der Menschen. Durch sein Lebensopfer hat er die zerstörerischen Kräfte des Kosmos gleichsam links überholt. Durch sein Sterben aus Liebe brach er die Macht dieser Kräfte, weil sein Sterben in der Auferstehung in ein lebensschenkendes Ereignis verwandelt wird. Es ist zweifellos sehr schwer in einer Welt von rein innerirdischen Lebensentwürfen, diesen Gedanken überhaupt zu erfassen.

Was hilft, um die Handlungsweise Jesu zu verstehen, war und bleibt die Erfahrung und das Zeugnis anderer Menschen. Sie können durch ihre Überzeugung und ihren persönlichen Einsatz zu Zeugen für den einen Glauben werden, der die innerirdische Wirklichkeit übersteigt.

Dieses Zeugnis und der Wille sich aufzumachen, um Gott zu suchen, für mich selbst zu suchen, ist ein guter und einfacher Weg, um sich aus dem Chaos der widerstreitenden Gefühle, unserer Ängste und Nöte zu befreien. Kindergebete erhört Gott immer, das habe ich jahrelang erlebt, daher weiß ich auch, dass es stimmt. Und bleiben wir „Erwachsenen" vor Gott nicht immer Kinder, die sich vertrauensvoll in seine Arme werfen dürfen? Ja, der Haken ist dabei, dass wir einsehen lernen müssen das Götzenbild unserer eigenen Größe und Bedeutung aufzulösen, jeden Tag, immer wieder, und das ist sehr, sehr schwer.

SCHÜLERINNENARBEITEN

Im vorliegenden Anhang habe ich eine Reihe von Schülerarbeiten zu Grundthemen des Religionsunterrichtes eingefügt, damit sich der/die Leserin persönlich unterrichten kann, wie junge Leute mit den komplexen Themen der christlichen Religion umgehen.

Die hl. Messe und ich

Ich gehe sehr gerne in die Hl. Messe. Die Messe ist für mich eine Einrichtung, die dazu dient, in Gemeinschaft an Gott und Christus zu denken. In der Messe wird das Letzte Abendmahl noch einmal gefeiert. Ich brauche die Kommunion, weil ich spüre, dass ich durch sie gestärkt werde. Auch finde ich es schön, mit anderen Leuten, die an das Gleiche glauben, zu feiern. Ich mag die Gemeinschaft, die man in der Messe erleben kann. Aber natürlich ist für mich das Erlebnis Messe auch stark vom zelebrierenden Priester abhängig. Es gibt Priester, die halten Messe, wie eine „Verpflichtung" (eine unangenehme), die sie halt erfüllen müssen; es gibt auch welche, bei denen man richtig merkt, dass sie gerne Messe halten, und dass es ihnen auch sehr viel bedeutet. Diese „Grundstimmung" überträgt sich dann eben auch auf die Mitfeiernden.

Ich glaube, dass jemand, der an Gott glaubt, auch in die Kirche gehen will, weil er doch dort leichter Leute finden kann, die die gleiche Gesinnung haben wie er selbst. Ich finde, die Messe soll die Menschen erfreuen, weil sie spüren, dass Gott ihnen und ihrer Gemeinschaft nahe ist. Sie soll die Menschen aber auch irgendwie dazu aufrufen, wieder über sich selbst und ihr eigenes Leben in Bezug auf Gott nachzudenken und zu erfahren, was ein Priester über den Glauben an Gott sagt, und wie er das Neue Testament deutet.

Am wichtigsten an der Hl. Messe ist die Gemeinschaft, in der man sie feiert und die Kommunion.

(Schülerin)

Ich finde durch die Hl. Messe Zugang zu Gott. Das Beten ermöglicht mir während der Messfeier wenigstens einmal in der Woche in meiner gestressten Welt mit Gott in Verbindung zu treten: Ihm meine Bitten, Wehwehchen etc. zu sagen und andererseits zu danken für all das, wo er mir geholfen hat. Mir kommt es so vor, als ob Gott, wenn ich ihn um irgendetwas im Gebet bitte, mir dann auch wirklich hilft.

Andererseits bietet mir die Hl. Messe eine Gelegenheit, Menschen zu treffen, die ich während der anderen Zeit nie treffe.

Hin und wieder passiert es auch, dass ich mich nicht motivieren kann, um dem Priester bei seiner Predigt zu folgen, insbesondere dann, wenn mir die Predigt nichts sagt (bzw. keinen Inhalt hat).

(*Schülerin*)

Früher bin ich jede Woche ministrieren gegangen. Doch heute hat sich meine Einstellung soweit geändert, dass ich nur mehr bei Hochämtern oder anderen größeren Feierlichkeiten meinen Dienst am Altar verrichte; sonst nehme ich nur als normaler Messbesucher an der Hl. Messe teil.

Ich finde es auch nicht gut, dass man während der Hl. Messe zur Kommunion geht, ohne vorher seine Sünden gebeichtet zu haben. Deshalb versuche ich mich auch daran zu halten und wenigstens zwei Mal im Jahr zur Beichte zu gehen. Ich finde es daher auch schade, dass meine Freunde, die schon längere Zeit nicht bei der Beichte waren, zur Kommunion gehen. Sie sollten lieber dann nur so die Messe besuchen, um nicht durch diese schuldhafte Kommunion noch mehr Sünden zu bekommen.

Weiters sollte man während der Messe auch die Lieder mitsingen, um noch aktiver an der Messfeier mitzugestalten. Aber auch hier gibt es das Problem, dass meine Freunde nicht mitsingen und deshalb enthalte ich mich auch des Singens.

Obwohl ich einige Mängel und Laster bei der hl. Messe aufweise, versuch ich aber dennoch, mich bei jeder hl. Messe zusammenzureißen und mich zu verbessern.

(Schüler)

Ich bin eigentlich schon seit ich mich erinnern kann, mit meinen Eltern (fast) jeden Sonntag in die Hl. Messe gegangen. aber früher tat ich es nur widerwillig, denn ich habe nie verstanden was der Pfarrer die ganze Zeit da vorne so viel redet, besonders bei der Predigt.

(Unser jetziger Pfarrer ist zwar sehr eigenartig = ich mag ihn nicht besonders) aber er erhält ein großes Plus, da er sich während der Predigt an die Kinder wendet und ihnen Bibelstellen erklärt...)

Dann habe ich die Ministranten einmal vor einer Messe in der Sakristei erlebt und da war die Gemeinschaft da. Und sie haben sich nicht einschüchtern lassen von der Kirche. Das hat mir sehr gefallen! Deswegen habe ich dann begonnen zu ministrieren. Seit damals gehe ich eigentlich freiwillig jeden Sonntag in die Kirche. Als Ministrant hat es mir gefallen bei der Messe mitzuarbeiten und mitzuhelfen.

Aber wie weit hilft mir die Hl. Messe auf meinem Weg zu Gott? Vor kurzem habe ich erst festgestellt, dass ich eigentlich in die Kirche gehe, damit ich Gott nicht vergesse und ich mir bewusst bleibe, dass es Gott gibt.

(Schülerin)

Auf meinem Weg zu Gott hilft mir die Messe selbst nicht sehr, da ich mich da nur berieseln lasse und mir vielleicht meine eigenen Gedanken dazu mache, aber dabei komme ich nicht weit. Ich brauche Menschen mit denen ich darüber reden kann, mit denen ich Bibelstellen bespreche, etc., Menschen, denen ich vertraue und die mir vertrauen.

Im Herbst hatten wir ein Gruppenleiterwochenende: Wir, ich und andere Gruppenleiter aus der Pfarre. Da wir uns alle gut verstehen, sind die Gespräche nicht an der Oberfläche geblieben. Wir waren 14 Leute und haben u.a. auch über unsere Beziehung zu Gott gesprochen. Das war einfach wunderbar.

Anschließend haben wir eine Messe besucht und da war ich fast benommen und alles ist wie im Traum an mir vorbeigezogen, aber ich hatte ein ganz starkes Gefühl in mir: „Ja, es gibt Gott!"

Dieses Erlebnis werde ich nie vergessen können! Es war wunderbar: Gemeinschaft mit Gott!

(Schülerin)

Heute finde ich leider keinen Zugang zur Hl. Messe mehr, da sie mir und das kann ich nicht anders ausdrücken, nichts mehr gibt.

In der Volksschule war ich jeden Freitag in der Frühmesse, aber ich weiß nicht, warum. Vielleicht weil ich wollte, oder weil es üblich war, dass alle gehen. Nach dem Eintritt in die Mittelschule wurde der Besuch der Messe immer weniger. Zuerst noch Schulanfang, Weihnachten, Ostern und Schulende, dann nur mehr Weihnachten und jetzt gar nicht mehr. Für mich hängt es nicht davon ab, ob der Pfarrer jung oder alt ist, wie die Messe gehalten wird oder wann sie ist.

Ich möchte nicht in der Kirche sitzen, womöglich länger als eine Stunde, einem Menschen zuhören, den ich nicht verstehe oder verstehen will und später weggehen, ohne dass ich irgendetwas davon habe. Vielleicht müsste ich meine Einstellung zur Kirche ändern, da ich eigentlich an Gott glaube, nur an seine weltlichen Vertreter nicht...

(Schüler)

Die Wirkung der hl. Messe ist stark vom vortragenden Priester abhängig. Das merke ich bei den seltenen

Gelegenheiten, wo ich sie besuchen kann, besonders dann, wenn ich bei meinen Verwandten in Kärnten zur Kirche gehe. Da spricht der Priester slowenisch, von dem ich kein Wort verstehe. Also kann ich seine Worte nur im Kontext verstehen, was er meint.

Beten ist für mich mehr eine Art von Konzentration, eine Nachdenkzeit für schwierige Probleme, ein Aufrollen komplizierter Sachverhalte in völliger Ruhe; es fällt mir jedoch sehr schwer einen direkten Bezug zu Gott zu finden. Ich bin schließlich ohnehin auf mich allein gestellt (im Endeffekt). Dadurch, dass ich mir unter Gott nichts vorstellen kann, kann ich auch schwer Zugang zu ihm finden; ich wüsste nicht, wozu ich ihn brauchen könnte.

(Schüler)

Kein Bezug zur Kirche und der Hl. Messe, Grund, ich glaube nicht an die Kirche, wenn an Gott. Kirche ist lediglich eine Interpretation der Worte Gottes (Fehlinterpretationen möglich) Außerdem möchte ich mich von den Taten der Kirche distanzieren (NS-Zeit, Kreuzzüge, Inquisition...) eine gute Tat ist für mich mehr wert, als 100 Kirchenbesuche.

(Schüler)

In meiner Volksschulzeit besuchte ich immer die Schulmesse. Sie gehörte für mich einfach zum Religionsunterricht. Heute besuche ich keine Messe mehr, weil ich nicht glaube, dass ich dadurch Gott näher bin. Wenn ich beten will, was ich auch jetzt noch tue, kann ich das meiner Meinung nach besser zu Hause.

(Schülerin)

Eigentlich kann ich durch die Hl. Messe Gott nicht näherkommen. Wenn ich es will, kann ich ihm auch für mich alleine näher sein. Andererseits habe ich aber während der Messe ein Gefühl, dass mir Gott doch sehr nahe ist – Vielleicht hängt das auch vom Priester und von der Atmosphäre in der jeweiligen Messe ab. Früher habe ich eigentlich nicht viel von der Messpredigt in Spillern verstanden. Heute gibt sie mir sicher mehr (obwohl ich mit Einigem, was aber nicht mit der Hl. Messe zusammenhängt, nicht einverstanden bin). Eigentlich bin ich recht gern in der Kirche (Messe), weil ich immer ein Gefühl von Trost und Geborgenheit habe.

(Schüler)

Situation sehr verschlechtert! Hängt sehr vom Priester ab. England: Messe in New Malden – tolles Erlebnis, Zeit für Jugendliche, tolles Gemeinschaftsgefühl, hat mir das Gefühl gegeben, dass Gott dort auch mitfeiert und da ist. und sich freut, dass so viele Menschen zusammengekommen sind – viele Jugendliche.

Unsere Messe: Priester erst einmal unsympathisch, ist ziemlich konservativ und seine Messen haben keinen Schwung. Er kann einem dieses Zusammengehörigkeitsgefühl nicht vermitteln, bzw. lässt es nicht entstehen. Auch die Leute sind vornehmlich um die 60 Jahre. Bei ihnen hat man das Gefühl, sie gehen nur in die Kirche, um zu tratschen, und über die oder jene Geschichten aus ihren Familien zu erzählen.

Alle diese Faktoren stören mich und ich fühle mich bei dieser Art von Gottesdienst einfach nicht wohl.

(Schülerin)

Ich weiß zwar, dass eine Hl. Messe einem Gott sehr nahebringen kann, aber dieses Gefühl wird in unserer Pfarre in mir einfach erstickt. Auch hat sich dadurch das Gefühl entwickelt, dass ich keine Kirche brauche, um Gott nahe zu sein, um mit ihm zu sprechen. Ich glaube an Gott, aber unser Priester, den ich vom Firmunterricht recht gut kennengelernt habe, hat mir die Hl. Messe sehr verdorben, zumindest in unserer Pfarre.

Auch für die Beichte habe ich noch keinen geeigneten Priester gefunden, bei dem ich diese Hemmschwelle, die ich habe, überwinden kann. Das Einzige, dass ich dann herausbringe sind unwichtige unwesentliche Dinge, die absolut nicht wichtig sind. Ich „spreche" zwar mit Gott über die Probleme und Fehler, die ich habe und die ich gemacht habe, aber ich kann mich nicht überwinden bei einem Priester, der mich kennt.

Vielleicht fehlt mir auch ein bisschen der Bezug zur Kirche oder zur Hl. Messe, denn meine Familie ist nicht sehr religiös, d.h. sie glauben an Gott, aber ihnen gibt die Kirche nichts. Ich glaube ihnen fehlen auch die positiven Erlebnisse.

(Schülerin)

Vor der Erstkommunion bin ich überhaupt nicht gern in die Kirche gegangen – ich verstand nicht, worum es ging. Lieber wollte ich mich ausschlafen – doch meine Eltern „schleiften" mich jeden Sonn- und Feiertag um 9 Uhr in die Messe. Die entscheidende Wende brachte die Erstkommunion. Als ich den Leib Christi zum ersten Mal bekommen hatte, geschah für mich ein Wunder – ich verstand den Sinn und Zweck der Messe. Von nun an freute ich mich auf jeden Sonntag und ging freiwillig in die Kirche. Ein weiterer Ansporn dorthin zu gehen war, dass ich in die Jungschar gegangen bin. Meine Freundinnen und ich hatten immer viel Spaß und diesen setzten wir dann am Sonntag nach der Messe fort. Zum Teil ist es heute auch noch so – der Großteil meiner Freundinnen und Freunde kommt nur noch zum Tratsch nach der Messe.

Vorige Woche fragte mich ein Freund, der früher auch jeden Sonntag in der Messe war. „Du gehst noch immer in die Messe? – Warum? Brauchst du denn keinen Schlaf?"

Anfangs wusste ich auch keine Antwort darauf – mittlerweile habe ich sie gefunden: Oft und leicht vergisst man Gott, weil man sich selbst zu wichtig nimmt. Die hl. Messe erinnert mich daran, dass Gott da ist, wenn ich ihn brauche, dass er mir hilft, wenn ich ihn brauche, dass er wichtiger ist als ich. Die Messe weist mich auch oft darauf hin, dass ich zu einseitig von Gott denke, dass man Gott ganz vielseitig erfahren kann – deshalb brauche ich die Messe: als Denkanstoß über mein Gottesbild nachzudenken, um mich an Jesus und seine Leiden zu erinnern (wie viel er gelitten hat, wie klein meine Probleme sind).

Auch ist Messe eine Art Tradition, die ich sehr gern habe: auf Jungscharlager z.b. ist es Tradition, eine Feldmesse in der Nacht mit Fackeln zu feiern, das sind für mich die schönsten Messen, wo man die Nähe Gottes besonders fühlt, in der Stille und Geborgenheit der Natur, Gemeinschaft und Liebe der Menschen...

Manche Messen sind auch in Wien sehr schön, es sind die, für die sich die Menschen besonders engagieren, z.b. Gebete selber schreiben...Diese Messen mag ich auch sehr, denn sie zeigen bestimmte Einstellungen zu Gott und werfen wieder andere Gedanken auf.

Die Messe hängt sehr vom Priester ab. Wenn er die Predigt besonders aufrüttelnd macht, kommen wieder neue Gedanken und Ideen, die zum Nachdenken anregen. Die Messe hat also wirklich den Zweck: neue Gedanken und Gebete anzuregen und erneuerten Halt in Gott zu finden.

(Schülerin)

Vor meiner Firmung hat mir die heilige Messe nicht viel bedeutet. Ich bin auch nur dann gegangen, wenn ich am nächsten Tag keine Schularbeit und keinen Test hatte.

Erst nach der Firmung bin ich regemäßig in die 9-Uhr-Messe gegangen. Ehrlich gesagt, weiß ich nicht mehr, was ich dabei gefühlt habe, aber es war etwas da, das mich immer wieder angezogen hat. aber an eines kann ich mich erinnern: Als ich bei uns in der Pfarre noch nichts Aktives zu tun hatte, habe ich mich immer in den mittleren Block gesetzt, zwischen Leute, die ich nicht kannte. Ich hatte einfach Angst, mich in die Jugendabteilung zu setzen. Aber mit der Zeit, so ungefähr seit zwei Jahren, hab' ich mich getraut, ganz cool mich dazuzusetzen, und jetzt geht es mir damit sehr gut. Aber was mit der Hl. Messe noch zusammenhängt: Ich weiß genau, dass ich sie brauche, weil sie mir Kraft gibt. Ich wünschte, ich könnte jeden Tag die Hl. Messe besuchen. Aber bei uns in der Messe fühle ich mich nicht so wohl, weil unsere Jugend sehr progressiv ist und gegen Papst, Konservatismus der Kirche etc. ist. das macht sich auch während der Messe bemerkbar. Außerdem habe ich das Gefühl, dass die Messen (nicht nur bei uns) reine Routine sind und man das gewisse „Etwas" nicht mehr spürt. Ich habe eine Messe in Altenmarkt erlebt, die ganze 25 Minuten gedauert hat und aus herunter gebeten Kyries und Fürbitten ... bestanden hat. Und da bekome ich dann immer eine Wut, weil ich irgendwie spüre, dass da irgendetwas nicht stimmt.

(Schülerin)

Was mir die hl. Messes bedeutet?

Für mich ist das Argument: „Ich kann auch zu Hause beten" nicht glaubwürdig, weil der Mensch eine ganz enge intensive Beziehung zu Gott nur dann haben kann, wenn er ganz da ist. Und dieses „Ganz da sein" drückt sich in der Kommunion aus. Und die Kommunion kann ich nicht empfangen, wenn ich allein in meinem Zimmer sitze und noch so intensiv bete.

Ich persönlich fühle mich Gott in der hl. Messe am nächsten ...

Einen anderen Aspekt habe ich, seit ich eine Jungschargruppe leite, denn ich „darf" bei der Jungscharmesse die Musikgestaltung übernehmen. anfänglich habe ich von der Messe nicht viel mitbekommen, weil ich nervös war und zitterte, dass mit der Musik alles klappt. Aber es ist etwas Schönes, das Talent, das ich habe, gerade bei der Messe einzubauen und die Messe dadurch fröhlicher zumachen, und die Menschen fröhlich zu machen durch mein Singen und Spielen.

(Schülerin)

Gedanken zum Beten

Schüler der dritten Klasse

(12 bis 13 Jahre)

Ich mag das Beten. Dann habe ich eine Verbindung mit Gott. Ich kann alles sagen, denn ich glaube an ihn. Ich kann ihm meine Ängste und Wünsche sagen, denn er ist sozusagen ein Freund für mich. Deswegen mag ich das Beten sehr.

***

Ich bete nicht sehr viel, weil ich nicht wirklich glaube, dass es Gott gibt/gegeben hat. Weil ich noch nie wirklich gespürt habe, dass er da ist oder mir geholfen hat. Ich habe einmal versucht, mit ihm Kontakt aufzunehmen – ohne Erfolg.

***

Ich bete nicht sehr viel, weil ich schon fast alles habe und ich glaube nicht daran, dass es Gott gibt.

***

Sonntag in die Kirche beten. Manchmal am Abend, wenn ich im Bett liege, bete ich oder ich danke Gott! Als ich kleiner war beteten Markus (Bruder), Mama und ich jeden Tag oder sangen oder dachten leise an Menschen wie meinen Opa: Er leidet nur noch und will gar nicht mehr leben! Tischgebet beten wir sehr selten! Wenn ich bete, rede ich mit Gott als wäre er ein guter Freund.

***

Bevor ich schlafen gehe, bete ich manchmal, wenn wichtige Ereignisse sind. Oder wenn jemand gestorben ist. Oft bete ich für andere Menschen oder auch für Tiere. Oder, dass Menschen in anderen Ländern nicht hungern oder dürsten müssen.

***

Ich bete z.B. im Bus oder beim Essen. Dabei sage ich nichts und denke nur an Wünsche und Hoffnungen. Etwa jeder 5. Wunsch geht in Erfüllung.

***

Ich denke jetzt nicht mehr an Gott, weil alle sagen „Gott ist allmächtig" und er müsste nur blinzeln und überall wäre Frieden. Und, dass Gott die Welt erschaffen hat. Glaub ich auch nicht. Beten tue ich auch nicht mehr.

Ich habe keinen Glauben!

Ich lebe mein Leben ohne Gott!

Ich bete nicht!

Ich glaube nicht an Jesus!

Ich gehe nicht in die Kirche!

***

Manchmal wenn ich bete, habe ich vor nichts Angst und denke an andere Menschen, denen es nicht so gut geht. Ich denke auch an meine verstorbenen Großeltern und stelle mir vor, wie es ihnen gehen könnte.

***

Bevor ich einschlafe, bete ich meistens. Wenn wir eine Prüfung oder einen Test haben, bete ich auch. Wenn jemand gestorben ist, dann bete ich auch.

***

Ich habe zu beten aufgehört, weil ich an Gott zweifle und nur ein Gebet kenne.

***

Wenn ich bete, habe ich irgendwie vor nichts Angst. Manchmal rede ich mit Gott, aber ich bitte ihn auch um manches. Wenn ich am Abend in meinem Bett liege und nicht einschlafen kann, erzähle ich ihm von meinem heutigen Tag. Dann fühle ich mich irgendwie immer besser. Auch wenn ich traurig bin, bitte ich ihn, dass er mir hilft. Ich bete auch immer vor Tests oder anderen Dingen, die mir wichtig sind. Ich bete immer am Abend, auch wenn es kindisch klingt. Ich versuche jeden Abend zu beten. Wenn ich es an einem Abend vergesse, dann habe ich ein ziemlich schlechtes Gewissen. Hauptsächlich bete ich für meine Familie und meine Freunde, dass es ihnen gut geht. Ich bete aber auch für Frieden und für die armen Menschen in fernen Ländern. Ich glaube an Gott und werde es für immer machen.

Manchmal bete ich am Abend, bevor ich schlafen gehe, auch vor Schularbeiten.

Ein Erlebnis war einmal vor einer Mathe-SA: Ich hatte total Angst, sie zu verhauen, denn mich interessiert Mathematik nicht und mögen tu ich es auch nicht wirklich. Ich war urverunsichert. Am Abend vor der Mathe-SA betete ich ganz fest, dass es eine gute Note wird. Und ich bekam 2 Tage später die M-SA zurück und es war eine 3. Da freute ich mich total.

***

Ich bete nur im Reli-Unterricht. Sonst bete ich nie. Denn ich …

***

Als meine Uroma starb, war ich sehr traurig und da habe ich gebetet und 9 Monate später ist meine kleine Cousine auf die Welt gekommen. So war die Familie wieder vollzählig. Manchmal bete ich auch am Abend.

***

Ich bete jeden Sonntag in der Messe. Früher habe ich manchmal am Abend gebetet, aber irgendwann habe ich damit aufgehört. Im Kindergarten hatten wir immer ein Tischgebet. Jetzt bete ich jedes Mal in der Religionsstunde. Manchmal bete ich auch, wenn wir zu einem Grab meiner Verwandten gehen. aber nicht so viel.

Ich gehe jeden Sonntag in die Kirche beten. Wenn ich bete, denke ich meistens an meinen verstorbenen Opa.

Ich und meine Familie haben ein Haus in NÖ. Dort gehe ich schon zur Firmung, manchmal beten wir auch beim Firm-Unterricht mit dem Herrn Pfarrer, der den Firm-Unterricht leitet.

***

Damals, als mein Onkel starb, war ich sehr traurig. Er war noch sehr jung und starb an Krebs. Ich betete jeden Tag, dass es ihm gut gehen soll.

***

Eigentlich bete ich immer vor Tests oder ähnlichem. Früher war ich oft in der Kirche, mittlerweile nicht mehr, da es immer mehr zu tun gibt, z.b. lernen und so...Trotzdem bete ich jeden Tag ein Abendgebet, auch wenn es kindisch klingt.

***

Schüler der sechsten Klasse

(15 bis 16 Jahre)

1) Beten = Bedenken der eigenen Probleme unter Vorgabe ein höheres Wesen anzusprechen

Auch bei Gebetsformeln: meist verwendet, um Hilfe zu bekommen. Ablegung der Probleme, Austritt aus dem Alltagsleben

2) Konzentration auf sein Inneres; die geistliche Welt.

1)und 2) nur bei individuellem Beten.

***

Beten hat für gläubige Menschen sicher eine große Bedeutung. Sie stehen mit Gott in Verbindung und manchmal gelangen sie durch Beten zu Lösungen ihrer Probleme. In diesem Fall habe ich nichts dagegen.

Anders ist es jedoch bei vielen Erwachsenen und Schülern, die nur dann beten, wenn sie vor etwas große Angst haben und Gott um Hilfe anflehen. Da bin ich absolut dagegen. Ich selbst „muss zugeben, dass ich fast nie bete. Manchmal aber überfällt es mich – diese Periode kann bis zu drei Wochen dauern.

Was ich nicht verstehe ist, dass manche Menschen nur zum Beten in die Kirche gehen. Meiner Meinung nach kann man überall mit Gott in Verbindung stehen.

***

Beten ist Ordnen der Gedanken,

über sein eigenes Verhalten nachdenken,

über die Beziehung zu anderen Menschen nachdenken,

über das Lebensziel nachdenken,

die Richtigkeit des eigenen Verhaltens beurteilen,

sich mit sich selbst beschäftigen.

Man wird selbstbewusster, ausgeglichener, wenn man betet.

***

Ich habe schon früh das Beten von meinen Großeltern gelernt – war mit ihnen beim Rosenkranz in der Kirche. Die Bedeutung oder den Sinn des Gebetes habe ich damals nicht verstanden. Ich kenne sicher viele Gebete – nicht alle, aber doch einige. So richtig anfangen kann ich mit diesen Gebetsformeln jedoch nichts – sicher sie erzählen viel von Jesus und Gott, oder sonst...

Wenn ich bete, das Bedürfnis danach zu verspüren, mit Gott zu sprechen (denn das ist ja ein Gebet glaube ich) dann tue ich das meist mit meinen eigenen Worten. Das heißt aber nicht, dass ich nicht auch Gebete bete. Wenn ich heute zu meiner Oma gehe und mit ihr in die Kirche gehe (auch ohne meine Oma) dann finde ich es selbstverständlich. Aber mehr habe ich von einem „eigen verfassten" Gebet.

***

Beten = ähnlich dem Schlaf – Überdenken der eigenen Probleme

Beten = Art der Meditation – erhöht das Selbstwertgefühl

Glaube nicht, dass direkte Kommunikation mit Gott (= verbal) möglich ist. Ziel ist sich seelisch zu besinnen und innerlich zu festigen. Man soll seine Demut gegenüber Gott zeigen, man soll im Gebet auch an andere Menschen denken.

***

Gebet = CHRISTLICHES RITUAL, scheinbare Kontaktaufnahme zu Gott,

Weg, um sich selbst Mut zu machen, abergläubischer demütigender Weg, um sich vor Gott auf den Boden zu werfen und Vergebung zu erbetteln. Aber manche Christen glauben tatsächlich, durch Gebete Gott erreichen zu können und beten aus ihrem Glauben heraus, auch wenn sie nicht in Not sind.

***

Ich habe schon lange nicht gebetet, nie in einer konkreten Form, aber immer in einer Art innerlichem Gespräch, instinktiver Bitten um Beistand – besonders bei Schularbeiten in Fächern, die mir nicht liegen. Meistens wird in Kirchen gebetet, für Kinder gibt es so

kleine Gebete, die sie vorm Schlafengehen sagen sollen –
aber das ist meistens eine lästige Pflicht und wird
runtergerasselt, damit man es hinter sich hat. Gebet
beschränkt sich nicht auf die Kirche, man kann auch
gläubig sein und nicht in die Kirche gehen, Menschen
sagen sie sind „Gottesfürchtig", weil sie jeden Sonntag in
die Kirche gehen und die restliche Woche nicht an Gott
denken, sind scheinheilig. man weiß nicht ob Gebet
wirklich helfen, aber dadurch, dass man seine Ängste,
Träume und Wünsche „jemandem" innerlich
anvertrauen kann, ist für viele schön eine große
Erleichterung, der Gedanke an Gott hilft vielen in
schweren Situationen.

Als meine Oma nach jahrelanger Krankheit und
manchmal auch Qual starb, hat mich der Gedanke, dass
es ihr dort, wo immer sie jetzt ist, besser geht, ein wenig
getröstet. Überhaupt der Gedanke, dass geliebte
Menschen in gewisser Weise und im Herzen ihrer
Liebenden weiterleben, ist tröstlich. Aber sagen „man
glaubt an Gott" können nur wirklich gläubige Menschen,
die meisten glauben daran, dass es etwas gibt, das
außerhalb unsrer Vorstellungskraft liegt, und im Laufe
unseres Lebens ein kleines bisschen beteiligt ist.

6. Gebot: Ich werde nicht die Ehe brechen

Siebente Klasse

(16 bis 17 Jahre)

*„Meine Gedanken zum Eheversprechen der bindenden
Treue"*

Ich sehe die Heirat als das stärkste Zeichen, das
ausdrückt, dass zwei Menschen sich unheimlich lieben.
Wenn sie ihre Liebe „beweisen" wollen, dann heiraten sie

und wünschen sich zumindest zu diesem Zeitpunkt miteinander alt zu werden.

(Schülerin)

… heiraten, wenn ich dem anderen vertrauen kann, wenn ich ihn liebe, wenn er es auch ernst meint, wenn ich mich bei ihm geborgen fühle, Spaß haben kann und alles andere auch passt.

(Schülerin)

Ewige Treue, geht das überhaupt?

Jemanden finden, mit dem man das restliche Leben verbringen, vielleicht eine Familie gründen und füreinander sorgen will.

sich in der eigenen Familie geborgen fühlen

Ich glaube schon, dass ich irgendwann heiraten und eine Familie gründen will. Vorausgesetzt, ich finde einen Partner fürs Leben, mit dem ich mir das vorstellen kann. Vielleicht werde ich nur eine Partnerschaft bevorzugen? Ich weiß es nicht!

Ich glaube, dass ein Eheversprechen mehr Sicherheit gibt und eine Art Beweis ist, wie sehr man den anderen mag. Traditioneller Weise gehört es irgendwie dazu. Und auf gewisse Weise verbindet es. Liebt man sich wirklich so sehr wie es den Anschein hat, braucht man aber keinen Beweis dafür. Auch Tradition ist dann nicht das Wichtigste. Und noch engere Verbundenheit ist nicht nötig!

Ob ich heiraten werde, kann ich nicht sagen. Viel Sinn hat es nicht!!

Doch Hochzeiten sind schöne Feste… also warum nicht?

(Schülerin)

Mit einer Heirat kommt viel mehr Verantwortung auf jemanden zu. Vielleicht macht das vielen Leuten Angst oder es glauben eben auch einige, dass sie nicht ewig treu sein können. Mit einer Heirat kommt neben materiellen Vorteilen aber auch etwas ganz anderes Wunderschönes auf dich zu. Das Gefühl der Sicherheit, der Geborgenheit und dass man wirklich geliebt wird! Das alles könnte für mich keine „Lebensgemeinschaft" ausdrücken. Deswegen möchte ich auch unbedingt heiraten. Es muss einfach ein schönes Gefühl sein zu wissen, da ist jemand an meiner Seite, der ist immer für mich da, sorgt für mich und ist mir treu. Ja, das mit der Treue wird leider viel zu oft vergessen oder zu wenig ernst genommen.

Dass man sich trennt, das kann immer passieren. Das liegt aber sicher daran, dass wir Menschen uns verändern im Laufe der Jahre.

Für mich ist es nun mal so, dass wenn ich mein Treuegelübde abgebe, mich verpflichtet fühle, alles zu tun, dass die Ehe hält. Wenn ich einmal heirate, dann sollte mir das aber auch bewusst sein und es leicht für mich sein, mich daran zu halten. Es kann in der Ehe auch schlechte Zeiten geben, aber da muss man durch. Echte Liebe bedeutet für mich, dass man alles schaffen und überstehen kann.

(Schülerin)

In erster Linie verbinde ich Tradition mit heiraten. Das Argument, das häufig gegen die Ehe verwendet wird, ist die Behauptung, dass man sich lieben kann und einander treu sein kann, ohne es „offiziell" zu versprechen.

Ich glaube durch den generellen Freiheitsdrang der Gesellschaft, wünscht man sich auch auf dieser Ebene Freiheit und Ungebundenheit, sozusagen „Ungebundenheit" in Gebundenheit, wodurch die Gebundenheit eine scheinbare wird.

Ich verbinde mit „heiraten" tiefe, ungezwungene Liebe, die über allem steht, die eigentlich niemand stoppen kann. Die Ehe ist mehr als Beziehung, sie lässt das Leben bzw. die Herzen zweier Menschen verschmelzen, so dass sie füreinander leben.

Die größte Freude wäre es folglich, wenn der Partner glücklich ist. Man empfindet den größten Schmerz, wenn der Partner unglücklich ist. Man ist immer für den anderen da, ohne Einschränkung. Trotzdem ist es für mich nur teilweise, aber nicht komplett mit Selbstlosigkeit verbunden. Denn trotz der Verschmelzung miteinander, muss jeder Partner sein eigenes Leben mit den Dingen, die ihm persönlich wichtig sind, aufrechterhalten dürfen, ja mehr noch, jeder ist dem anderen gegenüber „verpflichtet" seine Werte, Anschauungen und Hobbies zu akzeptieren und ihn/sie in ihrem Tun und ihren Problemen zu unterstützen.

Die Ehe besteht für mich also aus grundsätzlichen Teilbereichen: Die Verbundenheit der Herzen und das Akzeptieren der Persönlichkeit des Partners.

Hinzuzufügen wäre, dass es sich dabei um ein Idealbild handelt, das meiner Meinung nach äußerst selten − bis nie erfüllt wird.

(Schülerin)

In der heutigen Gesellschaft ist es nicht mehr „modern" zu heiraten. Wozu auch? Es wird doch jede dritte Ehe wieder geschieden. Wenn man nicht heiratet, hat man auch keine Komplikationen, wenn man sich trennt.

Meine Meinung ist ein bisschen anders. Ich möchte auf jeden Fall heiraten − Voraussetzung ist natürlich der richtige Partner. Wenn ich einen Partner habe, den ich wirklich liebe und mit dem ich mir ernsthaft vorstellen kann den Rest meines Lebens mit ihm zu verbringen, dann möchte ich denjenigen auch heiraten.

Ich glaube das ist auch ein Problem in der heutigen Gesellschaft. Die Menschen möchten unabhängig bleiben und sich alle Optionen offenhalten!!!

Natürlich, wenn man sich nicht sicher ist, sollte man es lieber lassen, denn meiner Meinung nach ist heiraten etwas, das man nicht einfach so tut, weil es mit dem Partner gerade gut läuft. Man muss sich in seinem Herzen sicher sein. Sicher sein, dass es eine Entscheidung für den Rest meines Lebens ist oder besser gesagt, sein sollte ...

Natürlich kann man die Entwicklung einer Beziehung und die der Menschen nicht voraussehen. Aber wenn man sich einmal so sehr geliebt hat, dass man dem anderen versprochen hat bis zum Lebensende treu zu bleiben, dann findet man immer eine Lösung. Eine Hochzeit sollte ein Ereignis in einer Beziehung sein, das die gegenseitige Liebe besiegelt. Man liebt den anderen – ist für ihn/sie da, ohne Wenn und Aber.

(Schülerin)

Ist Ehe heute noch sinnvoll? Wer ist noch 100% treu? Unser ganzes Leben wird uns eingeredet, wir könnten ständig alles haben – Wieso sollten wir uns dann auf einen Menschen beschränken? Die Zeiten ändern sich und damit auch die Menschen. Viele Dinge, die früher der Grund zu einer Ehe waren, existieren heute einfach nicht mehr. Wie viele Ehen sind bloß Zweckgemeinschaften?

Wenn nach einigen Jahren, nachdem der Alltag unwiderruflich die Kontrolle übernommen hat – die rosarote Brille und die Herzchen in den Augen verschwunden sind – was bleibt dann noch von dem, was man erwartet, angestrebt und sich letztlich vor Gott und den Menschen gelobt hat?

Die ständig steigenden Scheidungsraten sprechen für sich: ewige Treue bedeutet heute im Normalfall etwa fünf Jahre, wenn überhaupt. Eine ziemlich kurze Ewigkeit!

Vielleicht wäre es angebracht, die Ehe der heutigen Situation anzupassen und einen Vertrag daraus zu machen: Laufzeit fünf Jahre?

(Schülerin)

In der heutigen Zeit hat der Sinn der Ehe mehr oder weniger seine Bedeutung verloren. Die meisten sehen dieses Versprechen als eine meist finanzielle Absicherung. Doch muss das natürlich nicht immer so sein.

Ehrlich gesagt habe ich mir noch nicht viele Gedanke darüber gemacht. aber natürlich habe ich auch diese „Klein Mädchen" Fantasie einer wunderbaren Traumhochzeit.

Ich finde, man sollte nur dann eine Ehe eingehen, wenn man sich wirklich sicher ist, dass man sein ganzes Leben mit seinem Partner verbringen will. Aber dazu muss man auch erst diesen besonderen Menschen finden, was nicht immer so leicht ist.

Ehe steht auch für Toleranz, Respekt und auch Liebe und Leidenschaft gegenüber seinem Partner!!! Vertrauen spielt natürlich auch eine große Rolle. Und ich finde, man sollte, bevor man sich entschließt zu heiraten, gut überlegen, welche Aspekte dafür oder dagegen sprechen, weil es eine Entscheidung für das ganze Leben ist.

Bei der Hochzeit selbst sollte auch nicht nur das Kleid und die gesamte Gesellschaft wichtig sein; sondern das Versprechen, das man sich gibt.

(Schülerin)

Ich denke, dass man sich dieses Versprechen erst nach vielen Jahren des Zusammenseins geben kann. Heute werden Ehen zu schnell geschlossen, sozusagen als Fixpunkt einer Beziehung. Dabei habe ich dieses Versprechen immer als etwas anderes verstanden als eine Art Bonus zu einer schönen Beziehung. Damit will ich sagen, dass man natürlich das Glück haben kann, die

„wahre" Liebe schnell zu finden, allerdings heiraten auch teilweise Leute, die sich sehr gut verstehen.

Und es gibt einen gewaltigen Unterschied zwischen Verständnis und Liebe. Und Ehe sollte nicht nur aus Verständnis geschlossen werden, sondern aus reiner unverfälschter Liebe heraus.

(Schülerin)

Das Ende der Freuden ... (Junggesellendasein).

Hochzeit, nur wenn man den Partner wirklich liebt!!! Nicht zu schnell! Bis dass der Tod uns scheidet und nicht der Anwalt!!

Irgendwann schon heiraten... aber nicht zu früh!

Aus meiner jetzigen Situation kann ich mir nicht vorstellen einer Frau das ganze Leben treu zu sein. Es ist auch noch zu früh für mich, möchte noch Erfahrungen sammeln und vielleicht etwas „schlimm" sein. Doch mit einem gewissen Alter möchte ich mich auf jeden Fall verheiraten und eine Familie gründen – das ist ein großer Traum von mir. Das einzige Problem für mich ist, wenn man sich auf die Nerven geht. Ich habe Angst davor, als unglücklicher alter Mann zu sterben, den sein Weib bis auf die Knochen nervt und natürlich auch sie von ihm genervt ist.

Wenn man voneinander genug hat, ist es vielleicht ratsam, einen Seitensprung zu wagen, nur um zu sehen, dass die eigene Frau doch das Maß aller Dinge ist. Wenn dies nicht der Fall sein sollte, gibt es ein Problem, das lasse ich jetzt aber außer Acht.

(Schüler)

Weil ich ein gläubiger Katholik bin, glaube ich, dass solch ein Schwur bindend ist und dass man unbedingt treu sein muss. Denn die Ehe soll als etwas Einzigartiges angesehen werden, als etwas Heiliges. Man sagt ja auch die „heilige Ehe". Darum finde ich, dass Heirats-schwindler das Allerletzte sind.

Selber will ich auch heiraten, aber erst in einer fernen Zukunft.

(Schüler)

Das Eheversprechen der bindenden Treue ist ein Grundsatz für den man, bevor man ihn einhalten kann, viel Erfahrung sammeln muss. Im Grunde will ich einmal eine Frau für immer finden. Ob das möglich ist, weiß ich nicht. Ich konzentriere mich lieber auf eine erfolgreiche Karriere. Reiche Männer finden auch im Alter noch schöne Frauen ...

(Schüler)

Eigentlich ist das Heiratsversprechen doch etwas Schönes – auf ewig verheiratet sein, bis der Tod einander trennt. Aber sich darüber Gedanken zu machen ist als 17-Jähriger, glaub ich, noch zu früh.

Ich glaube an die ewige Liebe und Treue, aber derzeit bin ich noch zu jung dafür – also zum Heiraten – und ich beschäftige mit anderen Themen, die für mich persönlich wichtiger sind (Schule, Freunde, Gestaltung meiner Berufskarriere ...)

Schlussendlich möchte ich noch erwähnen, dass ich wirklich vorhabe einmal zu heiraten. Und sobald ich jemanden die ewige Treue und Zuneigung schwöre, möchte ich sie auch bis zu meinem Tode halten!!!

(Schüler)

Die Ehe bringt speziell im höheren Alter ein Gefühl der Sicherheit. Man lernt dadurch vermehrt füreinander zu sorgen und füreinander da zu sein. Es ist ein Pakt zweier Individuen, die sich entschieden haben, ihr Leben gemeinsam zu verbringen und füreinander zu sorgen. Meiner Meinung nach können auch homosexuelle in den Stand der Ehe treten.

Die Ehe ist die Basis zum Kinderkriegen. Nur dann sind die Kinder relativ sicher, dass sie auch in einer funktionierenden Familie leben, was eine der wichtigsten Grundlagen des menschlichen Lebens ist.

Die Ehe hat nur dann Sinn, wenn man sich zueinander hingezogen fühlt und das schon längere Zeit. Momentane Gefühle können nämlich allzu leicht schwinden ...

(Schüler)

Ich habe eine geteilte Meinung über Hochzeit allgemein. Man sagt, dass es der Traum aller Mädchen ist, es ist auch schön. Allerdings denke ich, dass durch eine Hochzeit das Leben nicht mehr so wunderschön ist. Es ist alles wie eine Art Zwang. ... dadurch verblasst nach und nach die Liebe, da es nur Gewohnheit ist.

Wenn man heiratet, um zu beweisen, dass man wirklich ewig treu sein wird, warum lassen sich dann so viele Ehepaare wieder scheiden?

(Schülerin)

Auferstehung

Schüler der 7. Klasse

(16 bis 17 Jahre)

Ich glaube nicht, dass es diese Auferstehung jemals gegeben hat, zumindest in dem Sinn, wie sie in den Schriften dargestellt wird. Zu dieser Zeit war man noch sehr unerfahren, was die Wissenschaft und somit die Geschehnisse in der Umwelt betrifft.

Es wäre allerdings falsch zu behaupten, dies alles sei Lüge; denn das wird man nie genau wissen beziehungsweise belegen können. Wir sind in dieser Hinsicht auf eine Sammlung von Schriftstücken angewiesen, von denen niemand sagen kann, sie entsprechen der Wahrheit oder auch nicht. Folglich kann auch alles, was sich auf diese Schriften bezieht, sich auf Wahr- oder Unwahrheiten zurückführen lassen- und hier kommt der Glaube ins Spiel.

(Schüler)

Ich glaube nicht an die Auferstehung in dem Sinne, dass ich wieder zum Leben erwache oder irgendjemandem erscheine. Denn die Auferstehung ist ein einmaliges Erlebnis. Ich persönlich glaube, wenn ein Mensch stirbt, passt er dann auf einen Menschen auf, der ihm im Leben sehr nahegestanden ist, als Schutzengel. Jedoch nach langer Überlegung ist das, an was ich glaube – irgendeine Art von Auferstehung

(Schüler)

Ich persönlich glaube daran. Ich finde, dass das etwas Einmaliges ist und sicher nicht mehr vorkommt. Es ist einfach bewundernswert, dass sich Jesus für all unsere Sünden geopfert hat, dass er so viel Schmerz und Demut hat ertragen müssen. Ich finde es schade, dass in der heutigen Zeit so viele Menschen das vergessen (bewusst aber auch unbewusst) und es einfach nicht glauben wollen.

Für die Jünger war es ein Schock, als Jesus gekreuzigt wurde. Zwei von ihnen hatten Jesus nicht einmal erkannt, als sie ihm auf dem Weg nach Emmaus begegneten. Ich glaube, dass keiner der Jünger wirklich daran geglaubt hat, dass Jesus jemals auferstehen wird. Das beste Beispiel ist der Thomas, der erst dann an die Auferstehung glaubte, als er Jesu Wundmale sah und berührte.

Ich bin der Meinung, dass heute sehr viele Leute so wie Thomas sind.

(Schülerin)

Die Auferstehung Jesu war ein einmaliges Erlebnis in der Geschichte des Christentums. Wir glauben daran –

Aber so etwas wie einen Beweis gibt es dafür nicht! – das ist Glauben…

Mir stellt sich die Frage, wie die Auferstehung jedes Einzelnen aussieht oder sein könnte (alle haben die gleiche Auferstehung, bei jedem ist es verschieden, ob es vom jeweiligen Leben abhängt? Erfüllung des Lebensziels, keine Erfüllung – nochmals geboren? Wiedergeburt? körperlich auferstanden, geistig auferstanden?)

Was für mich fragwürdig ist, ist die Auferstehung Jesu körperlich gewesen? Während wir heute meistens die Auffassung haben, dass der Geist in den Himmel auffährt.

Weiters kann ich mir nicht vorstellen, dass Jesus den Jüngern in einem Menschen erschienen ist, viel mehr glaube ich, dass ihnen Jesus in bestimmten Situationen geistig erschienen ist. Sie hatten noch nicht den Tod Jesu „verarbeitet" und so wie alle Menschen nach dem Tod eines nahestehenden Menschen länger noch an denjenigen denken und Lebenssituationen mit dem verstorbenen Menschen in Verbindung bringen. Im Laufe der Zeit hat sich dieser „Mythos" entwickelt.

Der Großteil der Christen hat die Geschichte im Laufe der Zeit falsch aufgefasst!

Viele verbinden die Auferstehung mit der „Erfüllung des Lebens". Habe ich mein Leben „gut" gelebt, so fahre ich in den Himmel auf und bin befreit von meinen Sünden… (da stellt sich wieder die Frage von den Geschicken der „Bösen" – Zwischen Welt der Toten zwischen Himmel und Erde)

Ich denke die Auferstehung wird voll missverstanden und wirft viele (zu viele Fragen) auf, mit denen ich mich nicht allen beschäftigen kann.

(Schüler)

Die Auferstehung Jesu ist das Zentrale am christlichen Glauben. Kann es also gläubige Christen geben, die nicht an die Auferstehung glauben? Muss man an dieses Ereignis glauben, um das Christentum zu verstehen?

Zunächst will ich die Auferstehung erläutern. Der Leichnam Jesu wurde von Engeln aus seiner Grabkammer entfernt und ward nie mehr gesehen. Selbst die gläubigen und getreuen Jünger Jesu hatten die Annahme, dass die Leiche einfach gestohlen worden sei. Trotz der Überzeugung und der Worte von Johannes blieben sie bei ihrem Glauben, bis der neue Jesus das Brot brach.

Diese Geschichte wirft einige Fragen auf: Ist es möglich, dass wir eine Tatsache hinnehmen, die selbst die Jünger zweifeln ließ? Meine Überzeugung sagt mir, dass wir die Auferstehung mit Skepsis betrachten sollten. Es ist ziemlich unglaubwürdig. Mich wundert es, dass es möglich sein soll. Warum ist eigentlich nur Jesus auferstanden innerhalb von 2000 Jahren?

(Schüler)

Auferstehung = ewiges Leben

Wenn keine Auferstehung, dann ist es egal, was wir tun. der Sinn des Lebens ist gleich null. Wenn es die Auferstehung gibt, dann ist es nicht egal, was wir tun.

Ich glaube nicht an eine „Auferstehung" der Körper. Was soll ein Körper in einem „Himmel" (falls es solchen gibt)?

(Schüler)

Ich persönlich glaube nicht an die Auferstehung oder an irgendeine andere Form von „Leben nach dem Tod", wie es das Christentum lehrt. Wahrscheinlich gibt es irgendetwas nach dem Tod, ich kann jedoch nicht in Worte fassen, was es ist. Zur Auferstehung selbst kann ich nur sagen, dass ich mir nicht vorstellen kann, wie es funktionieren soll. Unter dem Begriff Auferstehung verstehe ich, dass ein Toter als dieselbe Person „lebend wiederkehrt". Dies Tatsache ist so unglaubwürdig und spricht gegen jedes Gesetz der Natur, dass ich für mich diese Frage, ob es die Auferstehung gibt, mit Sicherheit mit NEIN beantworten kann.

(Schüler)

Mein „Jesus Christus" – Fünfte Klasse

(14 bis 15 Jahre)

Jesus Christus hat mir schon in vielen Situationen geholfen – oft, wenn ich mit dem Kopf zur Wand stehe, habe ich das Gefühl, dass mir jemand hilft. Leider bin ich in letzter Zeit immer in schwierigen Situationen, z.B. mit meinen Freunden oder mit meiner Familie. Ich hoffe nur, dass ich die Kraft und die Ideen bekomme, wie ich diese schwierigen Situationen meistere. Ich habe so große Angst davor, dass ich es nicht schaffe.

Aber ich denke, dass diese Angst jeder Mensch hat, bzw. fast jeder Mensch.

Wenn ich aber so recht überlege, habe ich schon so oft Glück gehabt. In diesen Situationen muss mir eine „höhere" Macht geholfen haben.

Ich weiß ganz genau, dass Jesus Christus bei mir ist, nämlich in meinem Herzen, und er passt auf, dass mir nichts passiert und ich glücklich werde. Er ist (fast) wie ein guter Freund.

***

Jesus ist Gottes Sohn, der vor vielen Jahren auf die Erde kam, um den Menschen zu zeigen, dass sie sich vor dem Tod nicht fürchten müssen. Als ich noch kleiner war, dachte ich mir immer (ich weiß wirklich nicht warum??), dass er so aussieht, wie Duffy Duck.

221

Ich stellte mir immer vor, er sitzt mit ein paar Männern auf einer Wolke und spielt Karten. Wie ich auf das kam, weiß ich echt nicht. Aber dann zeigte mir Mama ein Bild von ihm. Obwohl … niemand weiß, wie er wirklich aussieht und vielleicht ist meine Vorstellung tatsächlich die richtige? Doch das glaube ich auch wieder nicht …

Damals sammelte ich auch einige Sachen von der Erstkommunion: z. B. Liedtexte, Kreuze, Bilder, etc …

Für mich ist Jesus ein normaler Mensch. Schon etwas Besonderes, aber dennoch normal.

***

Jesus ist für mich eine Person, die ich nicht sehen, sondern nur fühlen kann.

Ein Beispiel: Als mein Hund vor drei Monaten von uns gegangen ist, habe ich trotzdem gewusst, dass er in guten Händen ist.

Oft denke ich mir bei einer Person, das ist Gott, da er so gutmütig, herzensgut ist und immer richtig handelt.

Aber Gott kann man auf einer A4 Seite gar nicht beschreiben, Jesus kann man nicht beschreiben. Manchmal bekomme ich das Gefühl, dass ich etwas Besonderes bin, aber jeder Mensch ist was Besonderes, denke ich.

Wenn ich manchmal große Angst habe, dann gibt's da so eine Kraft in mir, die mir wieder neuen Mut verleiht. Das Gefühl, dass immer wieder neue Kraft in mir steckt, wie ich sie aber herausrütteln oder wachrütteln muss – ich glaube, dass Jesus mir dabei hilft. Diese Gefühle kann, glaube ich, nur Jesus mir geben.

***

Jesus Christus … Wer ist dieser Mensch eigentlich?

Ganz einfach: Jesus ist der liebenswürdigste, vertraulichste und netteste Mensch, den es je auf dieser Welt gegeben hat.

Es hat ihn sicher gegeben, darüber bin ich mir erst vor kürzerer Zeit klar geworden. Das muss jedoch nicht bedeuten, dass man, wenn man an Jesus glaubt, gleich an den Rest der Bibel glaubt. Da habe ich leider schon meine Zweifel … Sachen, wie zum Beispiel:

… über Wasser laufen, Wasser in Wein verwandeln, Tote wieder auferstehen lassen …

Dies sind Dinge, denen ich keinen Glauben geben kann!

Jesus … Das gutmütigste Wesen unserer Erde!

Er ist für jeden da; er hat immer ein offenes Ohr, sogar für Mörder, Verbrecher und andere „böse" Menschen.

Würden alle Menschen so sein, wie er es zu Lebzeiten war, wäre unsere Welt heute perfekt.

***

Was ich am meisten an ihm bewundere, ist, dass er so ein guter Mensch war. Immer hilfsbereit, er hat immer an andere gedacht, ließ sich aber nicht so leicht beeinflussen. Ich meine er hat daran geglaubt, was immer er getan hat. Natürlich gab es auch Momente des Zweifels – aber sein Glaube hat ihm geholfen und darin bestätigt, was er getan hat. Naja, ich kann es nicht so erklären, wie ich es meine. Außerdem war er immer gerecht, denke ich, ich finde er hat immer das Richtige gemacht, hat immer gewusst, was er tun muss, auch wenn es nicht immer leicht war. Wahrscheinlich stimmt es nicht, aber für mich stellt es sich so dar.

Außerdem ist er zwar den richtigen, aber nicht den einfachen Weg gegangen. Das bewundere ich auch, denn ich neige dazu (wie viele) den einfacheren Weg zu gehen.

***

In letzter Zeit gehe ich nicht nur in die Sonntagsmesse, sondern auch unter der Woche. Dabei höre ich umso mehr von Jesus und Gott. Je mehr ich höre, desto faszinierter werde ich. Nicht so „fasziniert" wie wenn ich im Kino vor einem spannenden Film sitze und fasziniert bin; NEIN; fasziniert meine ich im Sinne von gläubig.

Ich bin jetzt 14 und habe seit 9 Jahren Religion, ich bin getauft, war bei der Erstkommunion und bei der Firmung. Ich singe auch öfter in der Messe im „Chor". Meine Mutter abreitet in der Pfarre, ein Verwandter von mir ist Pfarrer. Ich habe viel mit Jesus zu tun und für mich ist er jemand, der mir sagt, was ich tun soll, der mir hilft, wenn ich nicht mehr weiterweiß und der mich an der Seite Gottes schützt. Ich kann ihm ALLES anvertrauen, mit ruhigem Gewissen, dass er es für sich behält. Beichten gehe ich nicht so gerne und rede deshalb „direkt" mit Gott und Jesus. Erzähl IHNEN meine Sünden und warte ohne Pfarrer auf ihre Vergebung. Bisher hat das immer „funktioniert".

Ich glaube sehr an Jesus, auch wenn er nicht vor mir steht. Ich weiß, dass es ihn gibt und das zählt. Jesus, so heißt es, ist gestorben, damit wir leben können. Ich danke Jesus dafür (für mein Leben). Im Gegenzug dazu gehe ich in die Kirche, um ihm zu zeigen, wie sehr ich an ihn glaube.

Das, finde ich, ist fair!!! Das sind wir ihm schuldig.

***

Für mich ist Jesus Christus eine sehr wichtige Person, denn zu ihm bete ich und vertraue ihm auch einen Großteil meiner Sorgen an, ich weiß, dass er sie 100% für sich behält und mir versucht, auf eine gewisse Weise zu helfen.

Wenn ich traurig bin oder Probleme habe, bete ich zu Jesus Christus, denn er hört jedem zu – egal wann. Als meine Mutter damals eine sehr schwere Operation gehabt hat, habe ich mir meinen Rosenkranz genommen und gebetet. Ich habe Jesus Christus um Hilfe gebeten, weil ich weiß, dass er für mich da ist, wann ich ihn brauche.

Ich bin froh, dass es ihn gibt.

Ich muss auch sagen, dass ich ihm viel zu verdanken habe, denn er hat mir eigentlich immer den richtigen Weg gezeigt. Das ist einer der vielen Punkte, die ich sehr an ihm schätze. Er beschützt mich und passt auf mich auf, da bin ich mir sogar sicher und wenn er es für richtig hält, wird er mich zu sich holen… denn was er macht, ist sicher das Richtige.

***

Zurzeit habe ich Gott sei Dank keine Probleme in der Schule, aber leider habe ich sie zu Hause. Meine Eltern streiten sich oft und meistens gibt es keinen richtigen Grund dafür. Ich verzieh mich dann in mein Zimmer und denke mir: "Warum streiten sie sich, warum tut Gott mir das an?"

Mein Glauben ist sehr stark und ich versuche auch immer das Richtige zu tun. (Auch wenn es nicht immer klappt). Ich bete täglich für meine Firmpatin, denn sie hat Krebs und die Ärzte sagen, dass sie nicht mehr lange leben wird. Sie ist eine sehr religiöse Christin und glaubt den Ärzten nicht. Sie sagt immer, dass Gott sie dann holen wird, wenn der richtige Zeitpunkt gekommen ist. Ich wünsche mir, dass sie noch lange leben wird und ich hoffe, dass Gott mir diesen Wunsch erfüllen wird. Wenn nicht für mich, dann für meine 7jährige Cousine, die von der schweren Krankheit ihrer Mutter nichts weiß.

Jesus Christus ist wahrscheinlich die wichtigste Person in meinem Leben. Auch wenn ich mich sehr oft frage, warum er den Menschen oft Leid zuführt. (es wird schon irgendeinen Grund haben, vielleicht sollen sie daraus lernen oder ihr Glauben soll stärker werden)

***

Also wenn es ihn wirklich gegeben hat, muss er ein ziemlich cooler Mensch gewesen sein. Ich meine, wie er für uns gestorben ist, ohne an sich zu denken. Die vielen Opfer, die er gebracht hat. Er hat immer gewusst, was zu tun war. Hat seine Jünger auf den richtigen Weg gebracht. Ist aber auch von ihnen enttäuscht worden (Judas). Für mich ist es faszinierend, wie er so voller Überzeugung an Gott geglaubt hat. Dass er nicht den Glauben aufgegeben hat, als er hingerichtet wurde.

Irgendwie bleiben sehr viele Fragen für mich offen. Wie hat er das gemacht, wie er über das Wasser gegangen ist? Als er auferstanden ist??

Aber auf der anderen Seite – es ist von so vielen die gleiche Geschichte niedergeschrieben worden. Also muss es stimmen, oder?

***

Liebevoller Mittler zwischen Gott und uns. Der Freund, der für uns sein Leben gab.

Retter in der Not.

Der Einzige, der für uns wirklich nur das Beste will – der Beste, auf den man sein Vertrauen setzen kann – der Einzige, der unsere Herzen kennt.

Gott und Mensch, Weg, Wahrheit, Leben, guter Hirte, Energie-Tankstelle, Hoffnungsquell.

Der Einzige, der uns Frieden geben kann – Er ist die Liebe, er, der Mut und Nahrung und Stärke geben kann. Alles, was man braucht in einem...

***

Mein „Jesus Christus" – Achte Klassen

(17 bis 18 Jahre)

Von dem ‚Erlöser' habe ich die „klassische" und (wahrscheinlich) auch tatsächlich Vorstellung – zumindest was sein Aussehen betrifft: Dunkles Haar, Bart, Dornenkrone.

Ob er WUNDER in der Form, wie sie in der Bibel niedergeschrieben stehen, gewirkt hat, wage ich zu bezweifeln. Aber ich bin sicher, dass dieser "Mensch" existiert hat und auf seine Art und Weise Wunder gewirkt hat, die von den Evangelisten in „publikums-wirksamer" Weise festgehalten wurden.

Einerseits stelle ich mir Jesus Christus als schlicht und einfach lebenden Menschen vor, der das Göttliche in Ihm zu seinem „Beruf" – zu seinem einzigen Streben, Wirken, Handeln... gemacht hat.

Jesus war ein Mann der Worte, doch seine Worte blieben nicht Worte, sondern verwandelten sich in Taten; und seine Taten verwandelten sich in Worte – heilige Worte – verewigt durch die vier Evangelisten.

Wir Menschen sollen durch das Göttliche in ihm in uns suchen – und finden und er wollte durch uns das Menschliche in ihm finden.

(Schüler)

Meine Vorstellung ist die klassische „Schuldarstellung", d.h. der etwas größere, schlanke, junge Mann mit längerem (schulterlangem) Haar und nicht allzu dichten aber doch mit Vollbart. Dazu das freundliche Gesicht und manchmal denke ich auch an seine Wunden, wenn ich den Namen „Jesus" höre. Ich persönlich beschäftige mich nicht wirklich oft mit Jesus, sondern eher noch mit Gott. In manchen Situationen spricht man irgendwie „in Richtung" Gott, um Hilfe zu erbitten oder um etwas Bestimmtes erreichen zu können. Dabei denkt man (zumindest ich) nicht wirklich an Jesus, sondern eben an Gott.

Liebe Frau Professor!

Ich möchte Ihnen am Ende meiner (eigentlich viel zu langen) Schulzeit noch für den einerseits interessanten aber auch lockeren Religionsunterricht bedanken. Ich persönlich konnte Religion in der Volksschule überhaupt nicht leiden (wegen Lehrerin) und auch in den ersten 2- 3 Jahren im Gymnasium war ich nicht sonderlich begeistert. aber bei Ihnen konnte man ab und zu diskutieren, manchmal relaxen und natürlich auch was lernen usw. Ich wünsche Ihnen alles Gute und Gesundheit für ihr weiteres Leben ...

(Schüler)

Jesus ist für mich der Mensch, der alle Sünden auf sich genommen hat. ER war es, der sich alles gefallen ließ. Mit seiner Ansicht hat er nicht nur Anhänger gewonnen, sondern auch Feinde. Viele bewunderten ihn, andere fürchteten ihn. Seine Weisheit und seine Kraft Gottes verhalf vielen auf den richtigen Weg des Lebens (deshalb auch der Name „Retter")

Für mich ist Jesus Christus ein Bote Gottes, der als Mensch Ordnung schaffen sollte, indem er Gottes Weg folgte. ER war ein gutes Beispiel für Andere. Mit seinen Aussagen bewirkte er nicht die Weltordnung, jedoch konnte er mit seiner Weisheit Leute zum Nachdenken und Erkennen bringen. Diese, die Jesus zuhörten, konnten seine Kraft auf sich lenken und seinem Beispiel folgen.

Obwohl Jesus gekreuzigt wurde, lebt er noch heute „in uns drinnen". Es ist die Kraft, die unser Handeln beeinflusst. Diese bestimmt nicht, was gut und böse ist, sondern existiert als Beispiel Jesu. Indem wir uns an sein Leben erinnern, wissen wir, was zu tun ist.

(Schülerin)

Obwohl ich weiß, dass Jesus für alle Menschen da ist, habe ich das Gefühl, wenn ich mit ihm spreche, dass er in diesem Augenblick nur mir allein zuhört.

Als Jesus als „Mensch" auf dieser Welt gelebt hat, hat er unglaubliche Taten vollbracht. Er war unglaublich gütig, hilfsbereit, doch die Eigenschaft, die ich am meisten bewundere, war sein vollkommene Hingabe an Gott.

Und ich glaube, dass ihn das von allen Menschen unterscheidet.

Ich habe mich bei so manchen Stellen gefragt, warum geht Jesus den schwereren Weg, warum nicht den einfachen? Doch wegen seiner unglaublich großen Liebe zu Gott hat er es sogar zugelassen, das Kreuz auf sich zu nehmen. Diese Eigenschaft kann ich zwar nicht nachvollziehen (wahrscheinlich, weil ich ein „einfacher Mensch" bin) doch bewundere ich sie zutiefst.

Jesus war für mich ein Mensch mit unglaublicher Ausstrahlung und (sh. oben).

Jesus IST für mich nicht in Worte zu fassen.

(Schüler)

Also zurzeit fällt mir ziemlich viel über ihn ein, aber schon zu viel, dass ich gar nicht weiß, was ich jetzt schreiben soll. Aber ein cooler Typ war er schon…Er hat ziemlich viel gemacht oder getan, wozu wir unfähig sind bzw. nicht fähig sein wollen … weil wir wahrscheinlich schon zu sehr an unsere Lebensweise gewöhnt sind, dass ein Jesus nicht mehr glaubwürdig ist. Sollte ein Jesus heutzutage einer Frau helfen, die gerade ausgeraubt wird, wir würden wahrscheinlich schockiert sein, nicht weil die Frau überfallen wurde, sondern weil ihr jemand geholfen hat.

Jesus ist ein Typ, der andauernd beim Guten bleibt, selbst wenn die Masse sich schon gegen ihn richtet – das ist einfach ursuper … Na, so ist nun mal Gott…Tja, ich wollte nicht zu sehr über philosophische Sachen reden, nur so eben... und das ist eben das, was mir vor 10 Minuten eingefallen ist.

(Schüler)

Jesu Mission war es, uns von der Existenz eines Jenseits und eines Weiterlebens nach dem Tod zu überzeugen. An letzteres glaube auch ich. An letzteres glauben Millionen von Menschen rund um den Erdball, und finden in den Zeiten der Not, Trost in Gott, und haben in der Stunde ihres Todes trotzdem Hoffnung. War dies Jesu Mission, dann war sie erfolgreich – egal ob er Wasser in Wein verwandelte oder nicht.

(Schüler)

Jesus, eine schwierige Gestalt. Gott, ja Gott ist leicht zu akzeptieren. Ein Wesen, das man mit ein paar Attributen (ewig, allwissend, unendlich stark etc.) versieht und für seine eigenen Fehler verantwortlich machen kann. Bei Jesus ist das viel schwieriger. Er, der den Unterschied zwischen dem Christentum und einem allgemeinen, monotheistischen Glauben erst ausmacht, ist nämlich nicht nur Gott, sondern – und damit umgehen ist sehr schwer, sondern auch ein Mensch, über dessen menschliches Leben wir sogar einiges wissen. Er ist nicht plötzlich erschienen, sondern wurde geboren und er verschwand nicht im mystischen Schleier, sondern starb so real wie wir sein Leiden immer wieder auf den Kreuzen in unseren Kirchen abgebildet sehen. Sich jetzt auf dieses Gott-Mensch, göttlichen Menschen, menschlichen Gott-Problem einzulassen, das unter Bedachtnahme auf die Taube (Symbol Hl. Geist) zum Problem der Trinität führt, wäre etwas zu weit gegriffen und außerdem haben auf diesem Gebiet schon ganz andere Koryphäen versagt (z.B. Augustinus – und der hätt's ja wissen sollen).

Viel wichtiger wäre es zu fragen, was Jesus, der Christus, hier und heute bedeutet.

„Jesus – dein Freund" – das sagt man zumindest den kleinen Kindern heute. Doch ob sie sich mit einer Gestalt, die vor 2000 Jahren in der Krippe gelegen hat, wirklich anfreunden können? Es ist schwer. Denn dieser Jesus wirkt ein bisschen wie ein revolutionierender Lehrer, der zwar recht gütig (Lasst die Kinder zu mir kommen...), aber dann auch wieder sehr schroff (vade retro, satanas!) sein kann, und das auch noch zu einem wirklich loyalen Freund (Petrus) oder?

Ich persönlich musste den Weg über Gott gehen, um zu ihm zu finden. Erst relativ spät im Verlauf meines „Religion kennen lernens" konnte ich ihn, diesen Gott, der sich in seiner eigenen Schöpfung zu uns herablässt, uns direkter als sonst irgendein Gott auf dieser Welt lehrt und belehrt, und schließlich den Mord, den Tod mit all seinen Ängsten und brutalen Schmerzen an sich zulässt, um mit noch größerer Herrlichkeit wieder aufzuerstehen und somit auch unserem Leiden und Sterben einen Sinn gibt – das ewige Leben akzeptieren, lieben, anbeten lernen.

Jesus Christus ist für mich die menschlich personifizierte göttliche Liebe und er ist Gott selber.

Er ist für mich mehr als ein Freund, den Freund betet man nicht an. Er ist vielmehr alles in allem, die ewige Seele, dennoch greifbar, unendlich und doch fassbar.

Er ist Jesus, der Christus. Allgemein kann man ihn nicht beschreiben, allgemein kann man ihn nicht lieben. Man muss ihn selbst, ihn persönlich kennenlernen um ihn zu verstehen, oder auch nicht.

(Schüler)

Jesus Christus ist für mich ein sehr bemerkenswerter Mann. Ich kenne niemanden, der für seine Ideen sogar in den Tod gehen würde. Lieber würden sie sich vorher „bekehren" lassen, als dem Tod Aug in Aug gegenüberstehen zu wollen. Ich weiß nicht, wie ich handeln würde.

Wissen Sie, was ich schön finde? Dass ich immer noch eine kindliche Vorstellung vom Himmelreich habe. Alles ist schön, friedlich, weiß und lauter kleine Engel fliegen umher. Wenn ich nicht so furchtbar Angst vor dem Tod hätte, würde ich mich sogar darauf freuen. Ich hoffe, dass ich eines Tages durch Jesus Christus auch diese Angst verliere.

Liebe Frau Professor!

ich möchte Ihnen bei dieser Gelegenheit einmal sagen, was für eine wunderbare Professorin sie sind. Sie haben mir in den letzten Jahren persönlich sehr viel geholfen und mir meine Religion nähergebracht. Dafür möchte ich Ihnen sehr danken. Gleichzeitig bin ich etwas bedrückt, da ich weiß, dass diese schöne Zeit bald vorbei sein wird. Ich hoffe aber, dass der Kontakt nicht abbricht. Ich wünsche Ihnen alles Gute und hoffe, dass unsere „Nachkommen" Sie genauso schätzen, wie ich es tue.

(Schülerin)

Für mich ist Jesus, es ist schwer zu beschreiben, eine überaus außergewöhnliche Person. Ich stelle mir Jesus als einen Menschen mit unglaublich viel Kraft vor, der ständig für seine Mitmenschen da ist und versucht, seine ganze Kraft auf sie zu übertragen. Jesus hatte es nicht leicht, es wäre für jeden von uns unvorstellbar, sein ganzes Leben für die Menschen zu opfern. Das ist für mich der göttliche Aspekt Jesu. Er steht immer über den Dingen in dem Wissen, was mit ihm geschehen wird. Es ist für mich unvorstellbar, dass ein Mensch in unserer heutigen Zeit bereit wäre, sich bedingungslos für einen Mitmenschen zu opfern, ich glaube in dieser Unvorstellbaren göttlichen Kraft liegt das „Mysterium" Jesus Christus. Für mich liegt darin die Bedeutung Jesu als Erlöser, der den Tod besiegt und sich für uns alle geopfert hat.

(Schüler)

Vielleicht klingt es etwas eigenartig – aber für mich ist Jesus einfach ein „guter Freund", besser gesagt „etwas mehr als ein guter Freund". Es ist schwer in Worte zu fassen... Er ist irgendwie „menschlich", er ist für mich „Person". Viele sagen, dass man ihm zwar Dinge sagen kann, aber keine Antwort zurückkommt. Doch ich finde schon, dass er mir antwortet. Manchmal bin ich auch böse und so richtig sauer auf ihn...Ich streite dann richtig mit ihm. Doch nach ein paar Tagen sind wir dann wieder gut. (Oft weiß ich nicht warum!)

Er ist für mich nicht „weit weg". Er ist „greifbar" und das ist es, glaub ich, was meine ganz persönliche Beziehung zu Jesus ausmacht. Banal ausgedrückt: Er ist einfach ein leiwander Kerl, der dich versteht und mit dem man streiten kann.

(Schülerin)

Ich denke, dass Jesus einfach ein gerecht denkender Mensch war und seiner Zeit um einiges voraus. Jesus und Gott bilden für mich zwei verschiedene Ebenen. Ich kenne mich zwar im Testament nicht so gut aus, aber der Satz, der mir immer wieder aufgefallen ist, heißt so ähnlich, wie... „und es geschah so, damit sich die Schrift erfüllte." Damit scheint mir, dass alles vorherbestimmt war und somit für mich eine wirklich sinnlose Aktion. Und dass Jesus mit seinem Tod auf dem Kreuz uns von der Erbsünde erlöst hat (indem wir ihn getötet haben) – tut leid, aber worin liegt der Sinn? Mein ganzes Jesusbild ist eigentlich im ersten Satz zusammengefasst.

(Schüler)

Jesus ist jemand, dem ich vertrauen kann und der immer für mich da ist – immer Zeit hat mir zuzuhören. Ich kann ihm all meine Probleme und Gedanken anvertrauen, ohne dass ich mir Sorgen machen muss, dass es jemand anderer erfährt oder sich lustig macht über mich. (Eben die typisch „menschlichen Eigenschaften" fallen weg.) Weiters steht für mich Jesus und Gott für alle guten und warmen Dinge des Lebens. Man könnte fast sagen, dass Jesus für uns, speziell für mich, Vorbild-Wirkung hat. Er hat sein Leben gelebt für die Gemeinschaft, er kannte das Wort Egoismus nicht – die Bedeutung oder das Streben nach Macht lag ihm fern. Symbolisch steht er für „das Gute". Viele Philosophen haben schon versucht zu beschreiben, was Gut und Böse ist, ich finde, Jesus hat uns mit seinem Leben diesen Unterschied bewusst und klar gemacht. Natürlich schaffe ich es nicht in meinem Leben nach Idealen von Jesus zu leben. Ich versuche immer wieder an meine Mitmenschen zu denken, aber oft kommen Zorn, ... Gefühle auf, die das manchmal nicht möglich machen.

Ich habe kein Gesicht vor mir, wenn ich an Jesus denke, aber ein Gefühl mit mir. Ich spüre eine ausstrahlende Wärme und ein Vertrauen, wie es zu einem Menschen unmöglich wäre. Müsste ich ihn zeichnen, würde ich statt einer Person eine große Sonne malen, deren Strahlen jeden erreicht, außer man versteckt sich hinter einer lichtdurchlässigen Mauer oder gräbt sich ein.

(Schülerin)

Eine wahnsinnig schwierige Frage. Ich habe ständig ein anderes Jesusbild vor mir.

Ich bewundere sehr, was er für uns getan hat. Er ist gleichzeitig ein großes Rätsel für mich. Er war ein Mann mit allen natürlichen Bedürfnissen, Wünschen usw. – einfach ein besonderer Kerl – aber er war mehr, er viel, viel mehr. Seit Jahrhunderten – Jahrtausenden sprechen die Menschen von ihm, diskutieren über ihn. ER lebt! Er lebt ewig!

(Schülerin)

Wer Jesus selbst für mich ist, ist sehr schwer in Worte zu fassen. Ich würde fast sagen, dass Gott Vater und Jesus für mich irgendwo in eine Person verschmelzen. Wenn ich zu Hause in meinem Bett liege, dann bete ich zu

Jemanden, den ich insgeheim als Freund sehe, den ich sehr oft bitte, mir gewisse Dinge zu erklären. Bin ich aber in der Kirche, dann spüre ich Ehrfurcht und bete eigentlich nur in Form von Bitten und Danksagungen. Rede aber selten über das, was mich bewegt. In der Kirche traue mich nicht einmal das in Gedanken auszusprechen. Irgendwie seltsam. Ich verneige mich zwar vor Jesus, bete aber doch zu Gott in der Kirche. Mit Jesus verbindet mich mehr irdische Freundschaft. Wenn ich allein in der Kirche bin, dann scherze ich oft mit Ihm und erzähle ihm meine Gedanken oder frage ihn sogar nach seiner Meinung. Oftmals tue ich das sogar laut.

Vielleicht ist es doch so, dass Gott für mich der große Herrscher ist, vor dem ich Ehrfurcht habe und Jesus der, mit dem ich gerne und gut reden kann? Genau weiß ich es nicht, denn ehrlich gesagt, habe ich mich noch nie so konkret damit beschäftigt. Tatsache aber ist, dass ich in der Natur und zu Hause immer mit jemanden gesprochen habe, den ich als Gott innerlich bezeichnet habe. Aber es ist nicht dasselbe, wie in der Kirche. Er ist mein ganz persönlicher Gott, der auf mich aufpasst. und das merke ich in letzter Zeit wirklich sehr oft.

(Schülerin)

Jesus Christus ist für mich das Symbol der Liebe Gottes. Er nahm alle Sünden auf sich, um uns zu befreien. Ich muss zugeben, dass ich keinen wirklichen emotionalen Bezug zu ihm finde. Mein Gegenüber, sofern ich es spüre ist so abstrakt und unvorstellbar, dass ich es nur Gott nennen kann. Die für mich wichtigste Aussage Jesu war, dass jeder Mensch sein Kreuz zu tragen hat. Dieser Überzeugung bin ich auch und ich spüre schon jetzt ein bisschen, dass ich eine Aufgabe auf dieser Welt zu erfüllen habe.

Mein Glaube ist ein ständiger Kampf zwischen Welt und Transzendenz, zwischen Gefühl und Vernunft. Ich weiß, wie er ausgehen wird, will es mir momentan aber noch nicht eingestehen.

Gottes Weg ist schwer.

Hiermit möchte ich mich für die schönen Jahre mit Ihnen bedanken und sagen, dass ich von Ihnen sicherlich am meisten gelernt habe. Sie haben mir gezeigt, dass die Welt aus viel mehr besteht als wir oberflächlich erkennen können!

(Schüler)

Jesus, ein Mensch wie wir. Einzige Ausnahme, dass er stets das Beste für jeden wollte. Egal, ob er dabei zum Außenseiter wurde. Ich glaube aber trotzdem, dass er auch seine Fehler, wie jeder von uns hatte. Nur wurde wahrscheinlich über diese nicht immer berichtet. Jesus war ein Mensch, der allein durch seine Anwesenheit Wärme ausstrahlen konnte und der auch ohne Worte den Menschen helfen konnte. Deswegen tötete man ihn auch. Er musste den Hohepriestern damals wie ein „Übermensch" vorgekommen sein. Aus diesem Grund würde man ihn wahrscheinlich heute auch nicht viel besser behandeln, da viele von uns auch Angst vor diesem Menschen hätten.

(Schüler)

Meiner Meinung nach ist Gott und Jesus nur eine Figur, die sich Menschen ausgedacht haben, um an irgendetwas zu „glauben". Wenn etwas schief geht im Leben, möchte man gern jemanden um Hilfe bitten. Da aber die meisten Menschen kein Interesse an den Problemen anderer Leute zeigen, müssen eben „Helfer" erfunden werden. Gott und Jesus sind Hirngespinste von schwachen Leuten, meiner Meinung nach. Ich finde es besser der Realität ins Auge zu schauen und zu begreifen, dass ich einfach allein bin und wenn ich Hilfe benötige, dann bin ich auch auf mich selber angewiesen.

Weder Gott noch Jesus oder sonst wer hilft, nur du selbst kannst etwas ändern, bewirken oder ändern.

(Schülerin)

Jesus, ein Mensch aber doch Gott, der Retter aber doch schwach, Messias, aber doch verzweifelt? All das habe ich „gelernt" oder von meinen Eltern gehört. Aber was ist er für mich, das ist hier die Frage. Und wenn ich ehrlich bin, es hier aufzuschreiben widerstrebt mir. Vielleicht weil ich es nicht weiß, vielleicht, weil ich es nicht in Worte fassen kann, vielleicht....

Trotzdem will ich es probieren zu erklären, wie ich erfahren habe, dass Jesus Christus nicht bloß ein Mensch vor 2000 Jahren war.

Als erster Punkt ist für mich die Auferstehung wesentlich, Ostern! Er, der den Tod besiegt hat, er, der das Leben schenkt. Nur brav erlernt oder erfahren? Das ist hier die Frage. Manchmal bin ich mir selbst nicht sicher, manchmal denke ich, alles was ich sehe und passiert, ist Zufall! Ich rede mir alles nur ein! Ist es Zufall, dass ich Ruhe erfahren kann, wenn alles schief geht, oder dass jemand da ist, wenn ich ihn brauche? Oder ist es die Auferstehung? Eine Begegnung mit Jesus? Ein Kosten des ewigen Lebens?

Jesus ist für mich oft ganz nah, jemand an den ich mich anhalten kann. aber trotzdem ist schwer zu sagen, wie und wer er für mich ist. Er ist ein Mensch wie du und ich, und das macht ihn für mich nahbar. Er ist kein abstrakter Gott, an den ich glauben will! Er greift ein ins Leben der Menschen, in mein Leben! Durch Jesus, durch den Hl. Geist, konkreter durch Situationen, ein aus dem Tod holen, ein Beistehen.

Oft denke ich mir, dass andere denken müssen, dass alles bloß nachgeplappert und bloß erlernt ist! Und manchmal glaube ich es fast selber! Aber dann sind Situationen, wo ich seine Anwesenheit spüre, in meiner eigenen Geschichte, aber viel öfter in dem anderen Menschen. Denn seine eigene Geschichte sehen, die Anwesenheit in meinem eigenen Leben sehen, ist viel schwieriger.

Eine Situation, in der ich in meiner Familie wirklich die Barmherzigkeit gesehen habe, war der Tod meiner krebskranken Tante, die bei uns wohnte. Ich sah das erste Mal, dass der Tod nicht das Ende ist! Dass Friede, wirklicher Friede in dieser Situation bei uns war.

PS: Ich hoffe, ich bin nicht zu sehr vom Thema abgekommen.

(Schüler)

Christus war sicher ein „Wahnsinns" Kerl. immerhin hat er sich für uns Menschen geopfert. Ja mehr noch. Er hat unsagbar Leid und Schmerz auf sich genommen, hat den Tod besiegt und uns Menschen das ewige Leben geschenkt. Ich weiß gar nicht, wie man ihm das alles danken könnte, obwohl ich regelmäßig in die Kirche gehe.

Christus muss die Menschen ungeheuer lieben. anders kann ich es mir nicht erklären, dass er uns retten wollte, obwohl die Menschen ihn gedemütigt und schließlich getötet haben Ich würde niemanden retten, der mich getötet hat, doch ich bin auch nicht Jesus, werde es niemals sein und stehe unendlich viele Stufen unter ihm.

Das Einzige, was ich tun kann ist „DANKE" zu sagen und zu hoffen, dass er (Christus)mich ein paar Stufen weiter zu sich hinaufholt.

(Schüler)

Jesus Christus ist für mich derjenige, der auf Erden gekommen ist, unter uns Menschen gelebt hat und versucht hat den Menschen einen besseren Weg für ihr Leben zu zeigen und schließlich für uns uneinsichtige, egoistische und sture Personen sein Leben gegeben hat, so dass wir „frei" von Sünde wurden.

ER ist für mich ein Vorbild, da er ständig versucht hat, uns zu zeigen, dass Mitgefühl, Hilfeleistung, einfach nur ein paar nette Worte oder ein Lächeln viel mehr bedeuten kann, als aller Reichtum der Welt. Und dass wir nie aufhören sollen an das Gute im Menschen zu glauben und selbst versuchen sollen, jedem sein Bestes zu geben.

(Schülerin)

Wenn ich bete, ist er der Vermittler, der für mich beim allmächtigen Vater ein gutes Wort einlegen soll. Eigentlich bete ich meistens zur Jungfrau Maria, weil ich sie mir leichter vorstellen kann. Vielleicht ist das auch der Grund, dass Jesus mein häufigster Ansprechpartner ist, eben weil er sehr „menschlich" ist, und wir über seine Gefühlswelt etwas wissen. Irgendwie ist er einer von uns, weil er sich auf unser Niveau begeben hat. Man kann ihn gut mit einem großen Bruder vergleichen, einen Bruder, der uns stets beschützt und einfach alles für uns tun würde, sogar sterben.

(Schülerin)

Jesus Christus ist ein Vorbild für mich, wie für die meisten Menschen. Zu Ostern hört man sehr oft vom Leidensweg Jesu in der Kirche. Wenn ich die Geschichte nur anhöre, denke ich mir nicht viel dabei, aber oft versuche ich mir die Gefühle, seine Angst vorzustellen, die Jesus gehabt haben muss und dann bewundere ich ihn. Ich finde es schön zu wissen, dass er auch für meine Sünden gestorben ist. Er hat also auch mit meinem Leben viel zu tun.

Wenn ich bete, dann unterscheide ich nicht so genau, ob ich jetzt zu Gott oder zu Jesus bete. Jesus ist irgendwie persönlicher. Gott ist so eine große Gestalt, und Jesus ist doch menschlicher und deshalb glaube ich, dass ich manchmal einen besseren Zugang zu ihm habe.

Ich habe eigentlich erst in den letzten Jahren so richtig begriffen, wie wichtig Jesus für mich ist. Früher war er nur der Sohn Gottes und eine Figur aus der Bibel. Heute bin ich besonders zu Ostern und bei der Auferstehungsfeier beeindruckt von Jesus.

(Schülerin)

Mein Jesus Christus ist überall gegenwärtig. An manchen Plätzen mehr, an manchen weniger (z.b.: Kirche, Natur…) nehme ich Jesus Christus bewusster wahr/ mache ich mir mehr Gedanken über seine Anwesenheit. Er steckt auch in jedem Mitmenschen meiner Meinung nach > daher sollten wir umso mehr (versuchen), jeden zu respektieren/zuhören/lieben > Nächstenliebe.

Er ist für mich ein Teil der Dreifaltigkeit, körperlos, mit Vorbildwirkung, bei dem ich mir manchmal Ratschläge holen kann. Außerdem glaub ich fest daran, dass er mich beschützt. Er ist für mich so etwas wie „Gewissen". Wenn ich einmal schlecht gelaunt bin und „aggressiv" und dann an ihn denke, werde ich gleich wieder ruhiger.

(Schülerin)

Für mich verbindet Jesus „Abgehobenes", „Göttliches", mit „Mensch-Sein". Denn einerseits ist er Gottes Sohn. Als solcher vollbringt er Wunder und ist der Messias, der Erlöser. Andererseits ist er aber auch Mensch, gekennzeichnet eben durch Menschliches, wie Zorn, Frust, Gefühlsausbrüche, Erschöpfung, Angst, Verzweiflung. (Auch Gott ist zornig – erschöpft und ängstlich aber sicher nicht!)

Dieses „Menschsein" macht Jesus für mich angreifbar (im Sinne von vorstellbar) und daher konkreter in der Vorstellung und wichtiger, als der Hl. Geist und Gott. So habe ich mir aus der Bibel ein wirklich genaues (für mich genaues) Bild von Jesus machen können, wogegen ich keine Vorstellung vom Hl. Geist habe und wenig Vorstellung von Gott.

Wie nun dieses Bild von Jesus aussieht, basiert für mich auf Fakten und noch viel mehr auf einfachen Vorstellungen. Jesus macht für mich unsere Religion aus. Denn die Quintessenz des Christentums, das „alles Entscheidende" wird für mich in Jesu Leben (und nur dadurch) dargestellt: Nächstenliebe, Eucharistie (Letztes Abendmahl) und Auferstehung.

(Schüler)

In den acht Jahren der Schulzeit wurden sehr viele Bilder von Jesus Christus vermittelt. Zusammenfassend: Der Sohn Gottes, der als Mensch unter die Menschen geht, sich als „König der Juden" auf die Seite der Außenseiter schlägt, alle Sünden der Menschen auf sich nimmt und sich von ihnen hinrichten lässt. Eigentlich war ich mir nie GANZ KLAR über die Frage „Wofür?" – als Erlöser, zur Vergebung der Sünden...

Als Mensch ist er für mich stark und bewundernswert, aber beeindruckend finde ich Bibelstellen, die zeigen, dass er auch nur ein Mensch war, in denen er Schwäche zeigt. Mein Bild von Jesus ist also eigentlich das des Menschen, mit Gefühlen und Schwächen; gleichzeitig ist er irgendwie doch so „hoch oben" und ein Vorbild, dass ich mir oft „vor ihm" ganz klein vorkomme.

(Schülerin)

Meine Beziehung zu Jesus ist, dass er wie ein Vorbild für mich wirkt. Er hat so viel Stärke – ist nicht davongerannt, als es um sein Leben ging. Er hat absolut zu Gott „Ja!" gesagt, vergebend gewirkt, war freundlich zu denen, die es nach Meinung der Allgemeinheit gar nicht verdient hatten, ...

Alles Seiten, die ich bewundere und wie ich auch handeln möchte, wie es mir aber allzu oft nicht gelingt. Jedenfalls versuche ich in bestimmten Situationen an ihn zu denken, was er mir raten würde, um das Richtige zu tun. Und manchmal gelingt es.

(Schülerin)

Obwohl ich Jesus nicht persönlich kennengelernt habe, kommt er mir sehr vertraut vor, so als ob ich ihn schon ewig kenne. Ich glaube zu wissen, warum er in verschiedenen Situationen so gehandelt hat, wie er es tat. Jesus ist für mich eine Verbindung zu Gott auf menschlicher Ebene und ein Zeichen dafür, dass man sich, egal, wieviel Fehler man macht, zu einer Freude ausstrahlendem Menschen entwickeln kann.

In Jesu Leben und Wirken sehe ich auch die Stärke Gottes. Jesus bringt mich Gott näher. Ohne Jesus wäre die Beziehung zu Gott sehr unpersönlich.

Jesus steht für mich als Zeichen für Liebe und Gerechtigkeit. Auch wenn er einige Male vor seinem Tod unbeherrscht handelte (was ihn als Mensch ausmacht- er hatte Angst), steht seine Verhaltenseise für mich auch als Vorbild für verschiedene Situationen, in denen man wütend ist und am liebsten um sich schlagen will.

Er strahlt für mich so eine innere Ruhe und Gelassenheit aus – auch als ihn verschiedene Menschen beschimpfen und angreifen, reagiert er mit ruhiger Stimme und Selbstbewusstsein, wie ich gern reagieren würde. Jesus ist für mich einerseits ein Vorbild und andererseits ein immer erreichbarer guter Freund.

(Schüler)

Irgendwie habe ich noch nie so wirklich darüber nachgedacht. Er ist der Sohn Gottes, er ist für uns gestorben, damit wir auferstehen können, hat viele Wunder vollbracht und die Menschen zum Glauben ermutigt. Wenn ich bete, dann bete ich hauptsächlich zu Gott – nur als ich klein war habe ich mit Mama: „Jesuskindlein Komm zu mir ...! gebetet.

Wenn man von dem Bild der Dreifaltigkeit ausgeht, ist Jesus im Gottesbild eingeschlossen. Doch ich weiß es für mich selbst nicht wirklich, ob ich das so sehe: ich weiß es nicht und es ist auch so schwierig zu beantworten. Für mich hat das Leben Jesu eine Art Vorbildwirkung, er zeigt uns, wie er mit Menschen umgeht und seine Beziehung zu Gott. Es ist auch beruhigend zu wissen, dass er auch menschlich gehandelt hat und nicht unfehlbar war. Denn das rückt ihn näher und macht ihn lebendiger ...

(Schülerin)

Äußerlich habe ich ihn mir immer als schmächtigen Typen mit dunkelbraunen Haaren und Bart vorgestellt. Ebenso, wie man ihn in den Abbildungen in der Kirche sieht.

Ich denke ich habe ihn einerseits bewundert für seine Selbstlosigkeit, andererseits habe ich ihn genau deshalb nie verstanden. Vielleicht oder sicherlich macht ihn genau das aus.

Wieso ist er damals nicht geflüchtet, warum war er nicht verärgert, dass er von einem seiner Jünger verraten wurde? Warum hat er sich für uns undankbaren Menschen geopfert? Ich glaube, jeder andere würde versuchen, seinen eigenen Hals zu retten, doch er...

Ich denke nicht, dass ich so mutig wäre. Bedeutet das nun vielleicht, das mein Glaube an das Gute, an Gott, nicht stark genug ist?

Er ist für mich eine der wichtigsten Personen/Figuren in unserem Glauben, da er „menschlich" war. Die Menschen damals konnten ihn sehen, denn er war Fleisch und Blut. Und dennoch war er etwas Besonderes, ein Wunder, das Wunder vollbrachte. Mit seinem Namen verbinde ich immer auch ein Gesicht.

(Schüler)

Die wohl entscheidendste Frage, die ich mir stellen kann, wenn ich über mein „Jesus – Bild" nachdenke, lautet: *Glaube ich, dass Christus Gott ist?*

Ich habe lange gebraucht, um herauszufinden, dass die Antwort auf diese Frage völlig bedeutungslos für mich ist. Wichtig ist nicht, ob ich glaube, ob ich, wenn ich über Jesus spreche, aus tiefer Überzeugung spreche, sondern, was ich dadurch bewirken kann.

So wie die Kunst nicht um ihrer selbst willen gemacht werden darf, sondern im Menschen etwas bewirken muss, so darf auch der Glaube an Jesus nicht Selbstzweck sein. Ein „ungläubiger" Gandhi dient der Sache Christi hundertmal besser, als ein noch so gläubiger Heinrich Institoris. *(Anm.: Mitautor des Hexenhammers)*

Wie tief der Glaube eines Einzelnen ist, das hat nur für ihn selbst Bedeutung. Wozu der Glaube an Christus dienen kann, das ist für Gott und die Menschen von wahrer Bedeutung: Nächstenliebe. Es ist deshalb auch nicht wichtig, die „Wahrheit" über Jeus zu kennen – der Zweck heiligt (im eigentlichen Wortsinn) die Mittel.

(Schüler)

Mein Christusbild hat sich in den letzten Jahren sehr gewandelt. Früher wurde mir von Jesus nur das Positive, der von Grund auf Gute, Jesus, der nie einen Fehler macht, der nichts Böses in sich trägt, nähergebracht. Durch das Lesen in der Bibel, zum Teil freiwillig, zum Teil zwangsbeglückt (Bitte nicht falsch verstehen!) hat sich dieses Bild etwas geändert. Jesus ist auch manchmal grantig, etwa schroff, ja sogar „ang'fressen", also einfach nur „menschlich". am Anfang hat mich das zwar etwas erschrocken, weil er ja ursprünglich – für mich – einfach nur perfekt war, aber schön langsam habe ich mich daran gewöhnt, dass er auch einen Charakter, eine Persönlichkeit hat und nicht bedingungslos gut ist.

Um ehrlich zu sein, muss ich meinen Jesus erst finden, meine Vorstellung von ihm ist noch zu vage – nicht abgerundet. allerdings bin ich noch nicht so richtig auf der Suche, so blöd das jetzt klingt, aber ich glaube, ich bin noch nicht bereit dazu (vielleicht auch nicht reif dazu), um nach meinem Jesus Christus zu suchen ...Einmal wird der Punkt kommen, an dem ich wissen werde: Jetzt ist Zeit dazu ...

(Schülerin)

Jesus ist meiner Meinung nach arm. Er wird einfach als Werkzeug benutzt und er kann gar nichts dagegen tun.

Schon von Anfang an stand einfach fest, dass er die Menschen erlösen muss und das wusste er auch.

Am besten gefällt mir, wie Jesus den Ölbaum verdorren lässt und die Händler aus dem Tempel wirft. Das zeigt Jesus so menschlich und das finde ich ganz wichtig. Er ist eben nicht der gefühlskalte Held und das ist schön so. Jesus ist ein bewundernswerter tapferer Mensch, der sich für alle Menschen (unter großen Qualen) aufgeopfert hat. Manchmal erscheint er mir einfach nur als Vermittler zwischen Gott und den Menschen, und ich denke, dass das auch der Hauptgrund ist (neben der Auferstehung), warum er geschickt worden ist. Sicher hat jeder eine andere Vorstellung von Jesus und vielleicht wird sich meine auch immer wieder ändern. Ich weiß es nicht. Ich habe einfach Mitleid mit Jesus und denke, dass wir ihm unendlich dankbar für alles sein sollten.

Ja, das wäre es auch schon! ich hoffe, ich habe das irgendwie verständlich ausdrücken können.

(Schülerin)

Mein Jesus Christus müsste heute wahrscheinlich so ausschauen:

Er hätte eine undefinierte, vielleicht blaue Hautfarbe – denn er bevorzugt, diskriminiert kein Volk und keine Rassen, sondern liebt sie alle gleich. Daher würde er auch keine bestimmte Erscheinungsform wählen.

Genauso wäre ein gewisses Geschlecht erkennbar (vielleicht eine Jesa?)

Seine Botschaft wäre aber dennoch dieselbe:

Nicht euer Status und euer Reichtum im irdischen Leben soll euer Nachleben bestimmen, sondern eure Güte und eure Fähigkeit zu verzeihen.

Ich denke, dass, wenn die Menschen diesen wichtigen Punkt der Vergebung und des Verzeihens verstehen und praktizieren würden, es nicht mehr ganz so viel Leid auf der Welt gäbe. Stattdessen folgt Schlag auf Angriff, Rachefeldzug auf Rachefeldzug.

Mein persönlicher Jesus wäre vermutlich weder Kapitalist noch Kommunist, vielleicht würde er ja auch das, was wir aus diesem, seinem Reich gemacht haben – so wie Voltaire – als schlechteste aller Welten bezeichnen.

Denn ein Friedensreich in der Liebe und Brüderlichkeit (Schwesterlichkeit) und Moral das höchste Gut sind, haben wir wahrlich nicht geschaffen.

Mit steigender Tendenz stützen sich immer noch 20% der Menschheit mit ihrem Reichtum auf die restlichen 80% – damals nicht anders als heute.

Möglicherweise würde mein persönlicher Jesus heutzutage einfach nur als Spinner oder hoffnungsloser Idealist abgetan und nicht einmal richtig bemerkt werden. Vielleicht würden ein paar Leute trotzdem aufmerksam werden, seine Ideen auffassen und langsam beginnen, mit dieser Idee etwas zu verändern.

Eines steht fest: mein Jesus würde sich auf keinen Fall durch diese Verspottung von seinem Weg abbringen lassen…

(Schüler)

Wenn ich heute das Wort Jesus höre, dann assoziiere ich ihn automatisch mit Kreuz, Blut, Ungerechtigkeit und Schmerz. Und manchmal vergleiche ich sein Leben mit meinem eigenen, wenn es mir schlecht geht und der Himmel einzustürzen droht. Natürlich behaupten das sicherlich mehrere, und die Leben sind ja auch wirklich unterschiedlich.

Dennoch glaube ich, dass jedes Individuum einen verstärkten oder verminderten Lebensabschnitt Jesu lebt, egal in welcher Form!

(Schülerin)

Abbildungsverzeichnis

Abb. 1: Bernoulligymnasium Außenansicht © Bernoulligymnasium.at

Abb. 2: Chor und Musiker bei der Schulmesse © eigene Aufnahme

Abb. 3: Weltbild der Bibel © eigener Scan

Abb. 4: Stefan Papp: Maria Pötsch – Stephansdom © eigene Aufnahme

Abb. 5: Mathis Gothart Grünewald: Auferstehung (Isenheimer Altar) © Wiki Commons, Jörgens (talk/contribs)

Abb. 6: Wanderweg Abrahams © Joachim Schäfer, Ökum. Heiligenlexikon

Abb. 7: Buchmalerei: Ludwigs Abschied von Elisabeth (1250) Buchmalerei im Psalter von Gertrude von Altenberg © Joachim Schäfer, Ökum. Heiligenlexikon

Abb. 8: Meister der Gewandstudien: Elisabeth-Triptychon 1480 (Ausschnitt) © Joachim Schäfer, Ökum. Heiligenlexikon

Abb. 9: El Greco: Der Hl. Martin teilt seinen Mantel mit dem Bettler © Joachim Schäfer, Ökum. Heiligenlexikon

Abb. 10: Vorstellung des Religionsunterrichtes © eigene Aufnahme

Abb. 11: Portrait von Franz Jägerstätter © Erna Putz

Abb. 12: Liturgische Gegenstände für die Hl. Messe © eigene Aufnahme

Abb. 13: Abbild des Rosenkranzes der Kath. Glaubensinformation © eigene Aufnahme

Abb. 14: Antonello da Messina: Virgin Annunciate (1476) © Wiki Commons, Berthold Werner (talk/contribs)

Abb. 15: Stefan Lochner: Madonna im Rosenhag (1450) © Wiki Commons, Rabenbunt (talk/contribs)

Abb. 16: Leonardo da Vinci: Annunciazione 1472 © Wiki Commons, Alonso de Mendoza (talk/contribs)

Abb. 17: Fragebogen zum Thema Kindheitsgeschichte © eigener Scan

Abb. 18: Entwürfe der Schüler der ersten Klasse zum Thema Kreuzweg © eigener Scan

Abb. 19: Assoziationen zum Thema Kreuztragen © eigener Scan

Abb. 20: Lorscher Sakramentar 11.Jh. Darstellung mit Sonne und Mond © Wiki Commons, Cristian Chirita (talk/ contribs)

Abb. 21: Mathis Gothart Grünewald: Kreuzigung (Isenheimer Altar1515) © Creative Commons, Jörgens Mi/wikipedia

Abb. 22: Diego Velázquez: Kreuzigung 1632 © Wiki Commons, Crisco1492 (talk/contribs)

Abb. 23: Fra Angelico: "Noli me tangere!" (1450) © Wiki Commons, Saiko (talk/contribs)

Abb. 24: Rembrandt Harensz van Rijn: Jesus und die Emmausjünger © Wiki Commons, File Upload Bot (Eloquence)

Abb. 25: Warenangebot beim Flohmarkt © eigene Aufnahme

Abb. 26: Blick in die Aula in Flohmarktstimmung © eigene Aufnahme

Abb. 27: Mündliche Matura © Mag. Charlotte Pichler

Danksagung

Für die Lektoren-Arbeit an meinem Buch danke ich Eva Wienker-Salomon und Alfred Horak. Die Endredaktion und die formale Gestaltung des Textes verdanke ich Peter Nestler, sowie Carmina Presinszky und Gerda Salomon, die das Layout des Buches gestalteten. Danke euch für eure Geduld und die Professionalität, die es mir erlauben, das Buch in eigener Redaktion zu gestalten.

1946 in Niederösterreich. Studium an der Universität Wien (Psychologie, Kunstgeschichte), Promotion zum Doktor der Philosophie. Vierjährige Lehranalyse nach der Methode der klassischen Psychoanalyse.

AHS-Lehrerin in Wien (Römisch-katholische Religion / Philosophischer Einführungsunterricht) und Fachstudium an der Universität Wien (Römisch-katholische Theologie / Philosophie, 1987 abgeschlossen). Derzeit schriftstellerisch tätig.

Kontakt:
irene.kohlberger@gmx.at